中传学者文库编委会

主　任： 廖祥忠　张树庭

副主任： 蔺海波　李　众　刘守训　李新军　王　晖
　　　　　 杨　懿　柴剑平

成　员（按姓氏笔画排序）：

　　　　王廷信　王栋晗　王晓红　王　雷　文春英
　　　　龙小农　付　龙　叶　龙　刘东建　刘剑波
　　　　任孟山　李怀亮　李　舒　张绍华　张　晶
　　　　张根兴　张毓强　林卫国　郑　月　金　炜
　　　　金雪涛　周建新　庞　亮　赵新利　徐红梅
　　　　贾秀清　高晓虹　隋　岩　喻　梅　熊澄宇

中传学者文库

1954-2024

主编／柴剑平
执行主编／龙小农
副主编／张毓强　周建新

中国特色新闻学专论

曾祥敏自选集

曾祥敏　著

中国传媒大学出版社
·北京·

图书在版编目（CIP）数据

中国特色新闻学专论：曾祥敏自选集 / 曾祥敏著 . -- 北京：中国传媒大学出版社，2024.8.

（中传学者文库 / 柴剑平主编）.

ISBN 978-7-5657-3751-0

Ⅰ . G219.2-53

中国国家版本馆 CIP 数据核字第 2024E50T83 号

中国特色新闻学专论：曾祥敏自选集
ZHONGGUO TESE XINWENXUE ZHUANLUN: ZENG XIANGMIN ZIXUANJI

著　　者	曾祥敏
责任编辑	曾婧娴
封面设计	锋尚设计
责任印制	李志鹏

出版发行	中国传媒大学出版社			
社　　址	北京市朝阳区定福庄东街 1 号		邮　编	100024
电　　话	86-10-65450528　65450532		传　真	65779405
网　　址	http://cucp.cuc.edu.cn			
经　　销	全国新华书店			
印　　刷	北京中科印刷有限公司			
开　　本	710mm×1000mm　1/16			
印　　张	21.5			
字　　数	318 千字			
版　　次	2024 年 8 月第 1 版			
印　　次	2024 年 8 月第 1 次印刷			
书　　号	ISBN 978-7-5657-3751-0/G・3751		定　价	115.00 元

本社法律顾问：北京嘉润律师事务所　郭建平

总　序

媒介是人类社会交流和传播的基本工具。从口语时代到印刷时代，再经电子时代至今天的数智时代，媒介形态加速演变、融合程度深入发展，媒介已然成为现代社会运行的基础设施和操作系统。今天，人类已经迈入媒介社会，万物皆媒、人人皆媒，无媒介不社会、无传播不治理。今天，无论我们怎么用力于信息传播的研究、怎么重视信息传播人才的培养都不为过。

中国传媒大学（其前身为北京广播学院）作为新中国第一所信息传播类院校，自1954年创建伊始，即与媒介形态演变合律同拍、与国家发展同频共振，努力探索中国特色信息传播人才培养模式、构建中国信息传播类学科自主知识体系，执信息传播人才培养之牛耳、发信息传播研究之先声，被誉为"中国广播电视及传媒人才摇篮""信息传播领域知名学府"。

追溯中传肇始发轫之起源、瞩望中传砥砺跨越之未来，可谓创业维艰而其命维新。昔日中传因广播而起，因电视而兴，因网络而盛，今天和未来必乘风破浪、蓄势而上，因人工智能而强。在这期间，每一种媒介兴起，中传均吸引一批志于学、问于道、勤于术的

中国特色新闻学专论 曾祥敏自选集

学者汇聚于此，切磋学术、传道授业，立时代之潮头，回应社会需求，成为学界翘楚、行业中坚，遂有今日中传学术研究之森然气象，已历七秩而弦歌不断，将传百世亦风华正茂。

自新时代以来，中传坚守为党育人、为国育才初心，励精图治、勠力前行，秉承"系统治理、创新图强、交叉融合、特色发展"的办学理念，牢牢把握高等教育发展大势、传媒业态发展趋势，瞄准"智能传媒"和"国际一流"两大主攻方向，以世界为坐标、以未来为向度，完成了全面布局和系统升级，正在蹄疾步稳、高质量推动学校从传统高等教育向未来高等教育跨越、从传统传媒教育向智能传媒教育跨越、从国内一流向世界一流跨越，全力建设中国特色、世界一流传媒大学。

中国特色、世界一流，在于有大先生扎根中国大地，汇聚古今、融通中外；在于有大先生执教黉门，学高为师、身正为范；在于有大先生躬耕杏坛，敦品积学、启智润心。习近平总书记更强调，高校教师要立志成为大先生，在教书育人和科研创新上不断创造新业绩。中传广大教师素来以做大先生为毕生职志，努力成为新时代"经师"与"人师"的统一者，做真学问、立高品行，践履"立德树人"使命。

2024岁在甲辰，欣逢中传建校70华诞，学校特邀约部分学者钩玄勒要、增删批阅，遴选已公开刊发的论文汇编成集，出版"中传学者文库"，意在呈现学校在学科建设、科学研究、服务行业实践等方面的最新成果，赓续中传文脉，谱写时代新声。

文库汇聚老中青三代学者，资深学者渊渟岳峙、阐幽抉微；中年学者沉潜蓄势、厚积薄发；青年学者踌躇满志、未来可期。文库与五十周年校庆所出版的"北广学者文库"相承接，大致可勾勒中传知识生产薪火相传、三代辉映之概貌，反映中传在构建中国特色新闻传播类、传媒艺术类、传媒技术类学科体系、学术体系和话语体系方面的耕耘与收获，窥见中国特色信息传播类学科知识体系构建的发展脉络与轨迹。

这一构建过程，虽筚路蓝缕，却步履铿锵；虽垦荒拓野，亦四方辐辏。一批肇始于中传，交叉融合、具有中国特色的学科，如播音主持艺术学、广播电视艺术学、传媒艺术学、数字媒体艺术学、政治传播学等，从涓涓细流汇入滔滔江河，从中传走向全国，展现了中传学者构建中国自主知识体系的学术想象力和创新力。文库展示的虽然是历史，实则是呈现今天；看似是总结过去，实则是召唤未来。与其说这套文库的出版，是对既有学术成果的展示，毋宁说是对未来学术创新的邀约。

回首过往，七秩芳华。我们深知，唯有将马克思主义基本原理与中华优秀传统文化相结合，才能推动中华学术创造性转化和创新性发展，推动中国自主知识体系的构建。我们深知，唯有准确把握媒介形态演变的脉动、深刻认知媒介形态变革所产生的影响，才能推动中国信息传播类学科自主知识体系的构建与时俱进。

展望未来，星辰大海。我们深知，以人工智能为代表的产业和科技革命正迅疾而来，媒介生态正在加速重构，教育形态正在全面重塑，大学之使命与价值正在被重新定义；我们深知，唯有"胸怀国之大者"、面向世界科技前沿、面向经济主战场、面向国家重大需求，才能确保中传始终屹立于中国乃至世界传媒教育发展之潮头。

如何应对人工智能带来的深刻变革，对中传而言是一场要么"冲顶"、要么"灭顶"的"兴亡之战"。我们坚信，不管前方是雄关漫道，还是荆棘满途，唯有勇敢直面"教育强国，中传何为？"这一核

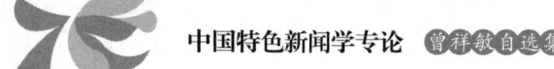

心命题,奋力书写"智能传媒教育,中传师生有为!"的精彩答卷,才能化危为机,奋力开创人工智能时代中传智能传媒教育新纪元。

功不唐捐,芳华七秩;风帆正举,赓续创新。

是为序。

第十四届全国政协委员,中国传媒大学党委书记、教授、博士生导师

目 录

第一部分　全媒体传播体系与中国式现代化

新闻舆论"四力"背景下我国媒体深度融合系统观
　　——基于主流媒体融合发展的实证研究 ·········· 003
媒体融合十年考
　　——传播体系、社会治理与自主知识体系现代化的实践路径 ·········· 027
我国媒体融合发展的十大创新探索 ·········· 049
平台建设与服务创新的维度与向度
　　——基于全国主流媒体深度融合的调研探究 ·········· 060
系统推进全媒体传播体系建设 ·········· 075
"生态构建"：媒体深度融合发展的纵深进路 ·········· 079
我国媒体深度融合发展中的关键问题 ·········· 104
论媒体融合纵深发展"合"的本质与"分"的策略
　　——差异化竞争、专业化生产、分众化传播 ·········· 126
国家叙事与个体话语的弥合：
　　优秀传统文化媒介化的实践逻辑和行动方法 ·········· 145

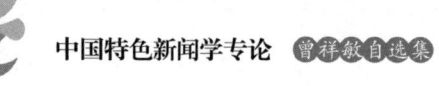

第二部分　主流舆论引导与社会治理

全媒体语境下提升主流意识形态引领力的有效路径 …… 165
新媒体语境下新闻反转、舆论生成机制和治理路径探究 …… 169
健康传播中的虚假信息扩散机制与网络治理研究 …… 199
重大主题报道的融合创新与价值引领
　　——基于红色视听传播的分析 …… 216

第三部分　新媒体前沿与社会变迁

真假"智"辨：生成式人工智能参与事实核查的价值、逻辑与强化 …… 229
知识类短视频关键构成要素及传播逻辑研究
　　——基于B站知识类短视频的定性比较分析（QCA）…… 245
融媒体交互可视化深度报道研究
　　——兼论深度报道与碎片信息的对立统一 …… 265
移动新闻直播：临场交互下的信息传播 …… 282
新闻游戏：概念、意义、功能与交互叙事规律研究 …… 294
专业媒体新闻内容生产创新实践
　　——用户生产与专业生产深度融合的路径研究 …… 315

后　　记 …… 332

第一部分
全媒体传播体系与中国式现代化

新闻舆论"四力"背景下我国媒体深度融合系统观*
——基于主流媒体融合发展的实证研究

时代是思想之母,实践是理论之源。媒体融合战略布局和战术推进是我国媒体正在进行的实践创新。马克思的实践是一个动态的实践,是一个不断发展的过程,①更是一个不断提炼规律、创新理论的过程。媒体融合10年实践是中国式现代化在新闻传播领域的缩影,形成了实践构建理论、理论反哺实践的动态循环。

党的二十大报告提出"必须坚持系统观念"②,要求我们综合分析系统的整体与部分、内部环境与外部环境之间的相互联系、相互作用、相互制约的关系,从而科学地把握事物本质,更有效地处理和解决问题。2023年10月,习近平总书记对宣传思想文化工作作出重要指示,强调要"着力提升新闻舆

---

* 文章原载于《中国出版》2023年第23期,与中国传媒大学电视学院博士研究生董华茜、硕士研究生况一凡合作,系教育部哲学社会科学研究重大专项项目"中国式现代化道路与新闻传播学自主知识体系建构研究"(项目编号:2023JZDZ032)的阶段性研究成果、国家社会科学基金重大项目"建强新时代国际传播人才队伍研究"(项目编号:22&ZD315)的阶段性研究成果,收入本书时,略有删改。

① 鲁克俭.超越传统主客二分——对马克思实践概念的一种解读[J].中国社会科学,2015(3):22-38+205-206.

② 高举中国特色社会主义伟大旗帜 为全面建设社会主义现代化国家而团结奋斗——习近平同志代表第十九届中央委员会向大会作的报告摘登[N].光明日报,2022-12-17(2).

论传播力引导力影响力公信力"①。作为具有前瞻性和全局性的战略目标,我国媒体融合迫切需要以系统思维推进主流媒体持续革新。构建媒体深度融合系统观是深入贯彻落实习近平文化思想的理论创新探索,也是提升新闻舆论传播力引导力影响力公信力(以下简称"新闻舆论'四力'")的必然途径。

2023年是我国从国家层面提出媒体融合理念的第十年,媒体融合从战略锚定到战术推进,从散点式创新向系统融合迈进。面对平台升级转型、内容生态重构、产业布局调整等问题,主流媒体应牢牢把握系统思维,充分发挥协同效应,于体制机制见活力,于内容生产见创意,于技术应用见效率,于媒体运营见魄力。其中,如何提升新闻舆论"四力",是持续推进媒体深度融合发展的关键,更是对我国媒体深度融合布局和成效的检验。为此,笔者连续四年面向全国七大地区的央、省、市、县四级媒体发放调查问卷,其中,中央媒体占3%,省级媒体占25%,市级媒体占32%,区县级媒体占40%。被调查者中65.7%为采编岗,24.1%为管理岗,7.1%为技术岗,10.9%为运营岗(包含一人多岗情况)。结合问卷结果,笔者对主流媒体从业者进行追踪访谈,对重点媒体单位进行实地调研,逐年梳理媒体深度融合发展的新理念、新举措和新问题,分析媒体融合十年间的纵深发展成效,探究全媒体传播体系建设过程中新型主流媒体建设的关键问题。

本文提出的媒体深度融合系统观,是一个包含思维认知和战略目的、改革方向和突破重点、个体生态和具体框架的"宏观—中观—微观"三级设计理念(见图1)。唯物辩证法原理和现代系统论观点认为,系统是由诸多相互联系、相互作用的要素构成,并与外部环境发生关系的具有特定结构和功能的有机整体。②根据对十年间媒体融合思维认知升级和策略变迁的考察,研究认为,在宏观层面上,我国全媒体传播体系的系统设计已经完成并逐步深化,战略目标从现代传播体系聚焦到全媒体传播体系,改革路径从央、县两级到央、省、市、县四级一体推进,主流媒体经历了从移动优先到全媒体传播系

---

① 思想旗帜引领方向 实干笃行开创新局——深入学习贯彻习近平总书记重要指示和全国宣传思想文化工作会议精神[N].人民日报,2023-10-10(1).

② 柳宝军.增强全面从严治党体系的系统性[J].中国纪检监察,2023(4):63.

统的变革。在中观层面上，以差异发展、协同高效为创新路径，强化区域融合，横纵联合，以价值引领、平衡统一为守正重点，统一舆论标尺，加强引导。在微观层面上，新型主流媒体需深化一体化改革，搭建"五根支柱"的支撑架构。因此，媒体深度融合系统观既是系统思维统摄下的"三级"系统发展框架，也是各层级内部自成系统的"母子"协同框架。

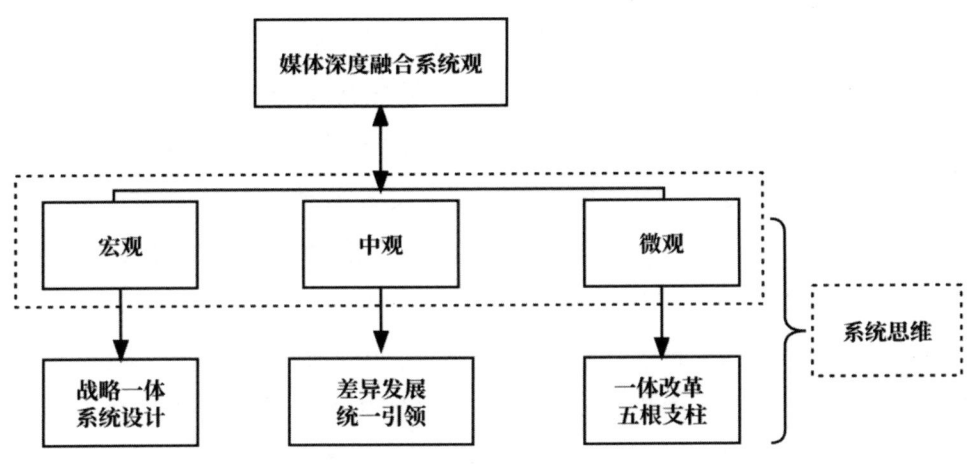

图1 媒体深度融合系统观示意图

一、系统融合新基点：认知升级，策略聚焦

十年来，我国媒体融合的战略布局和顶层设计是推进媒体系统融合的基点，也是媒体深度融合系统观的宏观建构。具体而言，在认识论上它表现为强化全媒体思维，树立阵地意识，聚焦融合动力；在方法论上表现为以平台为依托，诉诸提高辐射力度和连接强度；以内容为核心，重塑主流媒体公信力，发挥主流平台主导性。在媒介化、数据化、智能化的大趋势下，各级媒体都在探索适合自己的融合方案。主流媒体摆脱路径依赖，在体制机制革新、技术创新应用、精品内容生产、平台经营打造等多点发力的步伐已经迈开。经过十年探索和积累，优化资源的投入产出比，锚定具备可行性的发展战略成为主流媒体共识。

（一）总体方向：认识层层深入，推动内容高质量发展

十年来，主流媒体对"融合"的态度已从被动观望转变为主动挖掘自身资源禀赋，在遵循新闻传播规律、顺应社会发展趋势的前提下，融合深入、移动优先成为共识，媒体开始追求高质量融合，实现向系统融合转变。

强化全媒体布局是媒体适应网络社会发展趋势的必经之路，而在全媒体布局下，将资源转化为产能、提升主流媒体品牌影响力才能打通高质量融合的"最后一公里"，实现新闻舆论传播"四力"的提升。因此，打造有竞争力的精品，提升主流舆论引导力势在必行。笔者根据主流媒体舆论引导力的强弱划分了系列指标（1–5分，分数越高，则媒体在该方面实施效果越好），认为"热点事件报道""重大主题报道""突发事件一线报道""突发事件评论""社会新近思潮引领""国际传播"是媒体发挥舆论引导力的主要阵地，能够体现对社会发展、民生关切、国际环境的体察和剖析。问卷结果显示，各级主流媒体在重大主题报道（4.19分）、热点事件报道（4.04分）和突发事件一线报道（3.92分）上投入较多、成效较好，反映出主流媒体对提升新闻舆论"四力"的重视。且媒体层级越高，其上述指标的参与程度越高，即越重视主流舆论引导力所依托的新闻内容生产，可见对媒体深度融合系统观认识和落实的推动呈现自上而下的发展趋势。同时值得注意的是，根据调查结果，主流媒体在突发事件评论（3.5分）、社会新近思潮引领（3.35分）、国际传播（3.01分）上有待提升，这也是未来媒体深化融合认知、落实系统融合必须要补齐的短板。

归根结底，媒体融合的是思维、技术和手段，不变的是内容、专业度和主阵地，因此，推动高质量融合，实现系统融合，提升新闻舆论"四力"既是目的，也是手段。

（二）突破关键：方法论扬长补短，锚定目标精准发力

过去10年各级媒体一直在作出不同的尝试，融合实践方向更加聚焦，手段更注重实效。主流媒体以原创新闻为突破口，同步打造智慧服务平台，提升平台差异化竞争力。在移动优先战略下，主流媒体持续着力生产流程调整，

近九成的主流媒体已经完成多平台矩阵发布，同时对自建新媒体平台进行迭代升级。根据调研结果，当前正在或计划对自建新媒体平台进行重新定位、转型的主流媒体占比达 41.63%，可见要想形成核心用户群、通过品牌影响力吸引流量并转化为实际收益，主流媒体最终仍要诉诸建强自主平台，并寻求差异化竞争。调研结果显示，主流媒体自建平台发展的首要重点为：以原创新闻为第一任务，打造特色资讯平台；重点发力一站式便民服务，突出生活服务创新；着重升级政务信息功能，融入智慧城市和社会治理；重点开拓商业服务，创新电商、培训等经营活动等（见图2）。

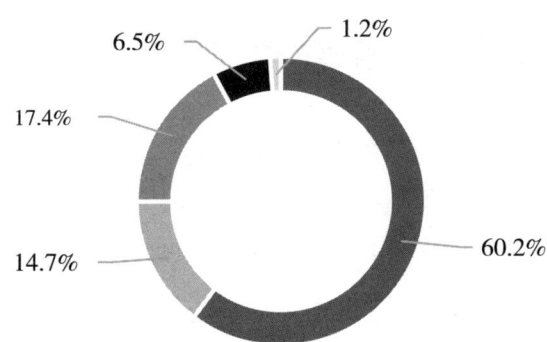

- 以原创新闻为第一任务，打造特色资讯平台
- 重点发力一站式便民服务，突出生活服务创新
- 着重升级政务信息功能，融入智慧城市、社会治理
- 重点开拓商业服务，创新电商、培训等经营活动
- 其他

图2 "最符合当前您单位自建新媒体平台发展动态的是"一题的调研结果
（样本总数：4043 份）

除了基础平台建设以外，以用户为导向，借助技术应用实现内容精准触达是另一重要手段。主流媒体的竞争力在于具备新闻专业能力和专业新闻人才，拥有较强的平台基础，推进服务转型。在此基础上，重塑核心竞争力的关键就在于如何实现技术深度应用，进而充分发挥内容的吸引力，形成一套高效、高能、高产的内容生产传播体系。着眼于此，不少主流媒体成

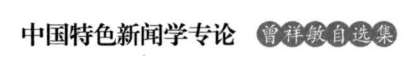

功"破圈",如"四川观察"采取全媒驱动中台策略,通过技术中台构建起"UGC+MGC+PGC"的内容生态,充分满足用户的多元信息需求;通过内容中台推行渠道差异化生产模式,实现内容制作渠道化;通过渠道中台解决内容运维与技术互动的问题,发展出全网1亿粉丝的全媒体矩阵,成功打造用户信赖的媒体品牌。山东省打造可覆盖全省、自主可控、互联互通的新型媒体技术和数据平台"闪电云",利用闪电云智慧调度系统和平台影响力,2022年中秋节"好客山东 好品山东"全网相关话题阅读量超过21.4亿人次。

二、系统融合新布局:调整定位,重塑格局

融合是一个需要平衡加法与减法,动态调整方向的系统工程。在视听化、数字化、电商化的趋势下,"新闻+"一度成为潮流,经过10年探索,主流媒体开始调整"大而全"的思路,整合配置资源,灵活拆分组织、业务,聚焦各自的主业和主项。因此,从中观层面考察,系统融合既要兼顾区域协同,融合发展,提升媒体影响力,又要比较核心竞争优势,增强差异化竞争力,力求实现差异发展、协同高效。与此同时,在新闻舆论引导这一主业上,不同层级媒体需补齐短板,形成各级媒体舆论引导的平衡发展,这是推进系统融合,提升新闻舆论"四力"的必要途径。

(一)明晰差异发展路径,凝聚多元协同力量

一方面,我国主流媒体横向的层级地域关系与纵向的机关行业关系交织,在融合发展过程中,需要平衡协调与不同外部机构的关系;另一方面,在统一的目标指引下,各级主流媒体纷纷建设新媒体平台,而数量庞大的平台需要平衡普遍功能和特色定位的关系。因此,主流媒体要想开辟新领域,激发新活力,就要在"跨"和"深"两个维度上下功夫。

在四级媒体中,头部的中央媒体相较末端的区县媒体优势明显、路径清晰。根据调研,中央媒体持续发挥领头羊作用,在品牌建设、技术应用和产

业布局上处于领先地位。区县级媒体实现大幅度发展，有些媒体如长兴、安吉、延庆等县（区）级融媒体中心，在主流舆论引导、技术开发、社会治理、品牌开发、盈利模式等方面逐渐找到适应自身发展的模式；而腰部的省、市级媒体，在政策上进入四级体系发展，①想突破变革困境，则要在各层级主体间形成良性互动机制，一方面要抓跨地区、跨领域、跨层级媒体合作，另一方面要明确服务群体，深耕核心圈层。对省市级媒体而言，建立起纵横交错的影响力网络可通过以下方式：

建立起省—市—县三级联动的媒体合作机制。以行政区划为合作契机，组建核心媒体带动、多个平台协同、广泛机构参与的区域联动系统。例如，江西省构建"1（省融媒体中心）+2（'赣鄱云''赣云'）+11（设区市）+100（县、市、区）"的融媒体联动指挥体系，建立省、市、县三级融媒体联动报道机制。②四川广播电视台、四川日报报业集团、四川新传媒集团、中国广电四川公司4家单位发起，联合21个市（州）级媒体、185家县级融媒体中心共建"天府融媒联合体"。③

开展跨平台、跨行业、跨领域业务合作。以自身资源和品牌优势为依托，与企业开展深度合作，互利共赢。例如，浙江日报报业集团与阿里巴巴共同打造"媒体融合服务体系"；河南广电与阿里文娱达成战略合作，通过一系列深度合作探索推出全场景、多层次的中国传统文化节目；四川广电2020年与百度签署战略合作协议，以"四川观察"为核心，四川广电全台内容及"四川观察"运营的区县融媒体内容与百家号协同发布，并依托百度的灵渠平台，联动进行IP孵化、产品开发和运维升级；江门日报社、江门市广电两家市直媒体与江门发展集团达成战略合作，开启"国企＋媒体"的发展模式。各地报业集团都在探索跨界融合、优势互补、资本并购、"非市场需求"等创新的业务模式。

打造辐射本地的智媒品牌。例如，浙江日报报业集团等通过"智能＋"

---

① 中办国办印发《意见》加快推进媒体深度融合发展［N］.人民日报，2020-09-27（1）.
② 万仁辉."融"出新气象 "合"出新效能［N］.江西日报，2020-07-08（2）.
③ 李晓东.四川成立天府融媒联合体［N］.光明日报，2023-07-18（9）.

模式进行城市大脑运营，向智媒发展；湖南广电打造的新潮国货内容电商平台"小芒"；河南大象客户端有限公司旗下打造的大象5G智慧文旅平台；四川日报封面传媒打造的"智能＋智慧＋智库"智媒体平台等。

强化融合内驱力，深耕本地新闻服务。对于省、市级媒体而言，其用户群相对固定，更需要深度把握用户需求，灵活嵌入用户生活，通过深耕本地新闻、接通本地服务，在与中央媒体和其他地方媒体的竞合中开拓更适合自身的发展通道。一方面，立足民生新闻，深入百姓生活；另一方面，立足特色文化，打造文化品牌。

（二）坚定价值引领使命，强化舆论引导方向

在差异发展、协同高效布局的同时，新闻舆论引导的一体发展和共同推进是统一目标。我国主流媒体肩负着引导舆论、传承文化、推动社会进步的重要使命，价值引领和舆论引导是主流媒体的核心竞争力。《中华人民共和国国民经济和社会发展第十四个五年规划和2035年远景目标纲要》指出，要"加强顶层设计，注重总体布局，强化整体推进，构建网上网下一体、内宣外宣联动的主流舆论格局。改进和创新内容表现形式，打造群众喜闻乐见的新闻报道精品。"① 把握意识形态工作领导权、塑造主流舆论新格局是新闻舆论工作的重要目标。在融合过程中，建立常态化舆情引导机制，提升主流话语表达，是主流媒体引领主流舆论的创新方法，进一步讲，要想上述方法切实有效，还需要主流媒体在机制运行中统一主流舆论引导的强度和深度，共同提高认识，强化布局；在主流话语表达中统一价值引领的使命感和方向感，共同服务群众，凸显责任意识。

建立常态化舆情引导机制，确保舆论引导的强度和深度。当前，主流媒体已经建立起多样的常态化舆情引导机制。根据课题组的问卷调研结果，59.4%的主流媒体建立了舆情预警常态化机制，57.5%的主流媒体建立了信息

---

① 中华人民共和国国民经济和社会发展第十四个五年规划和2035年远景目标纲要［N］.光明日报，2021-03-13（1）.

公开和辟谣常态化机制，55.7%的主流媒体成立了专职舆情监督部门，50.6%的主流媒体设立了建立内容举报渠道，47.9%的主流媒体布局了智能舆情监测系统（大数据、AI监测等）。在此机制下，主流媒体表现出两点特征：第一，中央媒体舆论引导意识强，作用突出。中央媒体具有众多有影响力的品牌栏目，成功培养了一批群众愿意听的"主流声音"，对社会思潮和网络舆论予以正确引导。从调研结果来看，中央媒体在新闻生产中对主流舆论引导力的重视度和参与度显著高于其他三级媒体，在各项常态化舆情引导机制的建立使用情况、在各项议题中发挥舆论引导力的参与度等方面的打分均显著高于地方媒体。因此，各级媒体对主流舆论引导的重视和落实情况仍存在差异，在媒体融合的大系统中，关键部分的发展影响整体效果，各级媒体亟待统一舆论引导的战略部署和具体措施，使常态化机制发挥最大效用。第二，舆情引导涉及的议题全面，重点关注重大主题和热点话题。主流媒体通过对突发事件、热点事件、重大时政主题、国际事件、社会新近思潮等议题进行报道和评论，全面深入发挥舆情引导力。主流媒体对热点和突发事件基本做到了及时发布权威报道，事后发表评论引导舆论。同时，从调研结果来看，在面对社会新潮思想和流行文化时，主流媒体难免出现对用户心理把握不准的情况，如何形成良性的舆论引导，是未来主流媒体提升新闻舆论影响力的着力点。

提升主流话语表达，明确价值引领的使命与方向。正如访谈对象所言，"不管时代如何变化，主流媒体塑造主流舆论的功能不能缺失。面对现在短视频的断章取义，主流媒体必须在现场，把事实传递给大众。面对网络上的众多流言，主流媒体也有责任弄清事情的来龙去脉，传递事实真相。"[1] 大多数新闻工作者重视主流媒体在形塑主流舆论中的作用，认同对自身工作的要求。根据调研结果，在"当前主流媒体在增强舆论引导力上存在的较为突出的问题"一题中，选择"舆情监测研判不及时、不到位"的比例仅为5.9%，选择"专门人才欠缺""形式缺乏创新，吸引力有限"的比例较高，分别达到41%和40.2%，说明各级媒体基本能够及时发现舆情，但在主流话语表达效果上

---

[1] 访谈对象01，工作单位为某市级媒体，工作岗位为采编岗。

表现不佳。因此，如何提升主流话语表达才是关键。

首先要创新主流话语表达。各级主流媒体要借助多元的叙述视角、鲜活的叙述话语、适配的表达形式打造精品案例。例如，中央广播电视总台（以下简称"总台"）的作品《"国际漫评"年终联欢　谁才是绝技之王？》通过漫画视频的形式梳理国际局势，于轻松幽默的氛围中传递观点、引发思索。其次要满足群众需求，提升内容品质。各级主流媒体要真正贯彻"群众路线"，急群众之所急，谋群众之所求，摒弃精英化视角，抓主要矛盾。例如，总台央广"中国之声"栏目记者关注清洁取暖"一刀切"问题，福建电视台综合频道《帮帮团》栏目记者揭露"抽血验子"黑色利益链，《人民日报》记者调查校外培训乱象，在舆论监督上发声。最后，主流话语一定要真正代表主流思想。要在充分调研、深度观察的基础上发声，反映时代变迁和人民群众呼声，对社会议题实现有效引导，避免以想当然的判断减损媒体品牌的公信力和影响力。

三、系统发展新动能：搭建体系，构建生态

媒体融合发展要实现宏观目标、落实中观策略，离不开每一个微观系统生态，即要以新型主流媒体为目标，搭建一个以体制机制为基础、自建平台为阵地、媒介技术为驱动、全媒体人才为引擎、产业化经营为保障的生态系统，"五根支柱"相互支撑、协同发展。根据调研结果，主流媒体往往能够意识到改革方向，但是在实施改革举措效果上参差不齐，导致系统融合程度不一。

（一）稳中求变：体制机制持续变革

伴随我国市场经济的发展和现代经济制度的确立完善，媒体产业化发展步伐加快，市场调节机制与计划调节机制并存的双重体制下的矛盾日益凸显。想突破主流媒体过往的路径依赖，就要进一步明晰媒体机构的组织架构、运营体系和监管体系，敢于打破固有的资源分配体系，引入更能适应现代化生

存和发展的规则。与此同时，重新考量媒体内部的机构设置、业务流程和管理体系，通过机制革新激发内生活力。当前，主流媒体在推进全媒体生产传播的一体化运营、业务流程协同、组织形式创新上取得重点突破。

深化组织架构一体化。通过体制机制的持续变革，主流媒体将传统媒体端和新媒体端的新闻资源、人员进一步整合，向更加协同、统一、高效的融媒体机制转型，在新闻资源统一调度、人员工作统一管理、绩效考核统一标准上取得成效。根据调研结果，央、省、市、县四级媒体在新闻资源统一调度方面的完成度均在75%以上，人员工作统一管理的完成度均在70%以上，绩效考核统一标准的完成度均在60%以上，体制机制变革的幅度、速度和深度逐年递增（见图3）。但相比新闻资源协调机制的调整，人事管理和绩效管理所涉及的情况更加复杂，改革所面临的难度也更大，而从长远来看，后者将影响内容生产的质量和机构发展的成效。

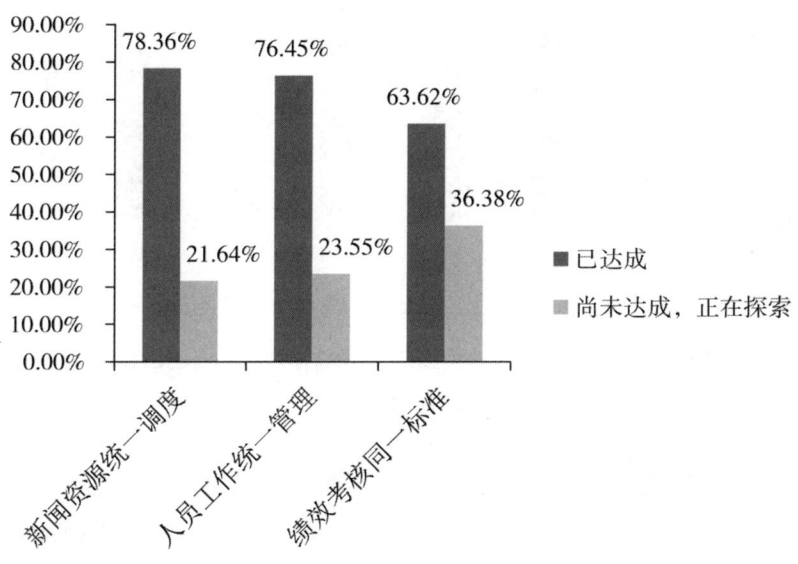

图3 "在传统端和新媒体端，您单位的组织架构调整动态是"一题调研结果
（样本总数：4043份）

此外，从对四级媒体的交叉分析来看，中央媒体和区县级媒体在新闻资

源、人员、绩效三个维度的表现都更加突出。中央媒体在组织架构一体化方面居于"排头兵"的地位，区县级媒体在传统媒体时代的发展和积累相对薄弱，但近年来体制机制改革成效走在前列，向新媒体转型的表现亮眼。一方面，区县级媒体在调整内容生产流程上付出了较大努力，另一方面，其新闻生产体量较小，转型压力和难度相对较小，在媒体融合发展中体现了"船小好掉头"的优势；而既缺乏央媒的资源优势又负担较重的省市级媒体，特别是市级媒体各项表现相对落后，"一方面，延续传统报纸思维的产品生产任务仍不小，一方面媒体转型压力大，因此采编队伍工作量大大增加。"①

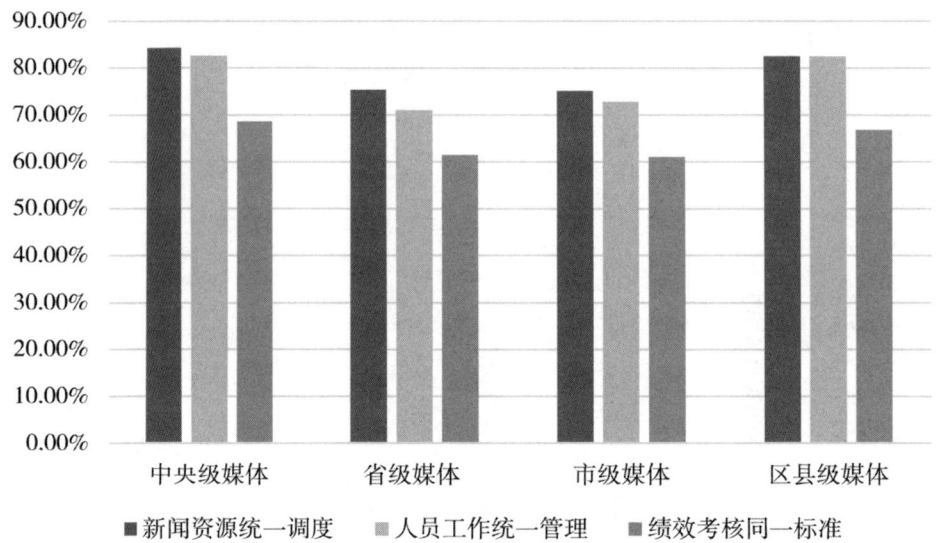

图4 "在传统端和新媒体端，您单位的组织架构调整动态是"一题四级媒体调研结果
（样本总数：4043份）

我国媒体体制机制改革具有复杂性，主要体现在既有层级地域系统又有部门行业系统，因此，不同媒体所在的地理位置及其经济、文化和社会发展上的差异往往是影响其融合的重要因素。调研结果显示，西南和华东地区的主流媒体在组织架构方面的转型成效最好。

---

① 访谈对象02，工作单位为某省级媒体，工作岗位为采编岗。

推进业务流程一体化。《关于加强网络文明建设的意见》指出，要深入推进媒体融合发展，实施移动优先战略，加大中央和地方主要新闻单位、重点新闻网站等主流媒体移动端建设推广力度。① 在"移动优先"战略下，势必要打通传统媒体端和新媒体端的业务流程区隔，拓宽发布渠道，深化用户思维，提高生产效率。在媒体融合发展的长期实践中，主流媒体初步探索了内容一体策划、全媒体记者统一采集、两端协同编辑、多平台矩阵发布等行之有效的策略。从调研结果来看，主流媒体的多平台矩阵发布完成度超过 80%，基本实现了内容的多渠道发布，在生产流程再造上，四级媒体的完成度也基本都达到 70% 以上，其中，中央媒体和区县级媒体在生产流程一体化上的完成度最高。可见，如何让内容以最高效的方式出现在全媒体端口，满足不同业务线的需求这一问题，得到了充分重视。

从地域来看，华东和西南地区的主流媒体完成度最高，这与其组织架构一体化的改革进度一致。目前，相当一部分地方媒体生产流程仍然处于"半打通"状态，表现为已经有新媒体意识，但在实际操作中还是偏向于传统媒体，这是新阶段主流媒体亟待解决的关键问题。

激发工作室模式的创造性。近年来，主流媒体在工作室模式的探索上不断创新。小而美的工作室有利于进一步调动人员积极性，激发创新活力，提升内容生产效率，打造主流媒体新品牌。调研结果显示，四级媒体中，认为工作室模式"效果较好"的媒体占比均远高于认为"效果一般"的媒体，说明其获得了较多的认可，在实践中被证明是行之有效的。值得一提的是，超过 93% 的中央媒体成立了工作室，这一比例显著高于地方媒体，且中央媒体"大力支持发展工作室"的比例为 64.46%，明显高于平均水平 44.25%。此外，中央媒体工作室模式的普及度最高，对其效果的评价也最高（见图 5）。以《人民日报》为例，学习大国、麻辣财经、金台点兵等近 50 个融媒体工作室覆盖财经、时政、军事等领域，成为《人民日报》全媒体新闻生产的"先锋队"和"轻骑兵"。从地方主流媒体来看，工作室模式的推广实施还有所不

---

① 中办国办印发《关于加强网络文明建设的意见》人民日报，2021.9.15。

足，地方媒体暂无正在运营的工作室的比例均超过20%，区县级媒体的这一比例近40%。

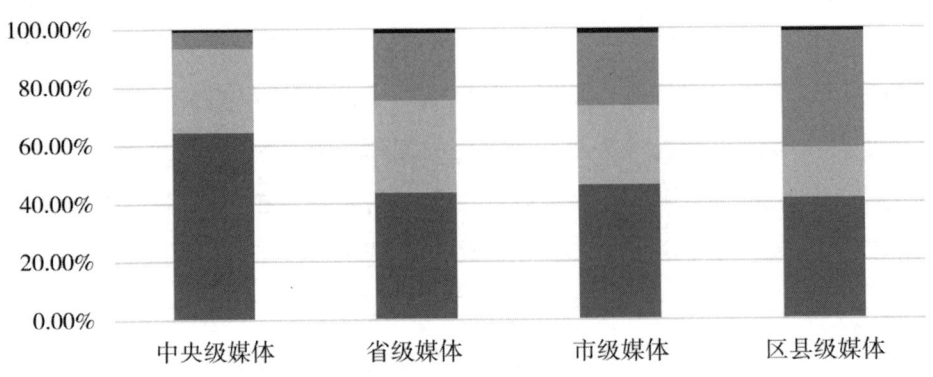

图5 "在体制机制变革中，您单位是否仍将工作室作为长期发展的方向"一题
四级媒体调研结果（样本总数：4043份）

在工作室制度的人员组织形式上，可以按照合作期的长短和人员的流动性，将人员组织划分为"长期合作，人员较为固定""长短兼有，更重视长期合作""短期合作，人员不断流动"和"长短兼有，更重视短期合作"四类。根据调研结果，将"长期合作"和"更重视长期合作"的结果相加，四级媒体倾向于长期合作的比例均在85%以上，说明工作室制度基本能够保持长期的生产力和创新力，便于打造优质精品内容。作为一种灵活新颖的机制，尽管不少媒体成立了工作室，但其积极效应传递到人员待遇提升、单位营收增加乃至整个体制机制变革上的程度有限。在向深度融合发展的过程中，工作室的"领头雁"效应必须向融为一体、合而为一发展。

（二）合中有分：平台发展差异定位

经过几年建设，主流媒体的自建平台初步形成了以新闻为主，融合政务、服务、商务多种功能的新媒体平台，近 90% 的主流媒体自建平台已完成初级建设。据调查，我国 1330 家主要报纸自建客户端达 570 个，[①] 平台化发展取得阶段性成效。在完成初级建设后，主流媒体的自建平台开始从追求量转向追求质，呈现两大趋势：一是垂直细分，避免大而全。10 年间主流媒体已经融合形成了规模较大的传媒集团，在庞大的资源网络和用户网络支撑下，主流媒体普遍采取垂直细分策略。以上海报业集团为例，旗下共设立了上海观察、澎湃新闻、文汇报、界面、财联社、周到上海等 12 个客户端，服务不同需求的用户。二是整合平台，避免小而散。对于主流媒体而言，多线作战需要投入巨大的人力、物力和财力，如果客户端无法拉新拉活，反而起到"1+1<2"的效果，因此，将处在瓶颈的各类平台整合为一个功能多元、内容丰富的客户端，更有利于发挥整体优势。2023 年"浙江新闻""天目新闻""小时新闻"三端合为"潮新闻"客户端，是地方媒体整合平台的典型案例。无论细分还是整合，每个平台都需要在实践中不断调整思路，自建平台进行重新定位，聚焦自身优势资源，针对核心用户群体，寻求差异化、品牌化竞争发展。

打造服务型、应用型、互动型平台。不同媒体的用户画像不尽相同，中央媒体强调特色内容，地方级媒体突出本地服务功能。根据调研结果，中央媒体在"自建平台发展的重点"一题中选择"以原创新闻为第一任务，打造特色资讯平台"的比例为 82.64%，明显高于平均水平 60.23%。中央媒体在原创新闻方面优势明显，因此倾向于继续发挥主营业务优势，以高质量原创新闻为平台发展的核心。与此同时，地方媒体正在积极探索更适合自身的自建平台发展模式，地方媒体的用户地域分布较集中，便于有针对性地对接具体的政务和生活服务，特别是市、县级媒体选择"着重升级政务信息功能，融入智慧城市、社会治理"和"重点发力一站式便民服务，突出生活服务创新"的比例显著高于中央媒体。地方媒体选择与政务服务和生活服务接轨，从而

---

① 黄楚新，薄晓静. 深度融合时代主流媒体新闻客户端的发展创新［J］. 南方传媒研究，2023（3）：12–18.

发挥地方服务业务精准触达的优势。

市级媒体既没有省级媒体的富足资源网络，又不如县级媒体能实现精准服务触达社区和社群，媒体融合战略实施以来长期处在融合发展洼地，但在2022年，市级媒体化劣势为优势，以长沙广电"我的长沙"城市融媒平台为代表，强化区域内政务服务和城市服务功能，打造政务服务移动端、城市服务聚集端和新闻资讯触达端"三端合一"的服务平台。① 各地也涌现了诸如"四川乡村"客户端、贵阳"壹刻宝"社区平台、"南太湖号"移动开放平台等应用创新案例。

强化原创性、视听化、实用型内容。新闻资讯始终是各主流媒体平台的核心内容，对此，主流媒体不断调整自建平台新闻内容的发展重点，顺应新闻生产的变化趋势，不断突出自身平台的优势特长，打造各有亮点的内容资讯平台。根据调研结果，重大主题报道是当前主流媒体在自建平台新闻内容中普遍最关注的类型，四级媒体选择"以重大主题报道为优先"的比例均超过80%。此外，主流媒体积极适应当前新闻生产新变化，强化短视频等视听内容的媒体比例均超过40%。2023年8月，江苏广电旗下"荔枝新闻"客户端全新改版，以"泛资讯＋视频化"为定位，全面提升视频的比重，拓展省、市、县三级的政务和服务资源，连接教育、健康、文旅等资源，服务用户的衣食住行。

四级媒体在自建平台内容调整方向上也呈现出一定区别。媒体层级越高，选择"强化突发新闻报道"和"深耕垂类内容"的比例越高。突发新闻报道对媒体的采访报道速度、调度能力要求较高，垂类内容对媒体的专业知识储备要求较高，因此层级高的媒体优势较大。地方媒体更加关注本地新闻，选择"侧重聚焦本地新闻"的比例较高。

值得注意的是，在运营思路和方法上，主流媒体仍存在以下两个短板：第一，在激发用户生产，增强社交吸引力上具有不足之处。四级媒体选择"加强新闻的社交圈层设计"和"激励用户生产"的比例均低于10%，主流

---

① 访谈对象03，工作单位为某市级媒体，工作岗位为运营岗。

媒体的自建平台并未普遍采用社交媒体的内容生产和运营规则，向用户开放内容生产空间、加强社交圈层属性等社交媒体的运营方式尝试得较少。第二，地方媒体在灵活运用新媒体推荐机制增强影响力方面仍需加强。

建立媒体间合作机制。根据调研结果，四级媒体在"您单位自建平台在新闻内容方面，重点发力的前3个类别"一题中选择"加强媒体间协作"的比例为22.7%，说明促进不同媒体之间的协同合作依然有一定的空间。但有部分媒体已取得了一定成效，如《湖南日报》"新湖南"客户端采用内容供稿机制，鼓励各频道、中心、媒体积极通过平台账号供稿，对供稿情况进行台账管理，并与京津沪等地26家党媒新媒体以媒体资源互换、共享等方式建立了联动机制，开展同步直播、慢直播及优质报道内容的转载转播等合作，积极拓展传播渠道，为全媒体内容生产与传播提供协同保障，增强优质内容曝光度；2023年7月天府融媒联合体成立，四川集结省、市、县三级逾200家传媒单位，聚焦内容生产和平台开发两个方面，一方面结合重要时间节点、重要主题宣传，统筹省内各级媒体资源，联合中央主要新闻单位驻川机构，开展协同采访、立体传播；另一方面以发展自主可控技术为核心，吸纳互联网商业平台优质资源，建设开放型融媒技术平台，结合省内媒体实际需要，在数据分析、AI应用、平台运营等方面开发多元化应用功能，共同探索媒体深度融合新路径。

（三）循序渐进：技术驱动诉诸成效

融合的一个重点是如何实现各类资源的优化配置，以激发媒体的市场竞争力。媒介技术成为提高生产效率，甚至促进生产关系变革的重要力量。正如南加州大学传播学院教授卡斯特所言，"我们现在所经历革命的变迁核心是信息处理与沟通的技术，"[①] 伴随网络社会的形成，媒介技术正在成为主流媒体基础设置的一部分，5G、4K/8K超高清影像、大数据等技术逐步渗入内容生产和传播流程，围绕人工智能、XR技术、区块链等构建元宇宙的新布局正在

[①] 曼纽尔·卡斯特. 网络社会的崛起［M］. 北京：社会科学文献出版社，2000：35.

成为现实。主流媒体不断引入新技术，为提高内容生产效率，优化作品呈现效果，拓展创意空间提供了新可能。

新闻生产新技术引入普及度较高。主流媒体积极拥抱新技术，但引入的新技术能否在日常工作中得到充分利用，成为生产力转化效度的关键问题。根据调研结果，在所使用新技术的种类上，5G是当前主流媒体使用频率最高的新闻生产新技术，如图6所示；在使用新技术的频率上，调研结果显示，"每天都使用"和"每周使用3次以上"的比例为52%，说明当前新技术在主流媒体从业人员中得到了较普遍的使用，有超过半数的从业人员经常使用新技术。但主流媒体应用的主要是目前普及度较高的技术，这些技术搭建成本较低。此外，新技术的普及度与媒体层级并无显著关系，市县级媒体使用各个种类新技术的比例并不显著低于央级、省级媒体。

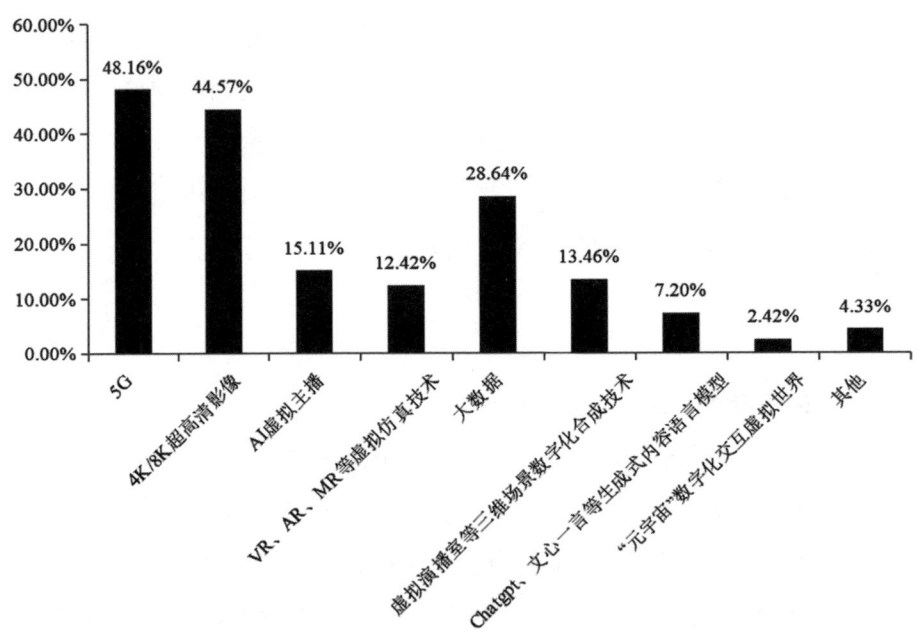

图6 "最近一年，您使用频率最高的新闻生产新技术有"
一题调研结果（样本总数：4043份）

新技术旨在提高生产端效率，优化用户端体验。主流媒体所引入的新闻生产新技术覆盖生产传播端和用户端，有效提升生产端的内容生产质量效率，优化用户端的新闻使用体验。根据调研结果，主流媒体普遍认为新技术对产品本身提升的作用最明显，具体表现为优化产品呈现效果、提高内容生产效率、实现创意落地。例如，四川日报社川观新闻研发的"川观算法"已应用于多个业务场景中。智能投放算法通过自动化流程和智能分析、人机协同，将频道运营成本缩减了90%以上。智能评论审核辅助算法通过人机协同的方式提高编辑对评论的审核效率超200%。党政知识库将川观算法的核心党政数据进行知识化存储，提高了内容编辑和校对效率。[①] 值得注意的是，新技术在组织管理、减轻机械工作、了解用户、制定战略等方面发挥的作用仍不够明显，这从侧面表明，主流媒体对媒介技术的潜力开发尚且不足，未来对新技术的应用要从点到面，由表及里层层铺开，开发新技术的全组织、全流程、全平台生产力。

新技术推广需加强引进培训，注重落地效果。新技术在主流媒体推广使用当中，仍需突破培训使用和应用效果上的考验。部分媒体和新闻工作者受软硬件条件和工作时间的限制，缺少学习、使用新技术的渠道。根据调研结果，"缺乏学习和指导渠道""单位未引进""没有时间学习使用新技术"是新闻工作者较少使用新技术的几大原因，占比分别为45.9%、34.6%和20.1%。在学习使用的软硬件条件上，媒体层级越低，较少使用新技术的情况越普遍，如图7所示。当前新技术内部研发难度较大，外部引进费用较高，对层级较低的媒体来说普及存在一定难度。若想充分发挥新技术在提升新闻生产力中的作用，需要进一步加强基础设施和配套学习指导的引进，增加对新闻工作者，特别是新入职的工作人员的技能培训。

---

① 访谈对象04，工作单位为某省级媒体，工作岗位为技术岗。

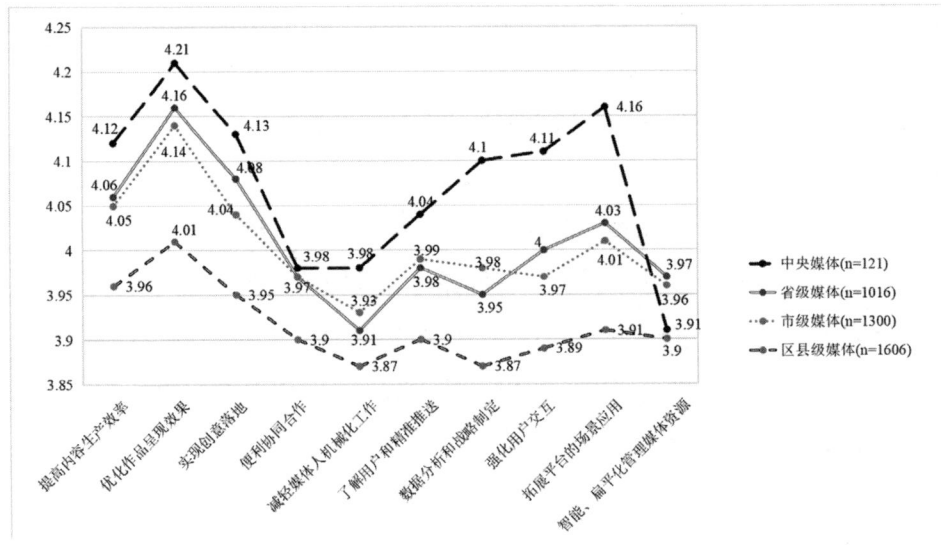

图 7 "您认为新技术在以下方面的作用如何"一题四级媒体调研结果

（样本总数：4043 份）

仅仅依靠技术，并不能完全满足优质内容的制作要求，还需要重视其落地应用效果，避免"展示"多于应用。根据调研结果，媒体层级越高，因对制作效果不满意，如"炫技对内容生产没有太大帮助""对新技术的制作效果不满意"而较少使用新闻生产新技术的情况越多。媒体需要时刻关注前沿技术，不断在业务场景中进行尝试和融合，以更好地实现创新。①

（四）固本培元：人才培养激发活力

媒体深度融合对传媒人才的素养与能力提出了全新要求，传媒人必须与时俱进，加速思维转型，同时一专多能，夯实研判和实践能力。② 然而在融合实践中，人才问题始终是制约融合进展的重要因素。根据调研，创新人才激励机制连续多年成为主流媒体人眼中媒体整合发展的当务之急，而最大程度激发人才创造活力，需要对症下药，从根本上解决新闻从业者的后顾之忧。

---

① 访谈对象 04，工作单位为某省级媒体，工作岗位为技术岗。
② 曾祥敏，余珊珊."新文科"语境下全媒体人才培养路径探析［J］.中国记者，2021（10）：49-52.

新闻工作者进步意识强，区县级媒体人才需求大。为激发新闻工作者的创新创造活力，各级媒体出台了多种人才引进、培养和激励措施，包括增加人才招聘岗位、推行项目制、促进工作室等机制改革，完善人才晋升和激励机制，提供多样的交流机会，组织技能学习和培训等。通过调研新闻工作者对人才激励措施的实施评价，从业者对"组织技能学习和培训"的评价最高，说明当前新闻工作者对参加技能培训、提升工作水平有强烈愿望，期望提高自身能力，具有不断学习提升的积极心态，而主流媒体也较为注重让经验"流动"起来，让人才交流起来。

习近平总书记指出"媒体竞争关键是人才竞争，媒体核心优势是人才优势"，人才是媒体的第一资源，引入并留存足够的新闻事业人才，是媒体发展的前提基础。中央媒体对各项人才培养和激励措施评价均显著高于地方媒体，与此同时，区县级媒体人才需求大，期望增加专门人才引进。调研结果显示，区县级媒体在多个题目中均反映出对人才的强烈需求。

部分单位和岗位人员流动快，薪资待遇需提升。薪资福利是吸引和留存人才的关键因素。当前，多数主流媒体采取"基础工资+绩效考核"的薪酬体系，部分媒体实行企业化管理，在薪酬制度和晋升制度上推行改革，对稀缺人才岗位采取议薪制，员工入职后，按照业务和管理"双通道"的晋升机制，根据级别制定薪酬，在引进人才上取得了优势。此外，也有部分媒体受单位经营状况影响，薪资福利待遇与市场预期存在差距，或简单按照"计件式"管理薪酬，难以吸引人才，导致人员流动频繁。

根据调研结果，目前采编岗的薪资待遇总体偏低，"人才非常容易流失"[①]。部分主流媒体技术部门采取企业化管理、事业化保障，技术人员参照互联网公司序列进行管理，一定程度上确保了人员的稳定性，但是由于薪资与互联网公司技术岗相比仍有较大差距，在人才引进上存在困难。[②] 此外，主流媒体新闻工作者肩负引导主流舆论的使命，对工作的认同感、获得感直接影

---

① 访谈对象01，工作单位为某市级媒体，工作岗位为采编岗。
② 访谈对象05，工作单位为某省级媒体，工作岗位为技术岗。

响到其精神面貌和工作状态，因此媒体在人员管理上也需要提升新闻工作者的职业认同感和成就感。调研显示，"在复杂的舆论场中，主流媒体从业人员的工作荣誉感、获得感有所欠缺"①，这一现象值得引起关注。

（五）相辅相成：深耕产业化经营优势

主流媒体转型的内在驱动力从根本上讲是自身发展不能适应社会需求所带来的生存困境。与体制机制改革的目标一致，产业化经营是媒体实现自我造血的必然手段，更是检验融合举措是否能够实现良性循环的标尺。过去一年，在错综复杂的世界局势和不可抗力下，我国传媒产业仍处于自我调整期，互联网广告、互联网营销服务、移动数据及互联网业务等传统高产值领域均出现不同程度的负增长，广播电视广告、图书销售、报刊行业收入规模总和不及网络视听相关领域市场规模。②挑战也是机遇，主流媒体以此为契机重新审视发展路线，深化互联网运营思维，推进数字化转型，不断优化产业结构。

传统业务收入持续下滑，拓展经营新路不易。传统经营方式难以为继是新媒体时代主流媒体面临的现实困境。从各级媒体来看，传统广告收入下滑和传统业务收视率、订阅率持续下降是影响其近一年营收的主要因素。不过，传统经营方式收入下滑，对不同层级、地域的媒体影响程度有所不同。调查显示，中央媒体在"近一年影响本单位收入的主要因素"中选择"传统广告收入下滑"的比例为82.61%，显著高于省级（66.36%）、市级（69.94%）和区县级媒体（58.00%）。从地域来看，传统经营方式收入下滑对东部地区媒体的影响大于中西部地区的媒体。顺应新媒体发展趋势，拓宽新的经营形式，不仅需要经营思维的转变，也需要提供引进经营人才、筹集启动资金、搭建合作关系等制度保障。在这些方面，区县级媒体和中西部媒体表现出更多的需求，在投入、人才、资源整合等方面面临的挑战更大。

传统媒体重视盈利活动创新，实现路径和需求各异。根据调研结果，各

---

① 访谈对象02，工作单位为某省级媒体，工作岗位为采编岗。
② 2023年中国传媒产业发展报告［R/OL］.（2023-08-28）［2023-09-13］. https://mp.weixin.qq.com/s/0WJHlyfXzNiDH6GRw2SNJQ.

级媒体均认为"积极申请政府资金、与政府部门合作"（选择比例为54.4%）和"创新线上线下盈利活动形式"（选择比例为46.8%）是实现媒体长远发展的当务之急，在寻求政府支持的同时，表现出对创新各种经营业务的自发性、积极性和重视度。但在拓展经营方式、尝试"自我造血"、实现主流媒体长期盈利上，不同媒体有不同实现路径、目标和需要。

对于如何做大做强、实现长远发展，中央媒体认为打造自有品牌、以品牌影响力吸引投资最为重要，且显著多于地方媒体，地方媒体认为积极申请政府资金、与政府部门合作最重要，且显著多于中央媒体。同时调研发现，重视开发本地化资源的区县级媒体在做强新闻主业的基础上，探索出新的盈利模式。以安吉县为例，其融媒体中心以"融媒体+文创""融媒体+旅游""融媒体+知识产权"三大业务板块探索出"融媒体+"的新路径。在行业"寒潮"下，安吉县融媒体中心通过产业转型发展，全年营收达到4.87亿元，连续9年增幅都在10%以上。①

从地域来看，东部媒体选择"创新线上线下盈利活动形式"显著多于中西部媒体，结合市场化经营活动的参与情况，东部媒体对创新营收模式更重视，也在实践中尝试了更多的经营路径，而中部地区媒体表现出更多对政府资金支持的需求。

以业务营收为主，市场化经营程度高。为增加收入，实现自我造血，各主流媒体积极利用主营业务优势，开展市场化改革，拓展多样的营收活动，如承接新媒体运营、视频制作和文化品牌活动等，并积极探索版权运营、直播带货、线下展销等多元模式。以《中国青年报》为例，2022年年初，中国青年报·中青在线率先探路独立版权运营模式，发行了数十首具有独立版权或享有长期版权收益的原创音乐作品，取得可观的运营收益。

从地域来看，东部地区媒体参与的市场化经营活动更多，中部次之，西部地区相对更少。根据各媒体集团公布的财报，以南京广电集团融媒新闻中

---

① 李磊.从发不出工资到年营收4亿元！这家县级媒体咋做到的？[EB/OL].(2022-08-18)[2023-07-30].https://mp.weixin.qq.com/s/JZRD49caTlr1ElYY5Jxtmg.

心为例，南京广电集团积极利用主营业务优势，实现市场化、产业化发展，其营收项目呈现基层政务、视频制作、主题宣传、活动承办、舆情合作、商业宣传等多元组合，奖励补贴、上级拨款等仅占比1.8%。湖南日报报业集团有限公司更侧重文化品牌活动和展览，打造运营了新湖南媒体视频产业基地、湖南旅博会、湖南文旅产业投融资大会等品牌及活动，2022年总收入约7.9亿元，其中广告、发行、印刷、新媒体等媒体板块收入占比约81%，多元投资收入占比约19%，收入手段多元，市场化经营程度提升。①

总之，创新发展的"五根支柱"是媒体深度融合系统观的关键部分，是改革纵深发展，打造新型主流媒体不可或缺的子系统，是对媒体机构优化生态、搭建融合框架的可操作性探索。

结　语

作为国家战略，我国媒体融合发展是一项整体推进的系统工程，需要将一体协同融入改革智慧，将行业革新融入社会发展，将融合成果融入中国式现代化建设。在习近平文化思想引领下，媒体深度融合理应持续切实探索，为数字中国和文化强国建设作出更大贡献。新闻传媒事业的高质量发展关乎人民精神世界的丰富、社会主义现代化的实现和人类文明新形态的构建。本文提出媒体深度融合系统观，希望为未来的行业实践和发展提供理念思考，启发传媒人通过深度融合发展提升新闻舆论"四力"，建设新型主流媒体，巩固壮大主流舆论阵地，创新服务国家治理现代化，更好助力中国式现代化建设。

---

① 湖南电广传媒股份有限公司2022年年度报告［R/OL］.（2023-04-28）［2023-09-13］.https://static.cninfo.com.cn/finalpage/2023-04-28/1216657337.PDF.

媒体融合十年考*
——传播体系、社会治理与自主知识体系现代化的实践路径

媒体融合作为中国特色社会主义的发展实践，行稳致远。自2013年媒体融合理念提出、2014年上升为国家战略以来，十年间我国各级主流媒体挺进互联网主战场，进行大刀阔斧的融媒实践和文化改革，融合的目标愈加清晰、脚步愈加坚定、成效愈加显著。党的十八大以来，媒体融合发展围绕内容建设这一根本，经历了从技术先手突破到管理创新一体，从现代传播体系聚焦到全媒体传播体系建设的过程。融合十年间，传播体系、社会治理与自主知识体系都在朝着现代化的方向演进，媒体本体既需要向中国式现代化转变，也需要更好地为中国式现代化提供有利的舆论环境和文化氛围。媒体融合十年，在即将进入创新攻坚期、改革深水期这一关键历史节点上，对媒体融合十年的中国实践、中国经验进行总结，提炼具有中国范式的理念和理论，正当其时。

---

* 文章原载于《现代出版》2024年第1期，与中宣部全国宣传干部学院专题研究部干部刘思琦合作，系教育部哲学社会科学研究重大专项项目《中国式现代化道路与新闻传播学自主知识体系建构研究》（项目编号：2023JZDZ032）、研究阐释党的十九届六中全会精神国家社科基金重点项目"加快新型主流媒体国际传播能力建设研究"（项目编号：22AZD073）的研究成果，收入本书时，略有删改。

一、媒体融合的中国特色与中国路径

媒体融合是具有鲜明中国特色和时代特征的产物，不同于资本主义模式下以市场为导向，追求经济利益最大化的媒体发展模式，而是坚持党的领导，以实现公共利益、社会利益和国家利益为目标。

（一）媒体融合的中国特色

我国的媒体融合是国家和媒体组织的社会行动，在概念、内涵和外延上都具有鲜明的中国特色，是中国式现代化发展历程的重要组成部分。

1. 政策、实践与理论的三重构建

总体而言，我国的"媒体融合"是一个由政策指导、具体实践和学术理论构建出的三重复合型概念，各种力量彼此交织，相互影响，共同塑造了具有中国特色和时代特征的媒体融合。

首先，政策始终扮演着重要的资源配置角色，从宏观层面为媒体融合发展制定目标、任务和时间表。21世纪初，数字化浪潮和互联网的迅猛发展给信息领域带来了巨大变革，一方面，传统主流媒体受到新兴技术的冲击，面临数字化转型的挑战，急需突破思维定势和生产机制；另一方面，加速流动的信息裹挟着各方观点、意见，甚至意识形态等价值层面的内容，对社会主流舆论造成一定冲击。只靠传媒业界的自发变革无法扭转根本性问题，需要政治力量作为主导性力量，对媒体发展做出战略布局，指明发展方向，以确保主流媒体在意识形态场域主导话语权的地位。十八大以来，党中央举旗定向，从战略、体系、路径和生态等方面对媒体融合发展做出了决策部署。2014年8月，中央全面深化改革领导小组第四次会议通过《关于推动传统媒体和新兴媒体融合发展的指导意见》，"媒体融合"正式上升到国家战略规划层面，作为一项政治任务被高度重视和有效推进。融合十年来，中央有关部门的文件和决策指导着媒体融合发展的路径，高屋建瓴地回答了媒体融合是什么、怎么做以及如何建设全媒体传播体系等重要议题，成为新时代深化媒

体改革、巩固全媒体建设成果、推动传播体系现代化的重要工作依据和坚强引领。

其次，具体实践是指各级媒体在政策指引下结合自身发展特点做出适时适己的变革，在体制机制、内容生产、技术应用、人才建设、话语表达、平台运维等方面进行探索创新。当前适逢第四次科技革命和第三次全球传播浪潮，媒介化、数字化、智能化加速渗透，5G、XR、大数据、云计算和生成式人工智能等技术给媒体行业带来挑战和机遇。各级主流媒体挺进主战场，以实际行动进行融媒实践和文化改革，深入创新生产日常新闻、报道重大主题、应对社会舆情等应用场景，积极检验并总结媒体融合的成效成果。

最后，理论建构是指为中国自主知识体系建设提供中国实践的经验，总结出具有一般性和普遍性的规律与阐释框架。中国理论的提出应该与中国的政治制度、文化特征、社会发展方向紧密结合，媒体融合作为一个极具中国特色的本土概念，理应为中国特色新闻传播学建构提供实践经验和知识积淀，并将拓展相应的学术研究，形成理论成果，以此为顶层设计提供参考，为具体实践释通原理。

2. 媒体融合与中国式现代化

围绕媒体融合进行的一系列创新探索与成果积累，可以被视为中国式现代化在文化强国和意识形态建设领域的鲜活样本。中国式现代化是由中国共产党领导的社会主义现代化。"中国式"意味着社会发展要基于中国国情，具体到新闻传播事业中，即我国媒体要坚持党的领导，坚持人民至上。"现代化"意味着科学技术的进步及其在各领域的应用是社会发展的重要驱动力，整体社会及子系统逐步实现由不发达向发达状态的转变。

新闻传播事业中国式现代化是作为系统性的中国式现代化的重要组成部分与推动力量。一方面，新闻传播事业是社会发展的子系统，是在中国式现代化进程中提升国家文化软实力的一项重要事业；另一方面，新闻舆论工作处在意识形态斗争的最前沿，新闻传播事业始终与中华民族伟大复兴进程紧密交织。媒体融合是实现中国新闻传播事业和媒体发展现代化的自主探索、艰巨任务和现实路径，能够助推各级主流媒体牢牢掌握意识形态工作领导权和话语权，弘扬社会主义核心价值观，为文化强国建设提供强大的精神动力和社会凝聚力，对于赋能中国式现代化、推进中国特色社会主义伟大事业具有重大意义。

（二）媒体融合的战略发展

党的十八大以来，党中央对媒体融合发展做出一系列决策部署，从战略层面为媒体融合发展布局谋篇，不仅体现了改革的决心与信心，也体现出顶层设计的系统性与连贯性。如图1所示，媒体融合作为国家战略整体推进的历史脉络，大致可以分为四个时期。

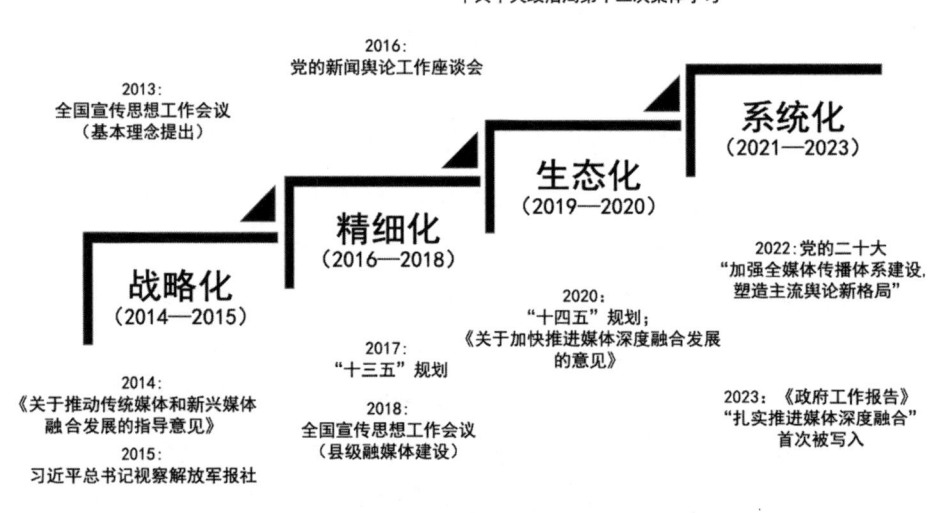

图1　媒体融合作为国家战略推进的历史脉络

1. 战略化（2014—2015年）：理念形成与战略推进

2013年8月19日，习近平总书记在全国宣传思想工作会议上提出了媒体融合发展的基本理念，明确提出要"加快传统媒体和新兴媒体融合发展"。2014年8月，中央全面深化改革领导小组第四次会议通过《关于推动传统媒体和新兴媒体融合发展的指导意见》（以下简称《意见》），媒体融合作为国家战略被提出，顶层设计目标明确。《意见》中指出要以"先进技术为支撑，内容建设为根本"①，推动"在内容、渠道、平台、经营、管理等方面的深度融合"，打造"新型主流媒体"，形成"现代传播体系"，从具体操作、方向目标等方面诠释媒体融合的理念，为战略起步打下坚实基础。②2015年12月，习近平总书记视察解放军报社时强调，"要研究把握现代新闻传播规律和新兴媒体发展规律，强化互联网思维和一体化发展理念"，"内容创新是根本"，③进一步明确了内容建设的根本地位。这一时期的媒体融合处于起步阶段，理念初步形成，战略稳步推动。

2. 精细化（2016—2018年）：媒体融合横向与纵向架构的搭建

有了政策做指导，主流媒体在技术、内容、渠道等方面纷纷发力，打造"两微一端"等新媒体平台，形态上具有融合的规模框架，但仍属于各类模式的简单相加。此外，央级媒体由于资源整合能力强，融合改革的进程较快，地方媒体则稍显迟缓，在技术、人才等方面融合受阻。2016年2月19日，习近平总书记主持召开党的新闻舆论工作座谈会，讲话中提出媒体融合发展的"三个阶段"，并提出"融合发展关键在融为一体、合而为一。要尽快从相'加'阶段迈向相'融'阶段"，"要适应分众化、差异化传播趋势，加快构建舆论引导新格局"。④2017年，《国家"十三五"时期文化发展改革规划纲要》提出指导意见："支持党报党刊、通讯社、电台电视台建设统一指挥调度的融媒体中心、全媒体采编平台等'中央厨房'，重构新闻采编生产流程，生产全媒体产品。"⑤这些重要指示从媒体类别、分众差异等进行横向铺开，对融合发

---

① 中国共产党新闻网.习近平在全国宣传思想工作会议上的讲话［EB/OL］.（2014-08-09）［2023-11-08］. https://www.cac.gov.cn/2014-08/09/c_1115324460.htm.
② 新华社.推动传统媒体和新兴媒体融合发展指导意见审议通过［EB/OL］.（2014-08-21）［2023-11-07］. http://culture.people.com.cn/n/2014/0821/c172318-25511854.html.
③ 新华社.习近平视察解放军报社并发表重要讲话［EB/OL］.（2015-12-26）［2023-11-07］. http://www.xinhuanet.com/zgjx/2015-12/26/c_135932625.htm.
④ 新华社.习近平：坚持正确方向创新方法手段 提高新闻舆论传播力引导力［EB/OL］.（2016-02-19）［2023-11-08］. http://www.xinhuanet.com/politics/2016-02/19/c_1118102868.htm.
⑤ 新华社.中共中央办公厅 国务院办公厅印发《国家"十三五"时期文化发展改革规划纲要》［EB/OL］.（2017-05-07）［2023-11-09］. http://www.xinhuanet.com/politics/2016-02/19/c_1118102868.htm.

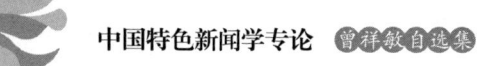

展的认识更加深入。

而在移动社交平台迅猛发展的背景下,如何将主流思想舆论下沉传播到四、五线地级市和县级市,县级融媒体建设作为战略的新重点被提上日程,纵向打通媒体融合的"最后一公里"。2018年8月,习近平总书记在全国宣传思想工作会议上提出,"要加快传播手段和话语方式创新,让党的创新理论'飞入寻常百姓家'。要扎实抓好县级融媒体中心建设,更好引导群众、服务群众。"①全国范围积极推进县级融媒体中心建设,截至2023年我国已建成2585个县级融媒体,基本形成四级融媒体中心纵向发展链条。②可以看出,这一阶段的媒体融合战略更加精细化、微观化,融合发展的整体架构基本形成。

3.生态化(2019—2020年):深度融合与全媒体传播体系的提出

2019年1月25日,中共中央政治局在人民日报社就全媒体时代和媒体融合发展举行第十二次集体学习,习近平总书记做了重要讲话,强调"要运用信息革命成果,推动媒体融合向纵深发展",③并点明媒体融合发展的现实意义,即"做大做强主流舆论,巩固全党全国人民团结奋斗的共同思想基础"。讲话还强调把现代传播体系明确为全媒体传播体系,首次提出构建全媒体传播体系的四个维度的媒体(平台)及其相互关系,④"要统筹处理好传统媒体和新兴媒体、中央媒体和地方媒体、主流媒体和商业平台、大众化媒体和专业性媒体的关系,不能搞'一刀切''一个样'。要形成资源集约、结构合理、差异发展、协同高效的全媒体传播体系。"

2020年,中共中央办公厅、国务院办公厅印发《关于加快推进媒体深度融合发展的意见》,指出"逐步构建网上网下一体、内宣外宣联动的主流舆论

---

① 新华社.习近平出席全国宣传思想工作会议并发表重要讲话[EB/OL].(2018-08-22)[2023-11-09]. https://www.gov.cn/xinwen/2018-08/22/content_5315723.htm.
② 人民网研究院.2022—2023区县融媒体发展观察报告[EB/OL].(2023-10-26)[2023-11-08]. http://yjy.people.com.cn/n1/2023/1014/c244560-40095276.html.
③《求是》杂志.习近平:加快推动媒体融合发展 构建全媒体传播格局[EB/OL].(2019-03-15)[2023-11-10]. https://www.gov.cn/xinwen/2019-03/15/content_5374027.htm.
④ 曾祥敏,李刚.我国媒体深度融合发展中的关键问题[J].现代出版,2021(2):65-74.

格局，建立以内容建设为根本、先进技术为支撑、创新管理为保障的全媒体传播体系。"① 从"推动"到"加快推进""深度融合"，表明我国媒体融合发展进入攻坚克难的转型期，纵深发展的任务进一步升级，这也意味着主流媒体由散点化、试验性的"技术驱动型"创新向一体化、全局性的"生态建构型"融合迈进。②

4. 系统化（2021—2023年）：密切接入中国式现代化发展

这一阶段媒体融合的发展战略没有出现新表述、新概念，而是将已有理念深化，成果不断巩固，更重要的是，将以媒体融合为代表的中国媒体现代化发展，密切接入中国式现代化发展的整体进程，关注与社会其他领域、各种资源的紧密联系，以更加系统性、全局性的视角审视媒体融合发展。2022年党的二十大报告提出，"加强全媒体传播体系建设，塑造主流舆论新格局"。③ 在社会深度媒介化的现实语境下，全媒体传播体系建设是党中央基于时代发展趋势和国家发展战略要求提出的，它不仅是我国媒体融合深度发展阶段的全新方向和具体目标，从更高的视野来看，在中国式现代化道路发展中，建设全媒体传播体系又是基础和路径，是提高文化软实力，推进我国文化强国建设和社会主义现代化建设的重要基础，塑造主流舆论新格局是目标指向。2023年全国"两会"期间，"扎实推进媒体深度融合"首次被写入《政府工作报告》，这既是对媒体融合发展已有成果成效给予的充分肯定，又提出了更高要求，媒体融合的战略地位也愈加重要。

---

① 中国政府网.中共中央办公厅 国务院办公厅印发《关于加快推进媒体深度融合发展的意见》[EB/OL].（2020-09-26）[2023-11-10]. https://www.gov.cn/zhengce/2020-09/26/content_5547310.htm.

② 曾祥敏，刘日亮."生态构建"：媒体深度融合发展的纵深进路[J].现代出版，2022（1）：50-63.

③ 新华社.习近平：高举中国特色社会主义伟大旗帜 为全面建设社会主义现代化国家而团结奋斗——在中国共产党第二十次全国代表大会上的报告[EB/OL].（2022-10-25）[2023-11-13］.https://www.gov.cn/xinwen/2022-10/25/content_5721685.htm.

二、媒体融合十年的守正创新：通往传播体系现代化

媒体融合是手段、是动态的过程，融合发展的目的十分明确，即打造新型主流媒体和主流媒体集团，做大做强主流舆论，巩固全党全国人民团结奋斗的共同思想基础。①在过程导向层面，媒体融合十年的实践可以概括为守正创新，以守正为根本核心，以创新为动力源泉，以建设全媒体传播体系为方向目标。

（一）作为根本核心的守正

守正，即恪守正道，《汉书·刘向传》云："君子独处守正，不挠众枉。"其中，"正"在《说文解字》中被解释为"守一止也"②，一即真理，引人发展的方向。坚持实事求是，坚持真理性认识，坚持正确政治方向。十年来，面对思想文化相互激荡、价值观念多元多样的变局，尤其是意识形态斗争的主阵地已转移到互联网这一现实，我国主流媒体始终以守正为根本核心，坚持正确的政治方向、舆论导向、价值取向，着眼于巩固壮大主流思想舆论，使宣传思想工作承担起举旗定向和育人兴魂的使命任务。

中国特色的媒体观在于始终坚持正确的政治方向。在"四全媒体"语境下，各级主流媒体的核心功能是发挥定盘星的作用，举旗定向，坚持"党媒姓党"，牢牢坚持正确的政治方向，紧紧围绕党中央的战略部署，站稳政治立场，在事关政治原则等大是大非问题上旗帜鲜明。舆论导向是影响社会发展的重要力量。随着经济社会发展和全球化趋势的加快，全球各种思想意识相互激荡，价值观念复杂多元，真假信息难辨，非理性的言论甚嚣尘上，思想文化领域越是充满交锋，主流媒体越要坚持正确的舆论导向，以鲜活形式解读党的创新理念，以社会主旋律和正能量凝心聚力，敢于亮剑，激浊扬清，

---

① 曾祥敏，李刚.我国媒体深度融合发展中的关键问题[J].现代出版，2021（2）：65-74.
② 许慎.说文解字[M].北京：中华书局，1963：39.

以正视听。价值取向是以社会主义核心价值观为引领，坚持"人民至上"，各级主流媒体把人民作为媒体报道的主体，用图、文、音、视记录人民伟大实践，描绘人民美好愿景，维护人民根本利益。尤其在建党百年、改革开放四十周年等重大主题报道中，各级媒体推出一批文风鲜活，表现形式多样的融媒体精品力作。

（二）作为动力源泉的创新

创新，即要解放思想，推陈出新，在探索中实现突破与超越。媒体融合十年以创新为动力源泉，融合的系统协同、分层推进与具体实践的创新相结合，标准化规范与差异化创新相结合，在制度、技术、话语、队伍、用户等方面均有突破。

1. 制度创新：体制机制改革，组织架构重塑

媒体融合十年来，传统媒体在体制机制、组织架构、生产流程等方面不断进行"融为一体、合而为一"的制度创新改革。媒体融合作为战略以来，以中央广播电视总台为代表的央级媒体、天津津云新媒体集团为代表的省级媒体等率先进行大幅度改革，调整组织架构。越来越多的融媒体中心、融合工作室组建成立，发挥先锋队作用。以工作室为例，各级主流媒体整合资源，打造技术导向型、专业内容导向型、个人 IP 导向型等多种类型的工作室，以适应用户圈层化的信息接收习惯，推出众多"出圈"作品，实现引流变现的持续造血和常态化的运营机制创新。比如，新华社推出了深耕时政、文化、科技等新闻领域的极富网感且频出爆款的"张扬工作室"；个人拥有央媒记者中粉丝最多的海外社交媒体账号，以个人 IP 打造"国际网红"的"徐泽宇工作室"；紧跟智能技术前沿的"AIGC 应用创新工作室"等。工作室等团队的成立，是媒体融合在媒体机构内部微观融合的体现。

与此同时，各级媒体制订管理办法、内容把关制度、具体工作规范等，以不同规模的"新组合"形式进行内容生产来适应市场需求。上海报业集团作为媒体融合发展战略的首个"地方实践"，从 2013 年成立至今一直紧跟媒体融合的战略步伐，进行了一系列开创性、示范性、引领性的改革创新实践，

目前已形成客户端、网站、微博、微信公众号、手机报等立体新媒体架构，332个端口，覆盖9.55亿用户，^①成为新型主流媒体集团融合与组织重组改革的头部样本。

在生产流程方面，主流媒体启用"中央厨房"，对"策、采、编、审、发"等流程进行集中指挥、高效协调的一体化管理。同时及时处理"中央厨房"在实际运作中暴露出的产品同质化、硬件资源利用率低等问题，以互联网思维优化"中央厨房"的资源配置，实行扁平灵活的调度机制。

2. 技术升维：从跟新潮到求适配，智能技术催生新业态

技术的变革往往是媒体变革的开端，技术更新迭代是媒体创新的重要特征和主要推动力，没有一个时代比今天的媒体更需要技术赋能。某种程度上而言，正是商业平台的技术创新和平台运维倒逼媒体融合的战略推动和主流媒体的转型发展。从媒体融合伊始，主流媒体就一直在进行技术追赶。媒体融合十年来，每年的全国"两会"、中华人民共和国成立70周年、建党100周年等重大节点均成为主流媒体技术创新的试验场。主流媒体坚持以先进技术赋能提质增效，从最初盲目跟从新潮、技术运用僵硬，到如今打破技术迷思，追求技术与内容的更高适配度，积极探索智能技术的创新之路。在技术设备层面，8K超高清摄像机、AI智能追踪拍摄设备、大型伸缩摇臂等特种设备被运用，前沿技术研发、原创成果运用的硬实力逐步体现；在内容生产层面，H5、短视频、VR、AR、人工智能等不断迭代升级；在传播分发层面，5G、智能算法推荐、区块链、元宇宙等加速推进。技术的具体运用也实现了从单一配置型到复合型的转变，如中央广播电视总台的融合报道《三星堆新发现｜古蜀国的青铜时代》是总台首个融入"元宇宙"概念的大型数字交互空间，利用先进的即时云渲染、虚拟交互、二维码扫描等技术，为用户提供"身临其境"的新闻现场体验，实现技术上的融合突破，也在打破传统电视直播边界的同时，建立起用户与内容的深度连接。

---

① 张涛甫. 上报十年：新型主流媒体集团融合改革的头部样本［EB/OL］.（2023-10-26）［2023-11-10］. https://m.thepaper.cn/newsDetail_forward_25058815.

十年来，技术创新升级是媒体融合发展最显著的一个缩影，而被纳入全媒体传播体系的商业平台，也为主流媒体创新提供技术和平台的支持。新技术的运用为实现融合创意带来了可能性，提高了内容生产和资源整合的效率。在视频化、智能化、移动化的趋势下，融媒技术还会有更大的发展前景，为用户带来更高质量的智慧型文化产品。

3. 话语焕新：转变内容表达和传播方式，立体多样传递主流价值

内容建设始终是我国媒体融合发展的根本。主流媒体承担着发布要闻、解读国家政策、引领主流意识形态等职责，如何将宏大的理论和严肃的政治话语转变为生动、易于传播的大众话语，"让党的创新理论'飞入寻常百姓家'"，成为媒体融合进程中一直在解决的问题，这不仅是"转文风"的根本要求，也是衡量主流媒体专业水平的基本标准。十年间，主流媒体积极转变内容生产方式，实现话语焕新转换，提升话语表达能力，与用户同频共振，用百姓更容易接受的方式谈政策、说事实、拉家常，在平实的语态中不乏科学、理性、深邃的分析。同时注重话语融通，满足圈层文化的需求，合理借助年轻人喜欢的形式来"破圈"传递主流价值。在互联网环境下成长起来的网生代，早已成为信息化社会中重要的年轻力量。青年群体能够更好地适应并运用互联网新技术、新形态，在不同的网络社群中形成圈层文化，以此标识身份认同和展现圈层凝聚力。主流媒体以开放的姿态主动接纳差异，展开与网络文化的合作，实现语态破圈、内容破壁，让文化间的交融与整合成为一种常态，吸引更多青年群体的主动关注。

4. 队伍建设：一专与多能并重，激励与培养并举

在社会生产关系的构成要素中，人才是最核心的要素，人才直接关系到各项事业能否推进下去。党的十八大以来，主流媒体在人才队伍建设上持续探索，一方面，以培养政治素养高、专业能力强、道德品质好的复合型全媒体人才为目标，打造"一专多能，团队协作"的人才队伍。另一方面，不断优化专业培训、奖励激励、绩效考核与人事晋升机制，以盘活人才资源存量，调动人才积极性。在内容生产上，培养内部采编"主力军"，重点打造年轻化队伍，并且为了适应全媒体建设，引进技术、设计、运营、管理等各环节的

人才，组建立体化团队。比如，芒果TV员工平均年龄28岁，中层管理岗位上以85后居多，芒果TV接连推出"芒果青年说""青芒计划""校企共建"等活动，①为年轻人搭建干事创业平台，提升年轻队伍的整体活力和凝聚力。同时，注重加强"两高"人才，即全媒体高端人才与高校人才的引进和交流，搭建互融互通的交流平台，为媒体融合发展输入新鲜血液。

5. 用户连接：打通传播场景，提高用户黏性

网络传媒业的一个明显特征就是，接收方实现了从"观众""听众"到"受众"再到"用户"的转变。主流媒体始终坚持"以人民为中心"的理念，在融合进程中不断强化用户思维。在内容上，挖掘改革开放、脱贫攻坚等重大主题报道中微观个体故事，以娓娓道来的讲故事方式，或昂扬向上的鼓动式宣传，将个体发展与社会进步、国家富强紧密联系在一起。在形式上，依靠智能技术挖掘用户喜好，提升用户体验的场景感、交互感和沉浸感，增强用户黏性。播放量、点赞量和评论量等数据直观体现用户反馈，成为内容生产的重要评价指标和导向。此外，主流媒体吸纳用户参与信息传播和社会治理，在客户端开通供用户上传内容的渠道，如新华社"全民拍"、闪电新闻"闪电拍客"、甬派新闻"报料"等，增强互动感。

（三）作为方向目标的全媒体传播体系建设

媒体融合是过程和方法，是中国式现代化的媒体转型升级路径，全媒体传播体系建设是日益明确的发展目标。②全媒体传播体系是在我国媒体融合发展战略下建设的纵横一体、内外联动、差异发展、协同高效的有机系统，体系建立的原则是以内容建设为根本，以先进技术为支撑，以创新管理为保障。从媒体融合到媒体深度融合，从打造立体多样、融合发展的现代传播体系到建设全媒体传播体系，融合转型取得明显的阶段性成效，最终朝着"传播体

---

① 蔡怀军. "一个坚守与三个突破"——芒果TV的媒体融合之路 [EB/OL]. (2020-12-05) [2023-11-29]. http://moment.rednet.cn/pc/content/2020/12/05/8684303.html.
② 周煜媛，董华茜. 曾祥敏：全媒体传播体系建设辩证法——思行合一，合分同构，共融一体 [J]. 中国广播影视，2023（Z1）：34-38.

系现代化"的方向不断挺进。因此,全媒体传播体系是媒体融合发展到纵深阶段的具体方向和深化路径,是目标和成果。

在纵横一体方面,从纵向来看,"央—省—市—县"四级媒体搭建起全媒体传播体系的基本骨架,各有战略侧重,中央级媒体以"旗舰"型发挥内容创新和主流舆论引导作用;省级媒体立足区域性特色,打造内容品牌;地市级媒体因地制宜,加快探索适合自身的融合发展模式;县级融媒体打通融合的"最后一公里",深入基层调动群众积极性。同时各省级主流媒体借助更强大的号召力和指挥力,与市县级媒体进行联动,如黑龙江广播电视台围绕融媒转型战略倾力打造区域生态级平台"极光新闻",不仅成为广电媒体融合的头部品牌,更在2022年与黑龙江省内10个市(地)、67个县级融媒体中心实现贯通,构建起统分结合、互为支撑、纵横联通、协同发展的"一体共生"体系。省管市、市管县的融媒分级管理制度可以提高资源流动的效率,在一定程度上缩小各级、各区域间媒体发展的差距。从横向来看,一方面,主流媒体跨区域协作的步伐逐渐加快。随着区域经济一体化发展、城市群和都市圈的不断形成,以京津冀、长三角、粤港澳大湾区等区域协作为代表的融媒协作模式相继深入,主流媒体打造全媒体云平台,促进城市资源交互,实现区域化、便民化的长效经营。另一方面,主流媒体适时与商业平台进行合作,借助商业平台在技术、渠道、流量、用户规模等方面的优势,扩大自身影响力,拓展用户市场。

在内外协同方面,对内,在全面推进媒体深度融合发展中做大新型主流媒体,壮大传播力、引导力、影响力和公信力。对外,不断提高国际传播能力,提升国际传播效能。这两者深度同构,需要主流媒体在关键领域持续发力。尤其是在国际传播方面,十年间,主流媒体在习近平总书记关于国际传播重要讲话精神的指引下,持续增强国际传播效能,积极打造"内宣外宣一体化"的"大传播"格局。比如,主动培育外宣网红,运用在地化叙事对热点问题进行回应;再如,转变话语方式,推出多种外语的视频、专栏等,涌现出《老外看小康中国》《一杯咖啡里的脱贫故事》等一系列精品力作,讲好中国故事,传播好中华文化。

三、媒体融合十年的价值升级：助力社会治理现代化

从中国式现代化的发展全局看，媒体融合作为一项政治性任务，深深嵌入国家治理体系和治理能力现代化的具体实践中。[①] 媒体融合十年，我国主流媒体十分重视把媒体发展逻辑融入社会治理中，对媒体转型而言，是创新的增量；对社会发展而言，是创新治理的新路径，借助媒体融合的过程性操作，将中央与地方、城市与乡村、顶层与基层、集体与个体等各方面的力量汇集起来，覆盖社会治理的整体网络，推动构建国家治理格局和社会治理现代化的功能性实现。

（一）逻辑的交汇：媒体融合与社会治理现代化的耦合关联

媒体融合与社会治理现代化之间存在逻辑耦合，主流媒体既是社会治理现代化的重要组成部分，又可以对治理进行有益增补。

我国的社会治理现代化道路具有独特的宏观样态，坚持"以人民为中心"的治理理念，实行"共建共治共享"的治理制度，形成"自上而下"与"自下而上"双向互动的治理形态。[②] 从治理目标看，现阶段，中国治理现代化的目标是包含秩序、活力与民生的多维度目标，旨在促进社会既充满活力又安定有序，最终实现社会公平正义与人的自由全面发展。[③] 从治理主体看，实现了由党政权威主体到政府、市场、社会与公众等多元主体共同治理。从治理方式看，由原本更多依靠行政力量转变为系统性综合治理。社会治理现代化正在朝着多元协同、多维立体、环环相扣的结构演进，而媒介四通八达、连接内外的天然属性正与这种演进逻辑不谋而合。媒体融合就是在社会整体框架下，拓展媒介的渠道功能和主体能动性，不断提升服务与治理的功能价值。

[①] 张磊，胡正荣.重建公共传播体系：媒体深度融合的关键理念与实践路径[J].中国编辑，2022（1）：4-9.
[②] 郭晔.论中国式社会治理现代化[J].治理研究，2022，38（3）：89-100，127-128.
[③] 李楠.中国社会治理现代化：内涵、成就与经验[J].国家治理，2023（10）：16-23.

媒体作为社会治理的主体和勾连社会的中介性网络，进一步构建起"人—媒介—社会—国家治理"的融合互动，消解中介域，减少沟通治理环节与成本，克服"治理真空"。①尤其是在社会深度媒介化的影响下，媒介逻辑正在重构社会形态，各级媒体、互联网平台不再只是信息获取、社会休闲的工具，而成为政治、经济、文化、教育、医疗等社会治理的新基建，这是以互联网为代表的传播革命给社会带来的最为深刻的影响，同时影响着主流媒体的生存生态。媒体融合搭建的平台体系将社会各领域、各行业联结起来，平衡各主体之间的利益，通过与个人生活的紧密结合，逐步满足人民对美好生活的期待，增进人民福祉，最终实现社会治理现代化。

（二）治理的路径：助力社会治理现代化的媒体实践

媒体融合十年来，主流媒体的功能不断拓展，从最开始的信息生产和发布，到创新推出"新闻+政务服务商务"的模式，覆盖用户生活的方方面面。这里的"+"不是简单累积、叠加，而是通过融媒实践创新推出的一种"强化"模式，尤其在本地化语境中，越贴近用户的信息越有附加"政府服务商务"的价值。

1. 加快政媒融合，助力数字政府建设

政府等党政机关进行政媒联动，在融媒体平台上设置了政务公开、专栏、建言献策、问政投诉等专栏。随着区域型媒体自主平台建设的不断完善，地方媒体接入或与政府共建政务垂直内容成为主流媒体参与社会治理的主要表现形式，②包括政务信息发布、政策解读、监督测评等。此外，政府积极开通政府网站、政务新媒体，是数字政府建设的重要途径，也是政府在互联网时代履职能力和服务水平的集中体现。用户与管理员的问答会以公开形式出现在内容交互社区上，从而形成具有开放性和贴近性的治理氛围。

---

① 龙小农，陈林茜. 媒体融合的本质与驱动范式的选择 [J]. 现代出版，2021（4）：39-47.
② 曾祥敏，刘日亮."生态构建"：媒体深度融合发展的纵深进路 [J]. 现代出版，2022（1）：50-63.

2. 服务功能拓维,融通社会各领域各行业

"新闻+服务"逐渐成为主流媒体自建新媒体平台内容建设的核心,服务的重点在于精准发掘人民群众的当务之急,并借助媒体的力量服务民生。依托数字化技术,主流媒体将各领域、各行业的数据汇聚到一体化的自建平台上,与用户建立医疗、就业、教育、交通等全方位连接。比如,北京时间的接诉即办融合应用,打通了广播电视、新媒体平台和"12345"市民热线,形成及时了解社情民意,解决民生问题的机制和应用。再如,由长沙市人民政府打造的一站式城市综合服务平台"我的长沙"客户端设置了260项社会公共服务,可以实现社保查询、医保电子凭证、户政办理等服务,极大提高了服务的便捷性。

3. 赋能基层治理,调动"自下而上"的积极性

基层是社会治理现代化的"桥头堡",县级融媒体中心的建立是媒体融合在基层的有效实践和托底工程。县(级行政区)是一个相对稳定的区域经济单元,一个单元内的生产要素和贸易形态有着历史悠久的、高度趋同的一致性,这种趋同性使县域人群有共同的地域体验。[①] 作为基层基础设施的县级融媒体中心,打通融合的"最后一公里",不仅解读党和国家的政策文件、传播党的创新理论、落实社会主义文化和精神文明建设,而且能最大限度地动员基层多元主体参与县域社会治理,调动群众积极性,推动基层政府与社会共治。近年来,县域借助"直播+短视频"的形式,拉动农村农业经济产业模式转型升级,大力推进乡村振兴,将数字红利惠及更多基层群众。县级融媒体从2018年推进以来,至今已走过五年,成为整个媒体融合进程中不可或缺的环节,在实践中也涌现出具有代表性和示范性的案例,如安吉县融媒体中心、长兴传媒集团、深圳龙岗区融媒体集团等。

4. 加强舆情治理,塑造主流舆论新格局

新媒体技术深刻影响着社会生产生活的变革,舆论阵地向互联网空间转

---

① 陈守湖. 媒介·文化·政治——县级融媒体运行机制的三重逻辑[J]. 陕西师范大学学报(哲学社会科学版), 2021 (1): 143-151.

移,我国在意识形态工作和网络安全等方面临新挑战,网络舆情成为社会治理的重点对象。如何牢牢把握舆论引导和价值引领的主动权,及时回应热点舆情事件,澄清谬误和网络谣言,以正能量驾驭大流量,坚决抵御资本操纵舆论,维护互联网清朗空间,是媒体融合以来各级主管部门和主流媒体一直探索的命题。一方面,主流媒体要对舆情事件加强风险监测、评估和处理,提升突发风险事件的应对效能。另一方面,主流媒体又要不断推出融合精品,壮大主流声音,积极挖掘青年用户的巨大潜能,开辟和巩固新的舆论阵地。此外,主流媒体借助云计算、大数据、人工智能等技术推出媒体智库,如瞭望智库、人民网新媒体智库、新京报社新京智库以及南方传媒智库等,发挥在解读公共政策、研判舆情、疏导公共情绪等方面的优势,推动国家治理体系建设、提升基层社会治理现代化水平。

四、媒体融合十年的未来展望:实践与理论的系统创新

十年的发展,可以说,主流媒体从醒过来到动起来,再到转起来,动力源和主方向都日渐明晰,但未来之路更为艰辛。融合发展也涌现出许多问题和矛盾,资金、技术、人才、平台等基础性问题仍然存在,主要聚焦在体制机制、平台建设和盈利途径三大方面。

总体而言,中国式现代化的媒体融合应该坚持独立自主的发展理念,在实践和理论层面实现系统创新。在实践上,媒体融合必须加快步伐,向"你就是我,我就是你"的"合而为一,融为一体"的全媒体传播迈进。在理论上,学界亟待为建构中国特色新闻传播学提供学理依据和理论创新。

(一)自我革命:变革体制机制,充分释放组织活力

体制机制改革本质上是为了变革生产关系,从而充分释放活力。良好的体制机制改革应当坚持自我革命,注重"分"与"合"的关系,既保证系统的统一性和协调性,发挥融合效应;又彰显各个组成部分的自由度和灵活度,以差异激发活力,以分众管理取得合众目标。

1. 重塑传统结构，助推组织架构一体化

媒体深度融合的难点在于如何实现"打散重组"，真正实现融合，仅从传播形态层面进行简单的物理式相融，是无法触及融合本质的。融合需要各要素进行调适与磨合，这也是一个自我重塑、重新确立合法性与权威性的过程。虽然当前很多机构已经在突破传统结构，通过整合、合并重组、企业改制等手段，精简组织架构，但是仍然会面临新问题和新挑战，也存在部分主流媒体囿于传统思维，尤其是具有重装备、重资产的广电媒体，使得改革更加复杂。体制机制的变革需要经过时间的检验，在改革中整合功能、流程分立的平台，根据不同业务类型形成相应的架构，将资金、人才等资源重新集中分配，实现新旧动能的转换，同时需要注意平衡各主体之间的利益，充分调动积极性。

2. 打通生产与传播链条，实现采编流程再造

主流媒体需要完成对业务流程的重塑，打通生产和传播链条，实现采编流程再造。现阶段，融媒体中心是生产流程再造、全媒体人才建设的集中之地，绝大多数的主流媒体都设立了融媒体中心，对新闻进行策划、采访、编辑、分发等全流程的掌控把关，有些还借助云平台实现了省—市—县数据的集中处理和远程协作。未来在业务流程上应当更加机动灵活，在重大主题报道和突发事件应急报道上，以项目制横向打通内部资源，实现多元主体的联动。

（二）自强平台：以"造船出海"为发力点，建强自有平台

媒体融合战略布局的前期，主流媒体多采用"两微一端"的"借船出海"策略；在深度融合阶段，"造船出海"建强自有平台，成为发力的重点。自有平台意味着主流媒体实现了对各种媒介资源要素的有效整合，能够在发展中掌握主动权，占据主流声音传播的制高点。

1. 整合媒介资源，加强自主可控平台建设

中央级媒体和省级媒体都在自建平台方面取得了一定成效，如总台打造的"央视频"，是主流媒体中首个综合性视频社交平台，为用户带来了全新

的视听体验；但当前很多自建平台还存在用户黏性低、盈利能力弱、操作技术生硬、维护和运营迟滞等问题，这成为各级主流媒体下一步要攻克的难题，以保持自主平台发挥功能的持续性和长效性。深度融合语境下，自主可控平台的资源整合、业务聚焦、业态升级将成为趋势。比如，2022年年底到2023年，《人民日报》推出官方视频客户端"视界"，以PUGC为特色，形成短视频集成性自主掌控平台；浙江省整合牵头技术大脑平台、浙江日报报业集团牵头搭建"潮新闻"重大主题报道平台、浙江广播电视集团牵头推出"Z视介"，针对移动设备用户量身打造重大文化传播平台等，各级主流媒体平台都面临着重新定位与再出发，只有将一切资源拿来为我所用，才能在舆论引导和舆论斗争中掌握主导权。

2."抱团"打造联盟、旗舰，纵深挺进互联网主战场

联盟、旗舰的出现是近年来融合发展出现的新趋势，我国各级主流媒体充分发挥"集中力量办大事"的制度优势，组建融媒联合体，向互联网纵深挺进。以"天府融媒联合体"为代表，在中共四川省委宣传部的牵头领导下，各市（州）、县（市、区）党委宣传部参与指导，由四川广播电视台、四川日报报业集团、四川新传媒集团、中国广电四川公司4家单位发起，联合21个市（州）级媒体、185家县级融媒体中心，[①]共同建成天府融媒联合体，以"抱团"的超大型编队号召全媒体传播体系建设。这种联合体对县级媒体尤为重要，可以弥补基层媒体缺乏人才、资金的短板，避免资源浪费。未来以省级为单位的纵向联合体，或者垂直领域的横向联合体将会越来越多，打通数据孤岛，形成线上线下的全方位信息网。

（三）自我造血：完善造血机能，激发内生动力

经过十年发展，主流媒体还未找到清晰的盈利模式，自我造血机能尚未完善。在基础设施搭建以后，主流媒体将发挥主观能动性，打通自我发展的

---

① 张守帅，熊筱伟. 四川全媒体传播"航母"启航 天府融媒联合体今日成立[EB/OL]. （2023-07-17）[2023-11-10]. https://Sichuan.Scol.Com.Cn/ggxw/202307/58934295.html.

道路，挖掘人才、技术、运营等方面的资源，实现从"补血输血"到"自我造血"，增强竞争力。

1. 探索盈利模式，形成品牌效应

融合十年间，主流媒体从注重打造爆款单品、单一渠道分发，逐渐转向重视完善造血机能，开发品牌价值，向垂直化产品品牌和品牌矩阵发展，探索MCN等多渠道运营方式。未来主流媒体在自建平台运营的基础上，将拓展新媒体运营业务，尤其是在精品内容、政务运营、大数据基础上的社会治理、服务创新、智库咨询、舆情合作等主业上运用多渠道运营手段，形成稳定的产品创新、质量把控、评估检测、传播效果跟踪等一体化运营体系。

从央、省、市、县差异化运营来看，各级媒体将结合各自资源禀赋，探索多元经营模式。央级媒体探索以平台、内容、技术和运营为核心的引领和产业盈利模式，省级媒体探索在内容、技术和主导各区域融媒体中心建设的产业盈利模式，市级媒体探索在大数据基础上的城市治理平台的产业盈利模式，县级融媒体中心探索文创产业、助力乡村振兴产业和区域社会治理的产业盈利模式，在未来，更多的浙江模式、长沙模式、安吉模式、长兴模式将不断涌现出来。

通过自我造血能力的健全，主流媒体能够获得更多资金，挖掘优质人才，不断升维技术，形成自己的生产流程和运营模式，打造具有竞争力的自有品牌，真正转型为新型主流媒体。

2. 开展跨界合作，突破融合边界

系统协同是全媒体传播体系的核心理念，也是中国式现代化的要求。开放合作是盘活媒体资源的另一种方式，主流媒体可以通过与教育科研机构、互联网商业平台、政府机构等多主体进行合作，突破融合边界，借助外部力量打开融合的新思路，形成综合性的产学研用融合业态。但需要注意的是，这种跨界合作不是盲目地相加，而是要取长补短，发挥各自的优势以形成合力。尤其是在与商业平台合作时，不能让流量至上的市场资本占据主导，需要时刻警惕商业利益的诱惑，平衡好社会效益和经济效益，让大流量走向正能量。

（四）自主体系：探寻自主知识体系现代化的建设之路

时代是思想之母，实践是理论之源，实践是基础，理论是方向。建构中国自主的知识体系，既是中国特色哲学社会科学发展到一定阶段，对自身承载的学科使命、发展责任、问题意识的再探索，也是中国特色社会主义实践发展到一定阶段，对中国发展经验进行凝练总结、破解中国乃至世界问题的必然要求。[①]探索自主知识体系现代化，应该面向学科前沿、面向中国实践，走出一条与西方不同的发展道路。

1. 中国特色新闻传播学

"实践基础上的理论创新，必须坚持在实践中发现真理、发展真理。"[②]在这个实践创新变革的时代，新闻传播学自主知识体系的建构正当其时。我国新闻实践中不断创新的马克思主义新闻观，纵深推进的媒体融合战略、全媒体传播体系建设、内宣外宣同构的国际传播成为新闻学理论创新之源。媒体融合十年的探索和经验，尤其是以媒体为圆心的政治、经济、文化和社会治理之变，为中国新闻传播学自主知识体系现代化的建设之路提供丰厚滋养。未来，对内，以"中国"为出发点，中国媒体融合生长于中国独特的政策土壤与社会合力，在媒体融合经验总结、理念提升以及理论创新上，中国特色新闻传播学的知识体系和学理建构将不断深化。对外，将在开放性和对话性上深入探索，以"世界"为着力点，放眼全球视域，真正贡献中国方案和中国经验。

2. 新闻传播学学科自主性

媒体融合发展促使新闻传播学的学科自主性不断增强，技术赋能、交叉融合基础上的融合新闻学、数字新闻学、视听传播学、国际传播学的发展，为新闻传播学的知识体系、理论框架创造了更为丰富的内涵，提供了更富原

---

① 侯新立.加快构建中国自主知识体系［N/OL］.经济日报（2023-04-26）［2023-11-10］. http://PaPer.ce.cn/PC/Content/202304/26/Content_273178.html.

② 新华社.习近平在中共中央政治局第六次集体学习时强调：不断深化对党的理论创新的规律性认识 在新时代新征程上取得更为丰硕的理论创新成果［EB/OL］.（2023-07-01）［2023-11-21］.https://www.gov.cn/yaowen/liebiao/202307/content_6889434.htm?jump=true.

创性和时代性的经验与规律要素，从而构建起新时代新闻传播学更加独特、清晰而又开放、流动的边界。回望媒体融合战略初衷，是为了在新传播技术和新社会环境所引发的传播变局下，塑造主流舆论新格局，提升国家文化软实力。媒体融合十年的发展，无论管理者还是实际操盘手都已逐步进行观念和思维的转向，采取积极而切实的改革措施，并取得了一定成效。对这些发展成就和经验认识的学理化、体系化总结，应是媒体融合学术研究的应有之义，也是中国新闻传播学科发扬光大的最好时机，而在对人本、社会、国家的贡献上，媒体融合学理性建构和新闻传播学的理论创新是中国特色哲学社会科学的重要组成部分，更需要用中国式现代化的实践予以检验，才能真正实现用中国理论阐释中国实践，用中国实践升华中国理论。

结　语

实践和成效证明，我国媒体融合之路是可行、必行之路。媒体融合十年，我国在传播体系、社会治理和自主知识体系现代化方面取得的经验、成效，暴露出的问题，都是马克思主义关于动态实践的必由之路。全媒体传播体系建设是中国式现代化媒体转型的目标和方向，为了实现这一目标，改革者凭借敢于创新、迎难而上的胆识与魄力，在大浪淘沙中探索一体化发展道路。当前，我们面对新时代新征程国家社会发展的现实需要、智能媒介技术的结构性变革、世界文明交往的迫切需求，中国的媒体融合发展仍需急流勇进、创新作为，在政策扶持的先导、具体实践的驱动和理论研究的补益下，观照社会整体发展与自我系统革新，以强大生命力赋能中国式现代化。

我国媒体融合发展的十大创新探索[*]

党的十八大以来，我国各级主流媒体奋发图强，攻坚克难，勇于创新，协同推进媒体融合向纵深发展，努力打造新型主流媒体和主流媒体集团，做大做强主流舆论。媒体融合发展围绕内容建设这一根本，经历了从技术先手突破到管理创新一体，从现代传播体系到全媒体传播体系建设的过程。媒体融合的方向路径日益清晰、媒体融合的脚步日益坚定、媒体融合的成效日益显著。在媒体环境和传播格局深刻变革的浪潮下，中国记协积极发挥引导与服务的职能，组织课题组每年推出《中国新媒体研究报告》，对媒体融合发展进行深入研究。结合该报告，笔者发现，我国媒体融合发展改革有以下十个方面的创新探索。

一、战略战术创新：顶层擘画蓝图，系统纵深推进

十八大以来，党中央举旗定向，从战略、体系、路径和生态等方面对媒体融合纵深发展做出决策部署，不仅体现了改革的决心与信心，也体现出创新设计的系统性与连贯性。

---

[*] 文章原载于《传媒》2023年第2期，与中国传媒大学电视学院博士研究生杨丽萍合作，系研究阐释党的十九届六中全会精神国家社科基金重点项目《加快新型主流媒体国际传播能力建设研究》（项目编号：22AZD073）的阶段性研究成果，收入本书时，略有删改。

（一）战略布局指明方向

习近平总书记高度重视主流媒体发展，对媒体融合的方向性指导体现在十八大以来的系列讲话之中，从"要加快传统媒体和新兴媒体融合发展，充分运用新技术新应用创新媒体传播方式，占领信息传播制高点"①到"融合发展关键在融为一体、合而为一。要尽快从相'加'阶段迈向相'融'阶段，从'你是你、我是我'变成'你中有我、我中有你'，进而变成'你就是我、我就是你'，着力打造一批新型主流媒体"，"内容永远是根本，融合发展必须坚持内容为王，以内容优势赢得发展优势"，②再到"要加强传播手段和话语方式创新，让党的创新理论'飞入寻常百姓家'。要扎实抓好县级融媒体中心建设，更好引导群众、服务群众"，③进而到"要统筹处理好传统媒体和新兴媒体、中央媒体和地方媒体、主流媒体和商业平台、大众化媒体和专业性媒体的关系，形成资源集约、结构合理、差异发展、协同高效的全媒体传播体系。"④这些精辟论断成为指导媒体融合发展的重要原则。

中央有关部门颁布的文件与决策具体指导媒体融合发展的路径，高屋建瓴地回答了全媒体传播体系建成什么样、如何实现的重要议题，为主流媒体进一步融合转型制定出发力重点与改革时间表，是新时期深化媒体改革创新、进一步扩大全媒体建设成果影响力的重要工作依据与坚强引领。

（二）系统纵深推进

在发展重点上，中央级和县级"两级领域"明确成为整体战略最初推进的重点"两极"——从全国引领到"最后一公里"。在此基础上，中央、省、

---

① 中国共产党新闻网.习近平在全国宣传思想工作会议上的讲话［EB/OL］.（2014-08-09）［2022-10-08］.https://www.cac.gov.cn/2014/08/09/c_1115324460.htm.

② 新华社.习近平：坚持正确方向创新方法手段 提高新闻舆论传播力引导力［EB/OL］.（2016-02-19）［2022-10-08］.http://www.xinhuanet.com/politics/2016-02/19/c_1118102868.htm.

③ 新华社.习近平出席全国宣传思想工作会议并发表重要讲话［EB/OL］.（2018-08-22）［2022-10-09］.https://www.gov.cn/xinwen/2018-08/22/content_5315723.htm.

④《求是》杂志.习近平：加快推动媒体融合发展 构建全媒体传播格局［EB/OL］.（2019-03-15）［2022-10-10］.https://www.gov.cn/xinwen/2019-03/15/content_5374027.htm.

市、县四级的全媒体传播体系布局完成，先两头再中间的发展路径和体系建设形成。在发展路径上，主流媒体形成了统筹推进、差异发展、协同高效的探索之路，把握"合"与"分"的平衡，在标准化布局基础上，结合自身资源优势，寻求灵活多元的发展路径。在发展模式上，主流媒体从最初的散点式、试验性的"技术驱动型"突破转向整体性、系统性的"生态建构型"融合，深入探索全媒体传播路径。

二、体制机制创新：制度设计，组织重塑，流程再造

十八大以来，传统媒体在制度设计、组织架构、生产流程等方面不断探索，进行"融为一体、合而为一"的转型改革。

（一）制度设计完善

体制机制成为新型主流媒体深度融合发展转向的重中之重。在2020年调研的主流媒体中，大部分融媒体中心已经出台了管理办法、内容把关制度、评估督查制度、具体工作规范，在体制机制上进行了初步的制度设计。2021年的调研结果显示，采编流程融合创新、组织架构一体化、内容生产体系和传播链条建设分列体制机制创新前三位（见图1）。

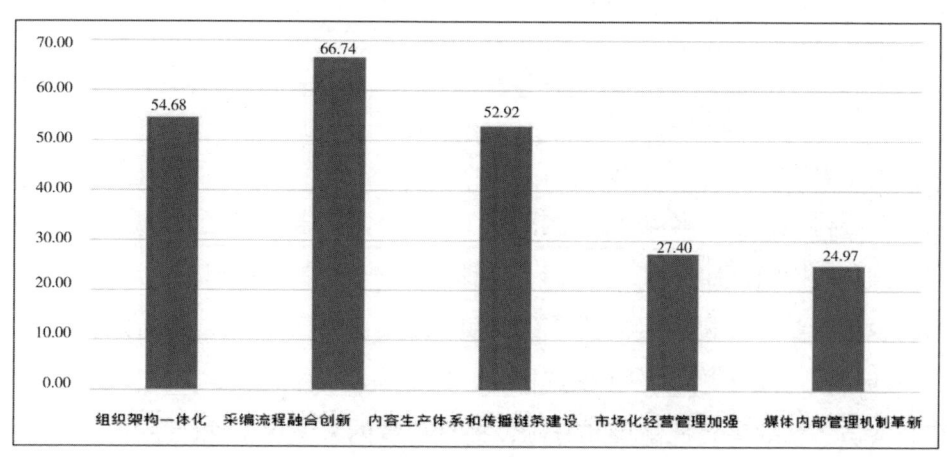

图1　媒体体制机制革新调查结果（%）

调研结果显示，在量化考核制度的推行上，78.49%的被调查单位对全媒体采编进行量化考核，量化考核指标以采编发数量和优稿数量为主，此外，受众参与度、外推效果、平台、频道运营情况、粉丝变化量等也计入考核指标。考核基本贯彻多劳多得、质优多得的原则。

（二）组织架构重塑

各级媒体积极调整组织架构，推进和保障全媒体内容生产，如中央广播电视总台、天津津云新媒体集团、上海广播电视台、荆州日报社、北京经开区融媒体中心等媒体大幅度调整组织架构，探索全媒体传播路径。

融合工作室（项目制）、融媒体中心、新创平台发挥先锋队作用，具备孵化机制潜力，很大程度上提升了产品创新、适应市场需求和满足用户体验的效能。其中，工作室基于专业化、垂直化的用户细分市场，是生产融合创新的最小单位。例如，人民日报社组建工作室团队，新华社实施全媒体报道平台机制和工作室机制，中央广播电视总台制定实施创新融媒体工作室孵化培育机制和运行保障机制，浙江日报报业集团采取"浙视频"模式等。融媒体中心是生产流程再造、全媒体人才建设的集中之地。2020年调研发现，94.26%的调研对象都已设立融媒体中心。新创平台是更具综合性的体制机制创新平台，通过融媒体客户端业务，带动队伍发展建设，如上海报业集团的澎湃新闻、湖南日报报业集团的新湖南客户端等。

（三）生产流程再造

主流媒体针对标准化的"策、采、编、审、发"的"中央厨房"系统的生产流程再造，已展开基于集中指挥、高效协调、采编调度、信息沟通机制的一体发展探索，如《湖南日报》与新湖南客户端的"移动优先，一体发展"的深度融合探索。随着内容生产的深度融合，下一步，在常规新闻生产中，"中央厨房"更适合作为一个优选机制，以互联网思维优化"中央厨房"的内容、人员、绩效等资源配置和分工，提升记者的采编自主性，变物理空间为扁平灵活的调度机制。

三、内容生产创新：产品融合"破介"，渠道多元拓维，自主平台建设

内容建设始终是我国媒体融合发展的根本。党的十八大以来，融合创新的重点从产品创新到渠道拓维，进而到自主平台建设，形成了多层次、多维度的媒体融合生态。

（一）产品融合"破介"

媒体融合发展以来，主流媒体推出大批融合精品、刷屏爆款之作。中国记协在第二十八届中国新闻奖中增设了"媒体融合"奖项，四年来评选出一批彰显新媒体时代记者职业精神和职业素养的全媒体现场报道，充分体现出我国媒体融合发展的方向、探索的进路。2022年，中国记协进一步对中国新闻奖的奖项设置进行重大改革，打破长期以来主要按媒体介质设立奖项的做法，各个奖项、各类媒体均可参评，同时新设了"融合报道"和"应用创新"两个专门奖项，引导媒体提高融合生产能力、探索"新闻＋服务"新业态，加快建设全媒体传播体系。

（二）渠道多元拓维

实践移动优先策略是主流媒体融合变革一直以来的转型重点。通过全程伴随、广泛连接与融合拓界，主流媒体创新多平台、多终端的多元分发和矩阵传播系统。在2020年的调研中，多端分发在各级融媒体中心普及率排前三。当下，各级媒体进一步完善1+N+N的全媒体发布矩阵。

（三）自主平台建设

"两微多端"是融合1.0阶段普遍采取的"借船出海"策略，在深度融合的2.0阶段，"造船出海"建强自有移动客户端成为主流媒体发力的重点方向。从2022年的调研结果来看，主流媒体明确选择将深耕自建新媒体平

台作为发展方向，建强自有移动端平台已经成为主流媒体深度融合阶段的标配，"舆论宣传""新闻资讯"和"政务服务"是在当前政策和发展体系下媒体最基本、建设成效较好的三项功能。省级媒体和中央级媒体的自建新媒体平台更新迭代最为频繁，平均4.3次，如新湖南客户端已迭代至9.2版本。

四、技术应用创新：科技赋能，智媒创新，一体驱动

十八大以来，主流媒体坚持以先进技术赋能，积极探索全媒体技术开发和智媒技术创新之路。

（一）科技赋能

在内容生产层面，短视频、H5、VR、AR、MR、全息影像、人工智能技术、大数据等不断迭代创新；在传播分发层面，5G技术、智能推荐算法技术、区块链技术加速推进。媒体融合融到深处回归内容，技术是方法，内容是方向。

（二）智媒创新

2020年调研结果显示，融媒体中心技术应用满意度较高，大数据、人工智能被认为是最为需要的。其中，"采编报道"和"政务合作"是技术应用满意度最高的两项。在技术认知中，智媒意识较为普及，可视化技术受到重视，其中大数据、人工智能、云计算、物联网、区块链作为目前智媒技术中较为主流的五项，正在逐渐渗入主流媒体的融合建设。

（三）一体驱动

从2020年调研结果看，在融媒体中心技术开发路径选择方面，完全自主开发或参与自主开发模式占据大多数（见图2）。搭建中台"新基建"成为管理创新中的热门话题，主流媒体尝试打造技术中台、业务中台、数据中台、AI中台等，以技术创新带动管理机制和管理思维的创新，构建全媒体驱动的中台战略。

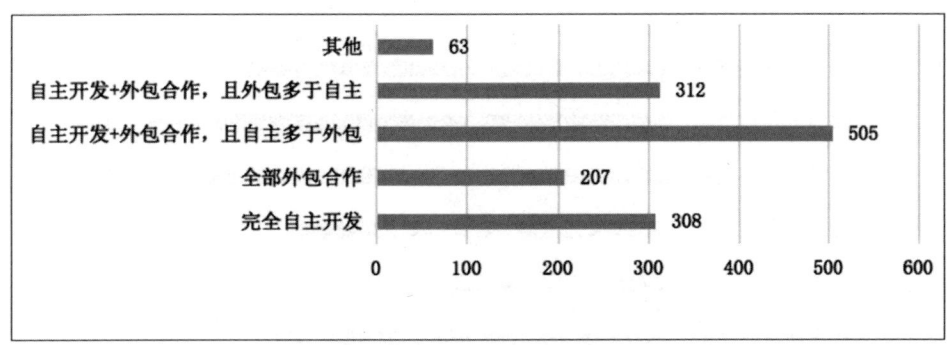

图 2　融媒体中心技术开发路径调查结果

五、队伍建设创新：一专与多能并重，激励与培养并举

"人才是宝"，改革的核心永远是人，适应于融合生产、运维和管理的全媒体人才是推动媒体深度融合发展的基础性因素。十八大以来，主流媒体在全媒体人才建设上不断深入探索。2021年的调研结果显示，媒体人最认可"一专多能，团队协作"的生产模式。

新媒体端的绩效考核与人才晋升机制优化是激励效果最直接的管理机制变革，也是管理创新中主流媒体采用较多的手段，而在当下的融合深水期和攻坚期，移动优先策略深入主流媒体队伍内部，围绕激活人才这一主力军建设进行机制突破。在移动优先的具体体现上，全媒体人才数量多、绩效考核侧重，排在发稿优先之前（见图3）。

在人才培养上，主流媒体重点打造内部的年轻化队伍，向自主培养、多元引进、相互融合的模式和全方位提升的人才保障机制发展。在内容生产上，升级内部采编队伍是比引进外部人才更加迅速、有效的全媒体人才建设方案。在后备军方面，主流媒体重点加强"两高"人才引进与交流，即全媒体高端人才和高校人才，通过外部引进满足深度融合发展的需求。

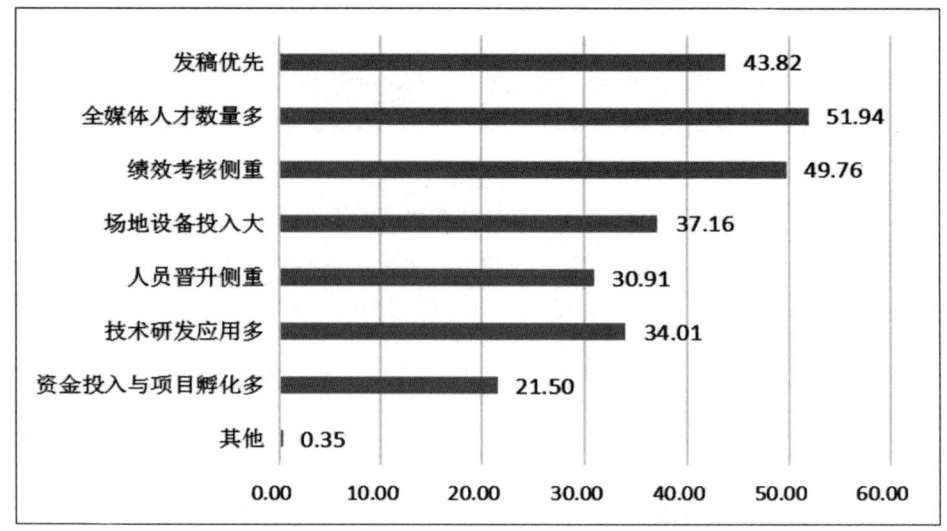

图3 媒体单位移动优先策略选择调查结果（%）

六、用户连接创新：增强黏性，突圈破壁，开门办媒

主流媒体推动技术、内容融合创新，增强用户体验的场景感、交互感和沉浸感，不断赢得网络用户，增强用户黏性。同时，放下姿态、转变语态、创新形态，把宏大的理论、深刻的思想和严肃的政治话语转变为生动、易于传播的大众话语，做到深入浅出、通俗易懂，增强信息的鲜活性和亲近性，实现话语融通，突圈破壁。

在媒体深度融合发展的背景下，主流媒体推动全媒体"开门办报""开门办台"，吸纳用户共同参与信息生产传播和社会治理。根据2021年调研数据，大部分主流媒体客户端都开通了可供用户上传内容的渠道，如新华社"全民拍"、人民视频"投稿"、北京时间"时间拍客"、闪电新闻"闪电拍客"、甬派和极目新闻的"报料"、新湖南"我要投稿"、小时新闻"发帖报料"等；经常采用用户上传内容的主流媒体约占33.43%，在采用内容的形式偏好上，视频、图片位居喜好榜前两名。在2022年调研的"自建新媒体平台在优化升级中的侧重程度"一题中,"大力推动用户原创内容生产与运营"排第二位。

七、服务模式创新:参与社会治理,强化应用创新,拓维媒体智库

十八大以来,主流媒体不断拓展信息服务领域,在深度融合发展中,以应用创新为导向,创新"新闻+政务服务商务"的模式,探索新闻信息与社会服务和治理深度融合,实现一站式便民服务。

"新闻+服务"是主流媒体自建新媒体平台内容建设的核心。2022年调研结果显示,排名前五位的垂直类服务内容分别是资讯辟谣服务、就业服务、气象环保服务、教育服务、生活服务,说明当前主流媒体自建新媒体平台提供的"新闻+服务"内容的关键是围绕"新闻+"这一核心业务。

当前政务类信息和应用是主流媒体自建新媒体平台的重要内容支撑。自建新媒体平台政务内容主要包括政务公开,设置政府专栏,鼓励建言献策,提供政务服务入口,收集数据等;只有10.71%的调研单位无"新闻+政务"类内容。

在商务应用上,当前,除承包外单位新媒体运营项目外,在已经尝试电商直播的各级媒体中,利用本地特色资源直播和组织"线上+线下"商业活动是当前探索出的有效盈利途径。

主流媒体推出的媒体智库以云计算、大数据、人工智能等技术促进自身转型,同时发挥其在解读公共政策、研判舆情、引导社会热点、疏导公共情绪等方面的优势,有力推进国家治理体系建设、提升基层社会治理现代化水平,如瞭望智库、人民网新媒体智库、新京报社新京智库、四川日报社川观智库等。

八、运营方式创新：拓展多维运营，完善造血机能

主流媒体从通过创新团队打造爆款单品、特别策划产品，转向体制机制引领下的全媒体产品生产，进而深挖传统品牌价值，向垂直化产品品牌和品牌矩阵发展，形成稳定的产品创新、质量把控、评估监测、传播效果跟踪的一体化产品体系，如《人民日报》垂直化品牌矩阵"侠客岛"、中央人民广播电视总台"央视V观""时政新闻眼"等、浙江日报报业集团"浙视频"、《新京报》"我们视频"等。在深度融合发展中，打造主流媒体的全媒体产品品牌，可以带动整体融合转型，提升用户的整体品牌认知。

打造专业、垂直的工作室品牌是适应用户圈层化生存习惯的有益实践，主流媒体将优势资源输出商业渠道，在建设自有品牌、尝试MCN运维、进一步探索新的运营模式等方面取得了一定成效，逐渐提升了自我造血机能。在深度融合中，各级媒体通过激发制度优势、挖掘特色资源，形成了具有竞争力的自有品牌。

九、网络治理创新：加强舆论引导，营造清朗空间，规范版权保护

十八大以来，我国主流媒体始终坚持守正创新，牢牢把握舆论引导和价值引领的主动权，不断推出融合精品、壮大主流声音，积极发掘青年用户在强化正向舆论引导中的巨大潜能，追求年轻用户的情感认同，开辟和巩固新的传播阵地。

主流媒体自觉维护互联网清朗空间，以正能量驾驭大流量，坚决抵御资本操纵舆论，勇于抵制"饭圈"乱象，积极引领社会风气。

主流媒体积极解决人工智能和平台化时代的视听作品著作权、算法生成新闻作品的版权问题，不断探索互联网语境下传媒产业不同主体间如何形成相对稳定的合作共赢机制。

十、国际传播创新：打造旗舰媒体，培育外宣网红，传播中华文化

主流媒体不断创新国际传播方式与途径，在习近平总书记关于国际传播重要讲话精神的指引下，持续加强并推进国际传播能力建设，积极推动内宣与外宣同构。

主流媒体积极培育外宣网红，回应热点话题，运用在地化的叙事、语态进行事实澄清，如中央人民广播电视总台希伯来语部主播奚啸琪（小溪）等针对区域对象国的主流网红、《中国日报》"新时代斯诺工作室"以及"我是郭杰瑞"等洋网红，积极打造适应新形势的 KOL 传播主体。

主流媒体展开跨国媒体合作，突出新媒体特性，调动多元传播节点，压实传播效果，如新华社 YouTube 频道开设《建党百年》专栏等。利用重大主题提升国家形象、推动国内重大议题进入国际视野，涌现出如《十三五之歌》《老外看小康中国》《一杯咖啡里的脱贫故事》等一批精品力作，形成打破圈层传播中华文化的共情传播。

结　语

总结本研究 2020—2022 年连续三年对全国主流媒体融合发展的调研结果可以看出，主流媒体在融合发展中面临的首要问题和发展路径从最初的解决人才、技术、资金短缺，到融合思维的更新、深化，继而让位于创新人才激励制度、继续大力发展自建新媒体平台以及探索新的盈利模式。总体而言，主流媒体融合发展需要持续抓住人才、平台和盈利模式创新的关键问题。

继往开来，守正创新，主流媒体的深度融合始终和国家发展、社会变迁、人民需求同频共振，同向同行。媒体融合是一条必经之路，也是一条进行之路。在深度融合发展中，中央媒体和省级媒体要在深化融合上取得新进展，地市级媒体要在整合融合上迈出新步伐，县级融媒体要在提质增效上进行新探索。

平台建设与服务创新的维度与向度*
——基于全国主流媒体深度融合的调研探究

媒体深度融合推进的着力点在哪里，做强新型主流媒体的支撑点在哪里，深化媒体与用户关系的抓手又在哪里，这是媒体融合发展进入深水期和攻坚期需要思考的重点问题。当前，面对智媒关系杂合、虚实场景叠置的互联网环境，以及话题焦点游移、多方观点对冲的舆论场，我国各层级主流媒体作为深度融合的主力军，主动破局，在深度融合发展中不断闯关冲卡、继晷焚膏，以实现构建主流舆论格局的责任目标。而在深度融合发展的过程中，深耕自建平台、精拓服务应用成为新型主流媒体自觉自省地强化自身建设的关键发力方向。为此，本研究结合《我国主流媒体深度融合发展调查2022》问卷①，探析媒体深度融合发展中强化平台建设与服务拓维的路径。

---

* 文章原载于《中国编辑》2023年Z1期，与中国传媒大学电视学院博士研究生董华茜合作，系国家社科基金重点项目"加快新型主流媒体国际传播能力建设研究"（22AZD073）阶段性成果，收入本书时，略有删改。

① 《我国主流媒体深度融合发展调查2022》问卷由笔者于2022年6月至7月向全国各级主流媒体发放，最终收回有效问卷2811份，问卷调查覆盖全国七大地区的央、省、市、县四级媒体，媒体业务涉及广播电视、报纸、网站、移动端等，被调查者中60.62%为采编岗工作人员，16.93%为管理岗工作人员，9.18%为技术岗工作人员，7.58%为运营岗工作人员。

一、深化布局：以建强自建平台为基石，延拓服务，重构内容生态

根据《关于加快推进媒体深度融合发展的意见》，媒体深度融合发展的宏观目标是建成一批新型主流媒体，其必备特质是具有强大的影响力和竞争力。新型主流媒体的影响力不仅体现在内容传播力、用户公信力、舆论引导力等方面，还应具备对媒介化社会中生活方式的强影响；新型主流媒体的竞争力既体现为在全媒体传播体系内部形成媒体间的良性竞争，又具备可与外部互联网商业平台竞争用户注意力的能力。因此，新型主流媒体建设要求内容生态深度融合与自建新媒体平台拓展壮大齐头并进，两者互为目的和手段。在这一建设方向上，精准拓展"新闻+服务"聚合平台功能成为当前新型主流媒体自建平台发展的着力点。

（一）内容生态如何"深融"：连接移动平台，依托新闻精品

内容生态的深度融合是建强新型主流媒体的根本。作为内容融合创新的指向标，2022年的中国新闻奖设立了"融合报道"和"应用创新"奖项，着眼拓展媒体功能、参与社会治理、更好服务公众。在践行"移动优先"战略的前提下，内容深度融合发展应是专业守正、效应叠加、用户激励、品牌突破的纵深化、立体化形塑。

1. 移动优先稳步推进，区域发展尚不平衡

随着移动优先战略、媒体深度融合的不断推进，主流媒体如何以有限存量谋求传统端与移动端的最优增量这一问题被再次提出。根据2022年全国问卷调查中"主流媒体内容深度融合发展大方向"一题的调研结果，选择"传统端与新媒体端并重"的受访者占比47.27%，位列第一，其次是选择"移动优先，打造自建新媒体平台并积极拓展新媒体内容矩阵账号"的受访者，占比28.99%。可见，从实际成效上看，经过9年的媒体融合和移动优先发展，大部分主流媒体的新媒体端已实现与发展了几十年的传统端并重或者更为优

先发展。对于大部分新型主流媒体而言,移动优先并不意味着完全放弃传统端或者全员转向新媒体,而是通过"牵一发而动全身"的移动优先转向,延伸主流媒体的触达力,进而提升其影响力。

虽然主流媒体内容深度融合的整体情况呈现出移动优先、稳步推进的现状,但是经过央、省、市、县四级主流媒体的数据交叉对比,市级媒体内容融合重点仍在传统端的占比最大(见图1)。在连续三年的媒体融合问卷调查中,市级媒体均处于全媒体传播体系建设的"洼地"位置,而省级媒体虽然融合样板单位频出,但深度融合的区域发展情况仍不平衡,呈现向深度融合发展积极开拓与犹疑观望的两极化发展现状。①②

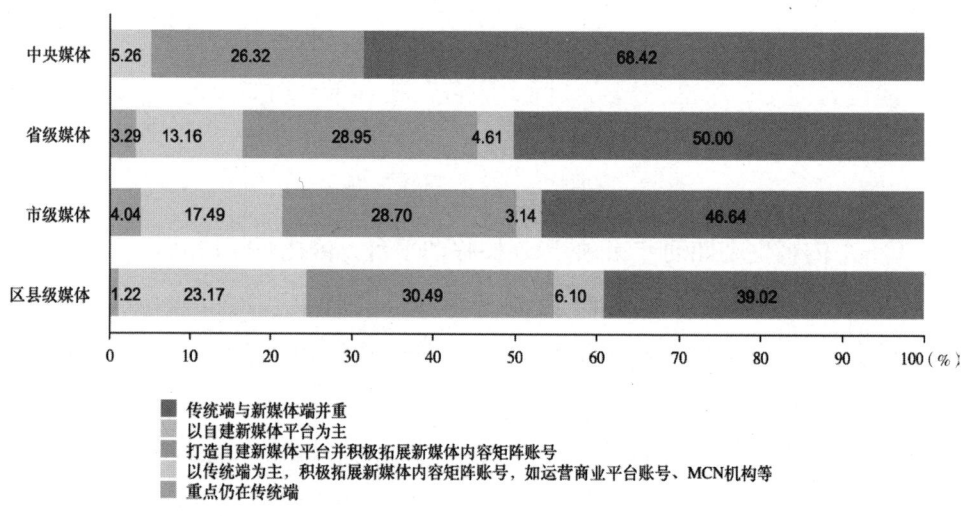

图1 "内容深度融合发展大方向"一题的管理岗调研结果(样本数:476份)

2. 创新创优表里结合,新闻主业强势回归

内容深度融合是主流媒体提升自身影响力和竞争力的核心,精品内容是主流媒体巩固品牌、增强自身传播力和影响力的立足之本。根据2022年调研

---

① 曾祥敏,刘日亮. 中国主流媒体融合发展现状调查和重点问题探究[R]. 中国新媒体研究报告2020,北京:人民日报出版社,2020:2-29.
② 曾祥敏,刘日亮,杨丽萍. 我国主流媒体深度融合发展进路[R]. 中国新媒体研究报告2021,北京:人民日报出版社,2021:2-24.

结果，我国主流媒体通过技术创新、流程再造、机制重塑、矩阵建设等举措基本完成了移动优先战略布局调整，展现发展成效最直接的窗口就是融合精品内容。面对新媒体内容泡沫的冲击，我国主流媒体从业者逐渐触及内容创新与创优的矛盾和融合本质，有意识地强调新闻主业回归，强化主流价值的定海神针作用。深度融合发展以内容建设为根本，拓展、扩散主流媒体的信息触达效果，传播有用且有吸引力的精品内容，形成具有影响力和公信力的文化品牌，进一步实现舆论引导及影响力转化，而在这一过程中，新闻内容要依托移动平台，以平台提升信息效能，用内容盘活平台效用。

（二）方向引领如何"增效"：聚焦自有平台，拓展融合边界

平台就是阵地，在深度融合的2.0阶段，"造船出海"建强自有移动客户端是主流媒体发力的重点方向。

1. 筑牢融合地基，探索自有平台建设道路

根据2022年调研结果，建强自有移动端平台已经成为主流媒体深度融合阶段的标配，但平台功能、成效、迭代发展等具体建设情况各有异同。根据"自建新媒体平台提供的功能服务以及发挥作用"一题的调查结果，"舆论宣传""新闻资讯"和"政务服务"是在当前政策和发展体系下，媒体建设成效较好的三项功能。将"您所在的媒体属性"与"自建新媒体平台提供的功能服务以及发挥作用"两题交叉分析发现，在"舆论宣传""新闻资讯"和"政务服务"上，中央媒体一马当先，市级媒体明显薄弱，同时，"休闲社交""购物消费"和"商务合作"等延展性服务功能普遍有待加强。

从自建新媒体平台的升级迭代上看，有近四成调研媒体定期升级迭代。根据调研结果，目前主流媒体自建新媒体平台改版次数最高为9次，其中，省级媒体和中央级媒体的自建新媒体平台更新迭代最为频繁，平均4.3次。与之相比，市级和县级媒体受到资金不足、技术和人才短缺、发展方向模糊等多重限制，平台版本仍处于较早时期的初级阶段；而聚焦不断升级迭代的自建新媒体平台，其功能的完善凸显出强化视频运营、鼓励用户生产、创新垂直内容等发展方向。在以聚合为底层逻辑的自建新媒体平台上，平台内容以

视频和创意为导向,设计优先服务于垂直类。

2. 重塑平台生态,加强功能性服务建设

主流媒体实现深度融合发展的助力器是加强自建移动端平台的功能性服务建设,将多元化、特色化的功能性服务融入主流媒体的聚合类平台建设中,由传统的内容聚合平台转向以精品内容为基础、以精准服务为增量的大服务聚合平台。

服务转型是当前主流媒体深度融合的布局关键,在拓展融合边界的策略中,自建新媒体平台首先要明确平台的服务定位,契合自身优势,搭建精准服务平台。例如,中央广播电视总台的移动客户端"央视频"立足挖掘累积的视听资源和创作力量,主打短视频、长视频和移动直播;①大众日报客户端强化"党端"定位,主要为领导干部等核心读者提供服务;②成都市双流区融媒体中心依托"云上双流"App,建立"主流媒体+政务新媒体+自媒体"融合发展矩阵,提供多元一体的本地化服务。③

二、铸新淘旧:以"新闻+服务"为创新基点,融通改革创新综合效益

深度融合发展阶段,主流媒体将"新闻+服务""新闻+政务""新闻+商务"的初步探索成果与自建新媒体平台合并共建,融通深度融合中的各个侧面,通过融入社会治理增强自我造血机能,力图实现社会效益和经济效益的平衡。

---

① 中央广播电视总台. 思想+艺术+技术!打造国际一流新型主流媒体 | 媒体品牌巡礼[EB/OL].(2022-07-08)[2023-11-23]. https://www.cctv.com/2022/07/09/ARTIfprHYRkWZcKHbzuOPym2220709.shtml.
② 梁国典. 从"点状积累"到"体系突破" | 社长总编谈媒体融合[EB/OL].(2022-05-31)[2023-11-25]. http://www.zgjx.cn/2022/09/28/c_1310666367.htm.
③ 韩国梁. 双流融媒:构建市民离不开的传播平台[EB/OL].(2022-07-08)[2023-11-25]. https://mp.weixin.qq.com/s/80corr2JdKm0GRxP-VmPZw.

（一）社会效益：以"新闻+"内容建设"融"进社会治理

1."新闻+服务"：差异化发展，一站式便民

"新闻+服务"是主流媒体自建新媒体平台内容建设的核心。根据"自建新媒体平台提供的'新闻+服务'内容"一题的调研结果，排名前五位的分别是：提供资讯辟谣服务、提供就业服务、提供气象环保服务、提供教育服务、提供生活服务，说明当前主流媒体自建新媒体平台提供的"新闻+服务"内容还是围绕"新闻+"这一核心业务。

当前，主流媒体自建新媒体平台的垂直类服务功能普遍较为齐全，四级媒体发挥不同层级优势，立足差异化特色，将新闻产品全方位融入社会治理。根据将媒体属性与媒体自建新媒体平台提供的"新闻+服务"内容、建设途径及应用成效进行交叉分析的结果，中央级主流媒体的自建新媒体平台发挥着"领头羊"优势，创新服务类资讯内容，挖掘可用于公共服务的大数据资源，同时强化服务类内容的外联合作，在内容资讯类服务上成效最好，如新华社开发的"全民拍"，鼓励用户提供新闻线索，记者追踪报道或传达给相关部门，是新型主流媒体践行"群众办报"、参与社会治理、发挥主流媒体责任担当的典型范例；此外，县级融媒体中心的自建平台也在逐步完善本地化垂直类服务功能，尤其着眼日常服务，如由县级融媒体中心与高校和企业合作研发的"尤溪县数字乡村公共服务平台"，构建"县—乡镇—村（社区）—党支部—微网格"的分级管理体系，[①] 实时发布重要通知公告，提供生活服务。

2."新闻+政务"：多元化升级，打好"组合拳"

主流媒体自建新媒体平台的"新闻+政务"内容，立足于主流媒体平台与品牌的综合优势，在"新闻+政务"的内容创意、视听样态和交互应用上更加多元，打好"组合拳"。当前，政务类信息和应用是主流媒体自建新媒体平台的重要内容支撑。

当前主流媒体优质的"新闻+政务"类融媒体产品均在应用模式上坚持

---

① 数字赋能 让乡村公共服务更便捷［EB/OL］.（2022-03-23）［2023-11-25］. https://share.fjdaily.com/displayTemplate/news/newsDetail/167822.html?isDigital=true&isShare=true&code=021AjuFa1aZbED0xBMGa1HIaFn2AjuFy&state=isShare.

求新求变。2021年,北京时间与北京市12345市民热线服务中心打通数据后台,开创"北京时间接诉即办"融合应用,用户点击"诉求提交",可将符合受理标准的信息传送至后台,由政府统一受理并纳入督办考评体系,用户可选择媒体介入,通过跟踪报道推动问题解决,实现"新闻+政务+服务"的创新模式;① 上海虹口区融媒体中心推进融媒改革,搭建政民互联互动平台"创文曝光台",助力区域中心工作真正有效打通联系群众、服务群众的"最后一公里"。②

根据调研结果,在目前主流媒体自建新媒体平台提供的"新闻+政务"服务中,有88.58%的调研单位进行政务公开,64.35%的调研单位设置政府专栏,52.72%的调研单位鼓励建言献策,39.38%的调研单位提供政务服务入口,35.15%的调研单位进行数据收集。在未来,政府工作的细化可由新闻平台赋能,如开设政务服务入口,开通户籍网上办理等业务,进行数据收集,为政府提供用户画像等,仍是新闻平台可以加强的方向。

(二)经济效益:以"品牌+"协同合作"融"进自我造血

有效实现影响力变现是做强新型主流媒体的标志之一,"我们现在主要考虑输血和造血,以互联网用户为节点,能否自己造血,决定了能否使融合更全方位。"③

当前,除承包外单位新媒体运营项目外,主流媒体的自建新媒体平台主要通过与企业建立商业合作,实现市场化拓展。对商家和用户而言,借助网络直播、短视频等内容形式的"新闻+商务"融媒体产品具有绝佳吸引力,"新闻+电子商务"的运营模式在营造购物需求、激励购买行为上具有发展空间。例如,湖南红网新媒体集团开发运营的"湘农荟"小程序,通过"信息

---

① 首都之窗. 北京市"接诉即办"改革情况调研报告 [EB/OL].(2022-06-17)[2023-11-26].https://mp.weixin.qq.com/s/0k_7ZSjSUVbCzxtDxW20ow.
② 上海虹口. 乱停车、垃圾乱堆放! 找谁解决? 我们这里有曝光台![EB/OL].(2021-06-11)[2023-11-26].https://mp.weixin.qq.com/s/rzSbRGwCF_12H7xJNxGgFQ.
③ 访谈对象M01,所在单位为某省级媒体,男性,从事管理工作。

发布＋宣传联动＋平台联动＋直播带货"的方式，为农民提供产销平台，先后开展 43 场次助农直播，带动全省农业产业关联销售超 22 亿元；湖南广电 2020 年 12 月推出的"小芒电商"试图打造以短视频创作分享及种草的垂直内容电商购物平台，将旗下平台串联成"长视频＋内容＋电商"的闭环，得以实现双向引流。

"新闻＋商务"的深度融合创新如果能充分发挥主流媒体内容生产和文化品牌优势，为用户提供良好的视听体验，就能稳固核心用户，实现流量转化。值得注意的是，当前主流媒体在打造真正有竞争力的内容品牌、持续有效开展 MCN 运营的市场化尝试中仍处于探索阶段，多数仍未形成常态化的长效机制，如何通过内容品牌反哺媒体盈利，仍需主流媒体在深度融合发展的 2.0 阶段抓住时机、常态化探索。

三、按迹寻踪：主流媒体变革困境凸显，不同媒体业务属性迥异

根据课题组 2020—2022 年连续三年的全国主流媒体融合发展调研结果，主流媒体在融合发展中面临的首要问题和发展路径从最初的解决人才、技术、资金的多方短缺，到融合思维的更新、深化，再到创新人才激励制度、继续大力发展自建新媒体平台以及探索新的盈利模式。当前，主流媒体面临的普遍困境集中在人才管理机制、融合实践路径和盈利创收模式等方面。

普遍性与特殊性辩证统一，在普遍问题背后，不同业务属性的媒体面临不同困境。党报纸媒的融合转型起步较早，迅速发展至平台期后，呈现后劲稍显不足的现状；而广播电视媒体则有着需要兼顾"大小屏"的特殊性，考验媒体现存的人力、物力。洞悉不同业务属性的主流媒体深度融合的阶段性现状，寻求突破、找准出路迫在眉睫。

（一）广电转型：双屏互动考验资源调配，结构性问题限制改革成效

当前广播电视类主流媒体在传统端和新媒体端的平衡发展上，以移动优

先为主，成效普遍较好。中央级广电媒体的领头示范成效卓越，但以市级媒体为主的地方广电媒体仍然面临传统端和新媒体端的平衡策略调整与成效突破不佳的困扰（见图2）。

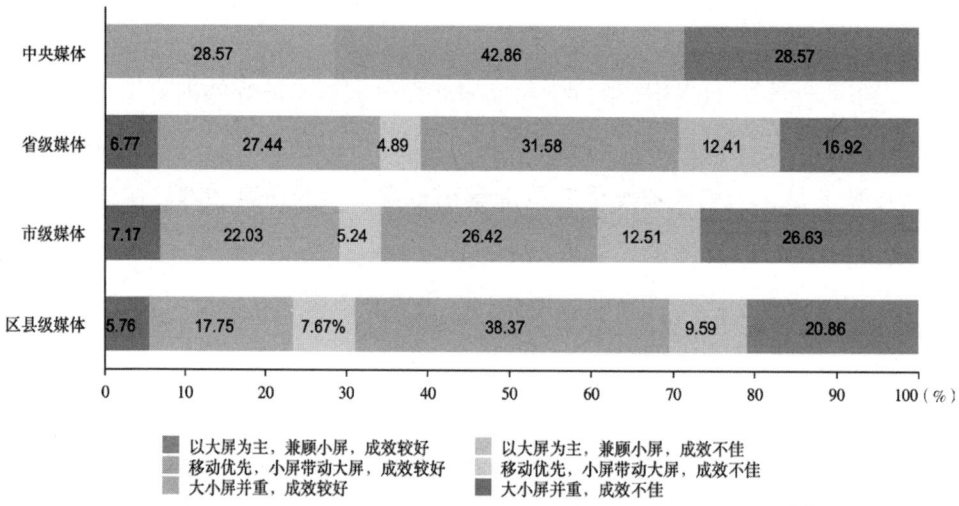

图2 "如何平衡传统端和新媒体端发展以及成效如何"一题四级主流媒体调研结果
（样本总数：1625份）

根据调研结果，当前广播电视媒体普遍面临内部结构性问题，主要体现在三个方面：第一，分配和人事制度改革滞后；第二，传统端和新媒体端等内容生产流程未打通，内容、形式"两张皮"，在省级媒体中该问题尤为突出；第三，媒体收入结构单一，广告收入锐减，发展资金不足。对于广电媒体而言，首要问题是内部结构复杂，任何改革都涉及传统业务和新媒体业务两端，"两手抓，两手都要硬"离不开打通"大屏"和"小屏"，需要深化体制机制改革，创新营利性经营产品。

此外，运营广电媒体客户端的关键是盈利模式的切换。在深度融合阶段，中央级广电媒体在探索多元业务结构上相对成功，中央广播电视总台加快推进"思想＋艺术＋技术"的融合传播实践。① 以湖南广播电视台为代表的头部地

---

① 中央广播电视总台，中国记协. 思想＋艺术＋技术！打造国际一流新型主流媒体 | 媒体品牌巡礼［EB/OL］.（2022-07-08）［2023-12-02］. https://mp.weixin.qq.com/s/SChHlpoLzqRu1l8jqHiqKw.

方广电集团,通过协同打造视频客户端、音频客户端和电商客户端实现有效创收。但是,由于政策、人才等多重现实因素,上述成功模式难以完全复制,尤其是地市级和县级广电媒体,亟须唤醒改革活力,激活本地市场,把已有客户端真正运营起来,把"央－省－市－区县"四级媒体纵深联动运作起来。

(二)纸媒转型:融合思维考验深层认知,变革步伐滞后行业变迁

由于起步较早,发展至深度融合阶段,纸媒的融合之路已经成功解锁了体制机制革新、产业结构调整、传播渠道转型等多个关键节点。然而,根据调研结果,纸媒在自建新媒体平台的"新闻＋服务""新闻＋商务"功能上表现不足,与思维观念难以创新、组织架构一体化改革不彻底,以及考核和激励机制不合理等原因息息相关(见图3)。

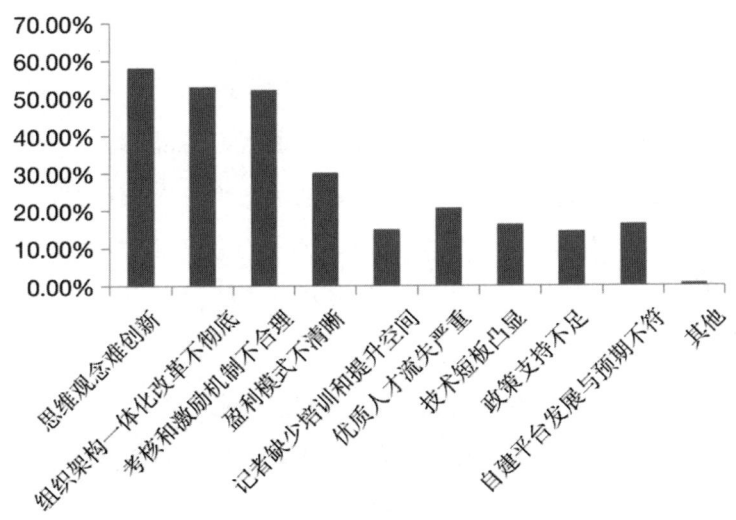

图3 "部分纸媒较早开始转型却陷入停滞,您认为原因是"一题调研结果
(样本总数:629份)

因此,当前纸媒面临的问题和解决办法是将已有的改革成果彻底深化,摆脱包袱,在新的发展浪潮中保持开放、进步的心态。当前各报业集团打造媒体品牌是一个可行路径,如新华社积极推动编辑部全媒体转型,实行"揭榜挂帅"创意征集制度,通过推出一批有新意、接地气的融合报道产品,有

效提升了新华社的品牌认知度;①《人民日报》品牌影响力不断增强,在世界品牌500强排行榜的排名连年攀升;② 以南方报业集团、河北日报报业集团为代表的地方纸媒也在形成差异化定位的传播矩阵。

四、破局方略:深化体制机制革新兜底,挖掘主流媒体内生活力

体制机制改革始终被视为媒体深度融合发展的突破重点,同时是新型主流媒体平台化建设的关键支撑,要因地制宜、因时制宜,不断调整方向、深化成果。时至今日,主流媒体仍需勇于重置机构设置,敢于流程再造,将内容生产、渠道分发和宣传经营真正实现一体贯通。在此基础上,还需要激发人才、平台、经营、合作和大数据优势,全媒体布局才能取得成效。

(一)优化人才激励制度,加强人才合作和引进

当前,新闻传播人才尤其是新媒体人才大量涌入互联网公司和商业平台,主流媒体人才流失严重,"核心问题是人才后继乏力,尤其是地方媒体的人才空心化情况严重"③。因此,主流媒体如何提高人才竞争力、如何吸引专业且优秀的年轻媒体人为新型主流媒体建设发挥专业才能,是当前各级主流媒体面临的核心问题之一。

根据调研结果,主流媒体普遍通过团队年轻化,改革人才评价和工资体系(例如纳入绩效考评等),以及定期实行人才培训,组织集中交流和学习等方式实施人才改革,而在引进高校人才、全媒体技术人才和改革管理制度上成效不足。当前主流媒体不仅需要具备全媒体技能的高质量人才,还需要具

---

① 新华社,中国记协.建设国际一流新型全媒体机构 | 媒体品牌巡礼 [EB/OL].(2022-07-06)[2023-12-02]. https://mp.weixin.qq.com/s/-uoXjAvY2yfRkYsxrJryjw.
② 人民日报,中国记协.无愧排头兵!覆盖用户超11亿 | 媒体品牌巡礼 [EB/OL].(2022-07-04)[2023-12-02]. https://mp.weixin.qq.com/s/yQjEBxzTeFBsQx8NBN3KoA.
③ 访谈对象M10,所在单位为某省级媒体,男性,从事管理工作。

备创新能力、勇于突破和探索的新力量。因此，主流媒体需要勇于实践"首席制""项目制"、开设工作室等人才管理制度，开展绩效考核模式，改善人才待遇，激发人才创新活力。同时，加强人才合作和引进，将人才留在新闻行业。尤其是市级和区县级媒体，相较于中央级媒体，更需要优化人才激励制度，通过人才优势弥补发展劣势。此外，在主流媒体的管理队伍上，也提倡年轻化、专业化、全能化，通过有能力的领导团队带动整体布局和建设，避免出现"迈不开步子"或者"业务全但效果差"的情况。

（二）持续推进平台建设，强化内容与技术融合

根据 2022 年调研结果，在面临选择依靠外部商业平台还是发展自建新媒体平台的难题上，主流媒体明确选择将深耕自建新媒体平台作为发展方向，逐步融合运营思维，进一步打通内容生产流程，深度融入国家治理体系。

持续推进平台建设的关键，是打破技术壁垒，强化内容与技术融合。当前主流媒体的技术远不如头部商业平台，因此很多时候只能跟随学习，难以实现真正引领。主流媒体从业者仍普遍面临技术短板。一方面，研发自有技术能够打破技术壁垒，确保实现平台革新效果最大化，并将技术作为资本投入市场，实现盈利；另一方面，技术研发需要大量投入，资金来源不足、回报周期过长等问题需要政策支持和多元产业结构等支撑。当前，媒体尝试通过与商业机构合作研发应用技术，促进内容生产提质增效。例如，虚拟人成功带动内容与技术融合，继上海台"申䒕雅"、湖南台"小漾"、北京台"时间小妮"、浙江卫视"谷小雨"后，由上海人民广播电台与腾讯"智影"联手打造的数字人主播"长小姣"，于 2022 年 7 月正式上岗，这是全国省级电台中首位"虚拟员工"。得益于"长小姣"，疫情期间，长三角之声推出的科普短视频，从选题策划到后期包装全流程仅需 1 位员工，耗时约 30 分钟，极大提升了短视频生产效率。①

---

① 李磊．省级电台首位"虚拟员工"上岗！它都有哪些"绝活儿"？［EB/OL］.（2022-08-03）
　［2023-12-02］. https://mp.weixin.qq.com/s/Z8fI-W3XBV6_gF26uxL6Ig.

（三）全方位提升造血能力，创新主流媒体经营模式

主流媒体的自我造血首先是看怎么用媒体力量来获得收入，实现影响力变现。在深入融合阶段，部分主流媒体将优势资源输出商业渠道，建设自有品牌，尝试 MCN 运营等，取得了一定成效，但是仍然无法有效转化为盈利收入反哺媒体经营，探索媒体的长效化生存模式是当前主流媒体深度融合发展不可忽视的问题。

提供集群式的优质内容是增强平台和品牌影响力并实现影响力变现的前提。在这一前提下，当前主流媒体实现盈利创收可以从以下三个途径着手：第一，盘活财政投入，运用各级文化产业专项资金和基金补助，减轻运营负担。第二，深入开展市场化合作，推进公司化运营。"鼓励主流媒体探索与互联网公司合作模式，同时，稳固商业客户，开发民营企业类客户。"① 第三，创新经营模式，如采用"产品保底+分成"的营销模式。尤其是市级媒体需要通过改变经营结构盘活大局，区县级媒体需要利用本地特色资源、创新营利性内容产品抵消资金劣势。在深度融合 2.0 阶段，各级媒体需持续激发制度优势、挖掘特色资源，以形成具有竞争力的自有品牌为目标，实现文化价值和商业价值的攻关突破。

（四）四级媒体重新定位，建立新的合作分享机制

通过央、省、市、县四级联动的全媒体传播体系建设，大部分市级媒体目前已经确立了融合发展理念和目标，根据 2021 年调研结果，市级媒体在融合发展方面取得了阶段性发展成效。但是，根据 2022 年的调研结果，市级媒体在"新闻+服务""新闻+政务""新闻+商务"等平台建设的发力途径和应用成效上仍处于低谷，发展不平衡、不充分。2022 年上半年，中宣部、财政部、国家广电总局联合下发《推进地市级媒体加快深度融合发展实施方案的通知》，在全国遴选 60 家市级融媒体中心建设试点单位，② 这为市级媒体加

---

① 访谈对象 M13，所在单位为某市级媒体，男性，从事管理工作。
② 营口发布. 营口入选全国媒体融合试点［EB/OL］.（2022-06-29）［2023-12-02］. http://www.ln. gov. cn/ywdt/qsgd/ass_2_1/202206/t20220629_4604161. html.

快融入全媒体传播体系提供了机遇。因此，当前引导市级媒体升级融合思维，在自建平台的基础上，加强跨区域合作，挖掘地方特色优势、强化空间影响力尤其重要。

值得思考的是，"信息生产的地域边界打破后，央、省、市、县媒体如何重新定位，如何建立新的合作分享机制。"[1]在互联网传播格局中，地缘更多让位于趣缘，如以趣缘出圈的"四川观察""谭谈交通""1818黄金眼"就是突破地缘限制的典型案例，单纯以行政区划为标准划分传播空间边界，无法保证主流媒体的新媒体内容成为用户首选。因此，需要以互联网思维重新定位央、省、市、县四级媒体的市场地位和竞争优势，通过建立新的合作分享机制，推进自建新媒体平台建设。

（五）大力建设融媒体智库，发掘数字化资源优势

近年来，主流媒体、高校、科研机构等纷纷合作成立融媒体智库，作为推进媒体融合和服务社会治理的支撑手段。根据2022年调研结果，主流媒体的自建新媒体平台在以"新闻+服务"为核心的功能建设中，面临缺乏数据支撑的困扰，数字消费、云端购物等依托大数据开展的功能性服务成效不足。

媒体智库是中国特色智库建设的重要构成部分，在促进自身转型的同时，能够帮助推进国家治理体系建设、提升基层社会治理现代化水平。因此，整合资源优势，挖掘数据价值是当前需要坚持的发展路径。数字技术深刻影响着新闻业的生态，改变了新闻生产、流通与接受的传统模式，正在重塑新闻业的运行机制和文化。[2]当下数字化不断发展升级，现实世界数字化升级为"元宇宙"，扩展现实技术和数字孪生拓展时空，互联网即将迎来再度升级，基于AI和物联网实现虚拟人、自然人和机器人的人机融生性，基于区块链、

---

[1] 访谈对象F02，所在单位为某省级媒体，女性，从事管理工作。
[2] 常江，田浩. 从数字性到介入性：建设性新闻的媒介逻辑分析[J]. 中国编辑，2020（10）：23-28.

 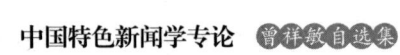

Web3.0、数字藏品等实现经济增值正在成为可能。① "元宇宙"所具备的沉浸感、强互动和开放性将拓展更多传媒应用场景，主流媒体可以抓住机遇，加快布局元宇宙基础设施建设，升级虚拟内容产品服务，逐步打造元宇宙创作平台。

结 语

"明者因时而变，知者随事而制"，媒体融合是一条必行之路，也是一条进行之路。随着媒体深度融合不断发展，国家战略对新型主流媒体的国际传播能力也提出了新要求。总体而言，主流媒体融合发展需要持续抓住人才、平台和盈利模式创新，以内容建设为根本，先进技术为支撑，创新管理为保障，增强新型主流媒体的传播力、引导力、影响力、公信力，实现社会效益和经济效益共同发展。在全媒体生态格局中，主流媒体的深度融合要和国家发展、社会变迁及人民需求同频共振，同向同行。新型主流媒体要努力实现自身公信力的柔性强化和用户注意力的刚性影响，通过做强多元化、分层级、跨地域的新型主流媒体，进而渗入网上、网下各领域，在国内、国际双视野实现传播增效。

---

① 人民网研究院，人民记协．前沿 | 关于元宇宙热的冷思考［EB/OL］.（2022-03-31）［2023-12-05］. https://mp.weixin.qq.com/s/cVYkUTz01fudfvtwC88VZg.

系统推进全媒体传播体系建设*

党的二十大报告提出,加强全媒体传播体系建设,塑造主流舆论新格局。这对我们牢牢掌握意识形态工作领导权话语权,推进文化自信自强提出了新要求。党的十八大以来,党中央高度重视新闻舆论工作,作出推动媒体融合发展的重大决策部署。如今,从建设立体多样、融合发展的现代传播体系到构建全媒体传播格局,再到建设全媒体传播体系,方向路径日益明晰,脚步日益坚定,成效日益显著。

一、整体协同:以"合"为目标,以"分"为路径

全媒体传播体系是一个有机系统,需要用整体思维、协同思想贯穿这一工程。具体而言,以"合"为目标、以"分"为路径,明确重点,差异发展,整体推进。

"合"即融合,融为一体,合而为一。在内涵发展上,我国媒体融合战略始终以内容建设为根本,从融合初期的技术驱动创新与散点式的试验突破,到内容、技术、管理的系统发展,进而形成以内容建设为根本、先进技术为支撑、管理创新为保障的全媒体传播系统。在全媒体自主平台搭建、内容生产、渠道分发、人才建设、经营管理、用户连接等各个方面形成新型主流媒

---

* 文章原载于《光明日报》(理论版)2022年12月23日,与中国传媒大学电视学院教授崔林、副研究员赵希婧合作,收入本书时,略有删改。

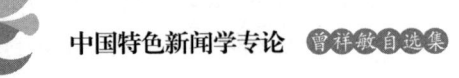

体全局性、战略性、系统性整体转型。

"分"即分而治之，差异化发展。在体系结构上，纵向的央—省—市—县的全媒体体系的四梁八柱已经布局完成，而结合资源集约优势，寻求战略侧重，路径明确、特色突出的差异发展才能注入改革创新的活力。根据中共中央办公厅、国务院办公厅印发的《"十四五"文化发展规划》，在建设全媒体传播体系方面，各层级全媒体传播体系建设各有侧重，互为犄角。第一，有优势、有实力的中央媒体要建成新型主流媒体的"旗舰"和"航母"，在平台和内容建设上不仅要起到创新引领的作用，更要成为主流舆论引导的定盘星和压舱石。第二，省级媒体作为有一定资源的区域性建设平台，积极发挥在区域媒体连接、特色发展引领、资源协调共享等方面的引领和示范作用。第三，地市级媒体因地制宜，加快探索适合自身的融合发展模式，在优势点发力、关键处聚焦。第四，县级融媒体要建强用好，实现可持续发展，深化"新闻＋政务＋服务"。

二、系统协同：以"和"为手段，构筑全媒体传播生态体系

全媒体传播体系要发挥融合效应，不仅要以"合"为目标、"分"为路径，还要以"和"为手段，以系统协同构筑全媒体传播生态体系，在各层级媒体、各类平台差异发展的基础上形成整体联动、协同高效的传播体系。

从纵向来看，央—省—市—县四级融合发展，构建有连接力、组织力、引导力的全媒体传播体系，形成全程、全效、全覆盖的智慧全媒体传播生态。从横向区域合作来看，主流媒体通过建立跨域协作机制，打造全媒体云平台，促进城市资源交互、拓展用户市场，在协作中创新内容生产链条、推动媒体深度融合。从横向内外合作来看，主流媒体充分利用商业平台在技术、渠道、运维上的优势，提升主流价值内容的传播力和影响力；商业平台在与主流媒体的合作中，承担社会责任，促进社会公益内容的传播。

以系统协同构筑全媒体传播生态，还需要在实践中处理好以下几个关系：首先，把握好主流媒体内容和流量效益的关系，充分考虑主流媒体公共内容

属性，协调算法推荐，把流量分配倾向于主流价值内容的传播。其次，对于区域性的内容供给，充分平衡本地用户在区域公共内容和个性化服务方面的需求。信息内容与服务是区域公共舆论与社会治理的重要面向，商业平台在获取经济利益的同时，应当助力本地媒体服务民生福祉及社会和谐发展。最后，主流媒体为商业平台提供优质、权威的内容，商业传播平台应当积极主动探索与主流媒体共享流量收益的路径，助力主流媒体增强自我造血的持续发展能力。

三、重塑格局：深化全域全链全场景传播，构建全媒体话语体系

媒体融合战略实施以来，传统媒体和新兴媒体已经从"你就是你，我就是我"进入"你中有我，我中有你"的阶段，向"你就是我，我就是你"的全媒体传播阶段迈进，从而形成全媒体时代主流舆论引导新格局。

深化全域全链全场景传播。加强全媒体内容生产与传播的顶层设计，采用一体策划，注重总体布局，强化整体推进，形成资源合力。全媒体生产机制和业务流程引领不同产品生产，传播至不同终端，充分把握时、度、效。以"融为一体、合而为一"的传播体系，塑造网上网下一体同构的新格局。建设内宣外宣联动，构建多层次、立体式的大外宣新格局。

创新"接天连地"的全媒体新闻话语。一方面，全媒体传播坚持正确的政治方向、舆论导向和价值取向，围绕中心，服务大局，创新主题、形式、成就、典型等多层次、多角度的正面宣传报道，绘好新时代强信心、聚民心、暖人心、筑同心的主流舆论同心圆。另一方面，坚持以人民为中心的发展思想，及时回应群众关切，做好信息服务，参与社会治理，构建新时代中国特色新闻话语体系。

构建融通中外的全媒体话语体系。以社会主义核心价值观为引领，坚守发展"思想价值层"；打造融通中外的中国特色学术概念、知识和理论体系，培育创新"理论知识层"；创新中国声音的话语表述和情感表达，丰富开发

"陈述表达层"。思想层要有深刻性和引领力,理论层要有系统性和说服力,陈述层要有实效性和亲和力。促进融合工作室、融媒体中心、新创平台的项目运作与常规化报道工作协同推进,形成全媒体对内、对外话语战略合力。

推动舆论引导方式的全媒体创新。推动内容与技术深度融合,增强用户体验的场景感、交互感和沉浸感,让党的创新理论飞入寻常百姓家。建设服务于国家治理和社会民生的全媒体多功能平台,提供一站式便民服务。推动全媒体用户连接创新,探索"开门办报""开门办台"的创新模式,吸纳用户共同参与信息生产传播和社会治理。

当前,世界进入新的动荡变革期,百年未有之大变局加速演进,建设全媒体传播体系是打造新型主流媒体集群,增强新闻舆论传播力、引导力、影响力和公信力,塑造主流舆论新格局的必由之路,对促进文化自信自强,提高中华文明传播力、影响力具有重大意义。

"生态构建"：媒体深度融合发展的纵深进路[*]

一、问题的提出

在中共中央办公厅、国务院办公厅印发的《关于加快推进媒体深度融合发展的意见》（以下简称《意见》）指导下，主流媒体探索深度融合实践的路径与方向愈发清晰：改革发展的重心正逐步由产品创新、业态转型到媒体战略转移，再到互联网生态焕新。当前，"刀尖向内"、系统全面升级的体制机制突破成为关键发力点，打造新型主流媒体品牌成为内容建设方向，构建生态级互联网平台成为新型主流媒体转型升级的目标。同时，主流媒体在打造集合广泛连接、多元整合、持续发展的全媒体传播生态体系过程中，也面临着层级差异化、区域不平衡的挑战，以及体制机制突破和平台全面建设的纵深发展问题，深度融合发展如何"破茧"这一问题已经矢在弦上。

著名传播和媒介研究学者亨利·詹金斯将"融合"概念定义为："包括横跨多种媒体平台的内容流动、多种媒体产业之间的合作以及那些四处寻求各种娱乐体验的媒体受众的迁移行为等。"[①] 即"融合"不仅仅体现着技术的变革，

---

[*] 文章原载于《现代出版》2022年第1期，与中国传媒大学电视学院讲师刘日亮合作，系国家社科基金重点项目"移动互联网背景下主流媒体新闻视听传播变革研究"（项目编号：18AXW003）的阶段性研究成果，收入本书时，略有删改。

① 詹金斯. 融合文化：新媒体和旧媒体的冲突地带[M]. 杜永明，译. 北京：商务印书馆，2012：30.

同时还指向产业结构、受众或用户行为、文化形态以及传播实践等更广泛领域内的变革。① 可以说，融合是对整个社会传播环境的重塑，是一种技术变迁、文化变迁、社会变迁。随着我国社会发展的数字化、媒介化转型，顶层设计的宏观战略布局、主流媒体的中观产业发展、新闻业务的微观实践，都赋予媒体融合相关的研究需求。21世纪初，"媒体融合"及"融合新闻"的概念被引入国内，我国传媒学界与业界不断探索其在中国媒体环境中的适用性、知识生产与实践方法论，② 尤其是在2014年媒体融合上升为国家战略后，关于媒体融合、融合生产与传播的研究，在诸多方面都呈现出与传统新闻生产、大众传播研究的显著不同，其中既有从媒体融合的历史逻辑③、驱动范式④、核心概念⑤、体系建构⑥等维度重新组织的深度思考，也有在平台⑦、技术⑧、机制和内容⑨、产业⑩等领域的融合实践创新引领，以及扎根我国媒体融合实际问题的调研访谈和个案分析⑪⑫。

---

① 弗卢.新媒体4.0[M].叶明睿，译.北京：人民日报出版社，2019：7.
② 麦尚文.媒体融合十年：全媒体融合传播的轨迹、理论与战略[M].北京：社会科学文献出版社.2021：1.
③ 冯建华，王建峰.辩证把握媒体融合发展的历史逻辑[J].当代传播，2021（1）：37-40.
④ 龙小农，陈林茜.媒体融合的本质与驱动范式的选择[J].现代出版，2021（4）：39-47.
⑤ 刘帅，李坤，王凌峰.从主流媒体到新型主流媒体：概念内涵及其实践意义[J].新闻界，2020（8）：24-30.
⑥ 陈昌凤，杨依军.意识形态安全与党管媒体原则——中国媒体融合政策之形成与体系建构[J].现代传播（中国传媒大学学报），2015（11）：26-33.
⑦ 宋建武，黄淼，陈璐颖.平台化：主流媒体深度融合的基石[J].新闻与写作，2017（10）：4-14.
⑧ 彭兰.智媒趋势下内容生产中的人机关系[J].上海交通大学学报（哲学社会科学版），2020，28（1）：31-40.
⑨ 曾祥敏，杨丽萍.论媒体融合纵深发展"合"的本质与"分"的策略——差异化竞争、专业化生产、分众化传播[J].现代出版，2020（4）：32-40.
⑩ 李彪.未来媒体视域下媒体融合空间转向与产业重构[J].编辑之友，2018（3）：40-44，85.
⑪ 谢新洲，石林."上下夹击"与"中部突围"：我国地市级融媒体发展研究——基于四市媒体融合发展的实地调研[J].现代传播（中国传媒大学学报），2019（12）：1-8.
⑫ 严三九.中国传统媒体与新兴媒体融合发展的现状、问题与创新路径[J].华东师范大学学报（哲学社会科学版），2018（1）：89-101，179.

2020年，国家出台《意见》对媒体深度融合提出了四个措施：一是互联网媒介资源的重新配置，二是用户参与内容生产与传播，三是媒体组织流程再造，四是四级媒体分级融合发展。[①] 媒体深度融合也将贯穿"十四五"时期发展，成为实现2035年远景目标的有机构成要素。本研究尝试通过全国各层级主流媒体问卷调查与半结构化访谈相结合的研究方法，对我国媒体深度融合发展的路径和难点做出比较准确的描摹和深入解释，以期在资源建设、体制机制变革、平台功能延展、用户连接等深度融合发展的方面锚定发展目标，厘清问题并探索路径，为媒体深度融合发展的业界实践和学界研究提供启发。

二、研究设计

本研究基于波特菱形理论的框架设计，通过网络问卷和半结构化的访谈展开，对媒体深度融合的关键点进行深入分析，力求理论逻辑与实证调研相互关照。

（一）研究设计的理论逻辑

波特菱形理论源自战略管理学家迈克尔·波特归纳的"钻石体系"（Diamond, determinants of national advantage）[②]，主要用于分析国家或地区某一特定领域形成整体优势的竞争环境组成，提出竞争力优势主要依靠资源要素、需求条件、辅助行业、战略规划四个决定性因素相互作用，以及政府和机会两个辅助性因素混合作用，这一理论后来被应用于文化产业分析、国际竞争力比较等研究领域。本研究以我国各级主流媒体为研究对象，聚焦媒体融合深度发展这一国家战略引领下的新型主流媒体建设，目的是从中观的组织视角出发探讨如何在移动互联网时代和媒介化社会的机遇环境中形成主流媒体的竞争力，即主流媒体的传播力、引导力、影响力和公信力。因此，研

[①] 陈接峰，荆莉.媒体深度融合的结构选择、制度设计以及供给侧改革的路径[J].编辑之友，2021（10）：35–42.

[②] 波特.国家竞争优势[M].李明轩，邱如美，译.北京：华夏出版社，2002：3.

究首先对波特菱形理论的钻石模型框架进行了适恰的逻辑转化：第一，将包括知识资源、基础设施、人力资源、天然资源的生产资源要素转化为主流媒体的内容资源、技术资源、人才资源等；第二，将强调具有刺激和促进主体发展的国内需求条件要素转化为主流媒体对国内用户的连接设计与服务功能建设；第三，将指涉国内关联辅助行业和供应商的辅助行业要素转化为与主流媒体参与社会治理相关的政务、服务、商务等平台功能；第四，将包括国内支配主体创建、组织和管理的战略规划要素转化为主流媒体体制机制管理变革的上层设计。同时，研究将影响因素之一的政府政策支持锚定为我国媒体融合国家战略，将影响因素之一的机会细分为百年未有之大变局的国际机遇和移动互联网发展的国内媒介化环境两方面，进而重构出新型主流媒体深度融合发展的钻石模型并应用于调查问卷的架构设计（见图1）。问卷中的四要素设计一方面对位了《意见》中媒体深度融合的四项措施，并紧紧贴合影响因素的现实环境背景展开；另一方面聚焦媒体融合相关研究综述和对主流媒体从业者前期调研中提出的痛点问题，以求达到研究适恰的合理性与科学的针对性。

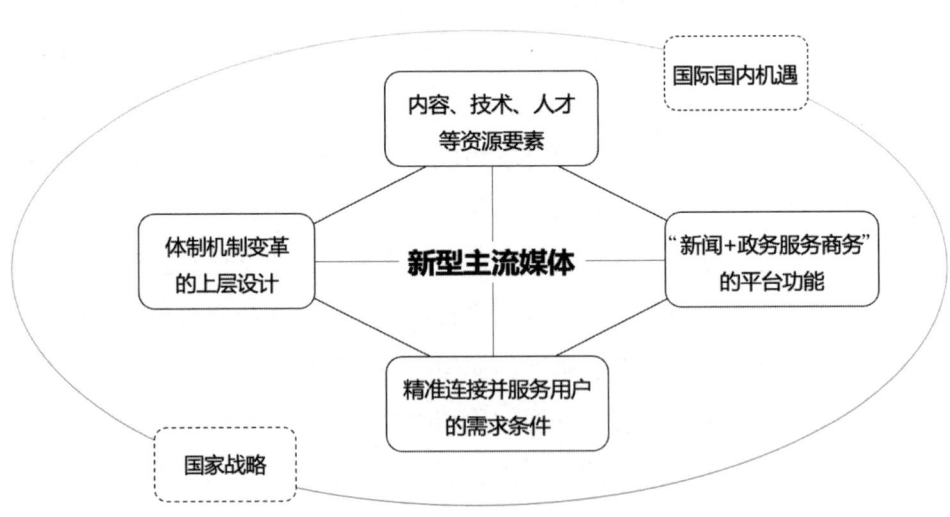

图1　新型主流媒体深度融合发展的钻石模型

（二）研究方法

为了解当前全国各级主流媒体深度融合发展状况和现存问题，本研究采取定量研究中的网络问卷调查和定性研究中的半结构化访谈，于2021年5月至10月对我国各层级主流媒体中的全媒体新闻从业者展开调查。

1. 网络问卷调查

网络问卷调查的目的是了解我国各级主流媒体深度融合发展现状、差异、侧重点以及存在的问题等，问卷以滚雪球的方式在全国各级主流媒体的线上工作群内发放，参与调查的主流媒体涵盖全国22个省、5个自治区和4个直辖市，①填写者包括中央、省、市、区县四级主流媒体的采编、技术、管理、经营岗位的新闻从业者。网络调查问卷由结构化的问题组成，按照新型主流媒体深度融合发展的钻石模型，形成调查问卷问题设计的逻辑架构，问卷主要从资源建设、体制机制变革、平台功能延展、用户连接这四个深度发展的改革痛点和要点着手，调查主流媒体深度融合发展的状况。其中，资源建设包括全媒体内容建设、新闻产品运维、技术应用、人才培养；体制机制变革包括管理模式、内容机制、资源分配、中央厨房使用；平台功能延展包括平台定位、政务服务、公共服务、商务服务、功能效果评价；用户连接包括用户参与生产、用户交互设计。

具体而言，问卷以采编、管理、经营、技术四种媒体岗位的差异为跳题逻辑起点，分类别调查中央、省、市、区县四个层级主流媒体的深度融合发展情况和现实问题，以尽量保证调查问题结果具有相对的专业性、贴近度和解释力。调查收回问卷5121份，根据问卷预测试中的答题速度实验结果，经过两轮数据清洗和筛选，最终确定有效样本数为4537份，样本有效率为88.60%。其中，男性占比53.38%，女性占比46.62%；年龄分布上，77.41%为40岁及以下新闻从业者；媒体层级上，央媒和省媒共占57.99%，市媒和

---

① 根据2020年中华人民共和国县以上行政区划代码（截至2020年12月31日），参与调查的主流媒体涵盖地具体包括青海、甘肃、黑龙江、吉林、辽宁、河北、山西、陕西、四川、云南、贵州、湖南、广东、江西、福建、浙江、安徽、湖北、河南、山东、江苏、海南、新疆、西藏、内蒙古、广西、宁夏、上海、北京、天津、重庆。

县媒占42.01%；从业年限上，3～5年占比最大，为26.63%，其次为10年以上，占比23.89%；岗位类型分布上，采编岗占比最多，为45.63%，技术、管理、运营岗分别占比25.50%、19.86%、9.01%（详见表1）。此次调查样本数量丰富，分布比较均衡，符合研究要求，具有可分析价值。同时，对问卷中的态度量表题进行信度和效度检验后，Cronbach's α 信度分析中 α 系数值为0.930，说明研究数据信度质量较高，回答比较可靠准确；使用 KMO 和 Bartlett 检验进行效度验证，KMO 值为0.957，说明研究数据效度较好，问卷设计比较合理。

表1 样本特征分布情况

样本特征	指标	频数（人）	百分比（%）
性别	男	2422	53.38
	女	2115	46.62
年龄	30岁及以下	758	16.71
	31～40岁	2754	60.70
	41～50岁	888	19.57
	50岁以上	137	3.02
媒体属性	中央级媒体	479	10.56
	省级媒体	2152	47.43
	市级媒体	1183	26.07
	区县级媒体	723	15.94
从业年限	1年及以内	299	6.59
	1～3年（包括3年）	1227	27.04
	3～5年（包括5年）	1208	26.63
	5～10年（包括10年）	719	15.85
	10年以上	1084	23.89

续表

样本特征	指标	频数（人）	百分比（%）
工作岗位	采编	2070	45.62
	技术	1157	25.50
	管理	901	19.86
	运营	409	9.01

2.半结构化访谈

通过筛选调查问卷的填写者和线上征集访谈对象，研究对15位新闻从业者进行了一对一半结构化访谈，涵盖中央、省、市、区县四个层级的媒体，他们一部分是在调查问卷结尾主动留下电话或邮箱账号的记者、编辑，另一部分为线上征集的主流媒体人，均知情并同意本研究。就访谈目的而言，一方面是根据访谈内容验证样本数据，另一方面是为了深度了解某一媒体单位具体的深度融合经验、问题及困难。访谈对象所在单位既有深度融合发展的样板，也有处于融合起步的阶段，还有处于融合遇阻正在观望的媒体。融合改革依托的传统媒体既有纸媒，也有广播电视台、新闻网站，从与访谈对象的交流中，本研究丰富了与结论相关的经验性解释，可以一窥当前媒体深度融合发展的行业状况和现实问题。

三、调研数据分析与发现

在我国融媒体建设初见成效的基础上，[①] 全媒体传播体系建设的四级融合发展布局已经初具框架，融合机制改革持续纵深开掘，新型主流媒体平台朝着生态化方向发展，围绕内容延展的多元用户网络关系正在搭建。

---

① 张英培，胡正荣.从媒体融合到四级融合发展布局：主流媒体发展改革的新阶段［J］.出版广角，2021（1）：6-9.

（一）全媒体传播体系建设：市级媒体初步纳入四级融合纵深发展

市级媒体是连接"央—省—市—区县"全媒体传播体系的中间一环，根据研究者在 2020 年发放并回收的全国主流媒体融合发展情况调查问卷，通过交叉分析比较央媒、省媒、市媒、县媒在"融媒人才引进与培训制度建设""融媒体中心技术应用满意度评价""媒体融合转型面临的最大问题"等问题回答中的差异性数据，以及分别筛选四级媒体在融合转型中的实践进度和现存问题发现，市级媒体的融合之路在政策支持、机制建构、融合生产、人才技术、平台合作上都处于弱势，在"未开始融媒体中心建设相关转型实践"一题的数据结果中，50.59% 的被调查者来自市级媒体，超过央、省、区县媒体相加之和，在媒体融合转型进程中，部分市媒此前一直处于"佛系隐身"的停滞状态。① 而根据我国主流媒体深度融合发展调查问卷的交叉分析数据结果，与央媒、省媒、县媒相比，虽然市媒的融合发展仍处于相对落后阶段，但融合机制已经发生变革，差异数值较此前发生了同比缩小的正向变化，市媒的融合机制已经发生变革。具体而言，在"您单位是否采取移动优先"一题中，87.15% 的市媒被调查者选择"是"，且移动优先的具体体现分布多元，全媒体人才数量多、绩效考核侧重、发稿优先是三项最主要的机制变革（见图 2），市级媒体被纳入全媒体传播体系建设的激励效果初显。在四级融合发展布局的连通中，除了找到自身的优势着力点和差异发展之道外，暂时处于"中部洼地"的市级媒体也可以通过优势省、县资源的两端带动，在技术接入、机制借鉴、内容联动上加速进入全媒体传播体系建设中。比如，芜湖市整合《芜湖日报》、芜湖广播电视台新媒体资源打造今日芜湖客户端，下载量超 150 万；② 鄂州市融媒体中心纳入湖北省市级融媒体中心建设样板工程；成都广电神鸟知讯客户端发力新闻、政务、文创产业，吸引超过 1500 个成都社区集体入驻。

---

① 曾祥敏，刘日亮.中国主流媒体融合发展现状调查和重点问题探究［C］.曾祥敏.中国新媒体研究报告 2020，北京：人民日报出版社，2020：2-29.
② 韩万春.《芜湖日报》的媒体融合探索实践——"一体化"推进深度融合"高质量"提升引导能力［J］.城市党报研究，2021（6）：49-51.

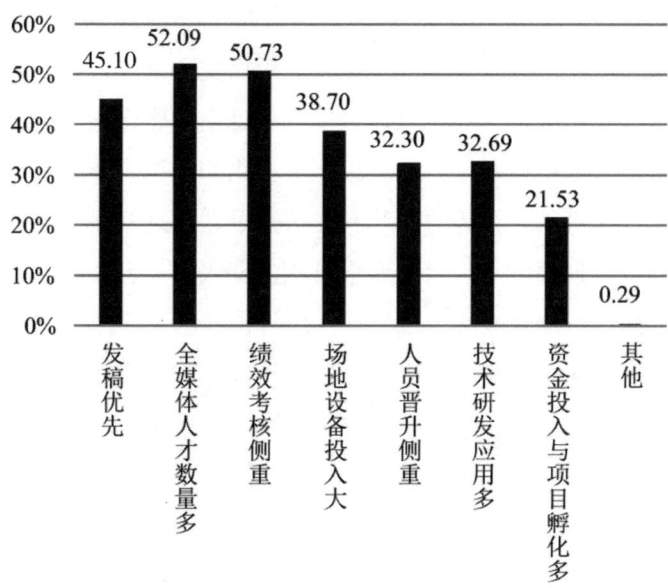

图 2 "您所在单位如何体现移动优先"的市媒调查结果（100%）

（总样本数：1031 份）

（二）媒体深度融合：以体制机制突破为引领

媒体深度融合发展要"推动传统媒体和新兴媒体在体制机制、政策措施、流程管理、人才技术等方面加快融合步伐"①，体制机制成为新型主流媒体深度融合发展转向的重中之重，这不仅涉及通过顶层设计建立集约高效、重点突出的全媒体生态型互联网平台，还包括优化组织管理和运维机制，针对固定部门和柔性组织、生产经营和激励方式等进行系统化、差异化、有侧重的制度性建设。经过深度调查发现，围绕内容建设提质增效的体制机制突破成为主流媒体的发力重点。

内容建设是全媒体传播体系建设的根本，近一年来，各单位深度融合发展的机制变革主要围绕内容建设展开。根据"您单位近一年内采取了哪些体制机制革新措施"一题的调查结果，采编流程融合创新、组织架构一体化、内容生

---

① 新华社. 中共中央办公厅 国务院办公厅印发《关于加快推进媒体深度融合发展的意见》[EB/OL].（2020-09-26）[2021-11-16]. http://www.gov.cn/zhengce/2020-09/26/content_5547310.htm.

产体系和传播链条建设列前三位，占比分别为66.74%、54.68%、52.92%（见图3）。将央媒、省媒、市媒、县媒数据进行交叉分析后发现，央级媒体近一年的机制变革主要体现在组织架构一体化上，继平台融通、内容建设之后，继续"刀尖向内"打破新旧媒体机构壁垒；而县级媒体在组织架构一体化、市场化经营管理、媒体内部管理机制革新等方面均有显著进展，体现了其从创新"前台"技术应用与产品融合到调整"后台"融合机制的深入发展，如浏阳市融媒体中心通过设立融媒体"指挥调度室"，对"一报两台一网一端三微"8个市属传播平台和"新湖南"等4个上级单位中的浏阳本地新媒体频道进行融媒调度，形成"一体策划、一次采集、多种生成、多元传播、全天滚动、全媒覆盖"①的调度机制，通过采编机制再造，发挥以党建引领业务、以业务促进融合的作用。

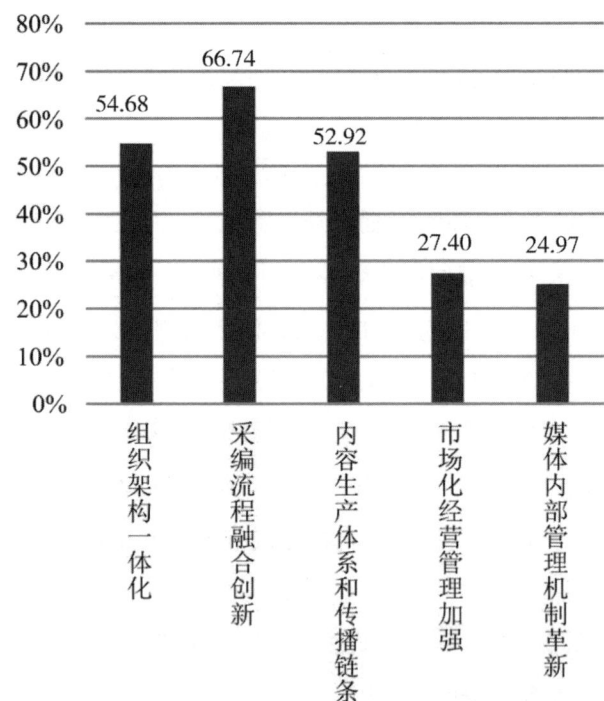

图3 "您所在单位近一年内采取了哪些体制机制革新措施"调查结果（100%）

（总样本数：4537份）

---

① 胡敏．媒体深度融合中"浏阳模式"的建设与实现路径的探索［J］．广播电视信息，2020（11）：14-16．

(三)平台生态化:新闻端口之上的综合资源建设

在以数字化、网络化为底层逻辑的移动互联时代,主流媒体已经演变为嵌入社会组织、参与社会治理和信息生态建构的基础设施,① 理想化的全媒体传播转型应充分体现传媒政治、社会、经济的三种属性,② 探索建立作为新闻端口之上的政务、服务、商务资源综合体,构建服务于国家治理的多功能生态级平台逐渐成为主流媒体深度融合发展的共识。

1. "新闻 + 政务"依然是拓展平台功能生态的首选

"新闻 + 政务"的主流媒体平台业务拓展是基于中国特色、中国道路的媒体发展模式,随着媒体区域云平台建设的不断完善,地方媒体接入或与政府共建政务垂直内容成为主流媒体参与社会治理的主要表现形式。在对主流媒体移动客户端功能设计的调查中,提供政务服务是继舆论引导监督、提供新闻信息的第三大功能,且三者占比相差不足5%,而在具体的政务功能垂直板块建设中,政务公开、政府专栏、政府信箱成为政务板块建设的三大核心(见图4)。此外,问政投诉、接诉即办等注重用户交互、解决民生问题的政务功能也是媒体政务建设的重点,这类内容通常以用户与管理员公开问答的形式呈现,形成围绕社会治理的内容交互社区,具有用户地缘和生活的贴近性,成为平台增粉固粉的重要途径。

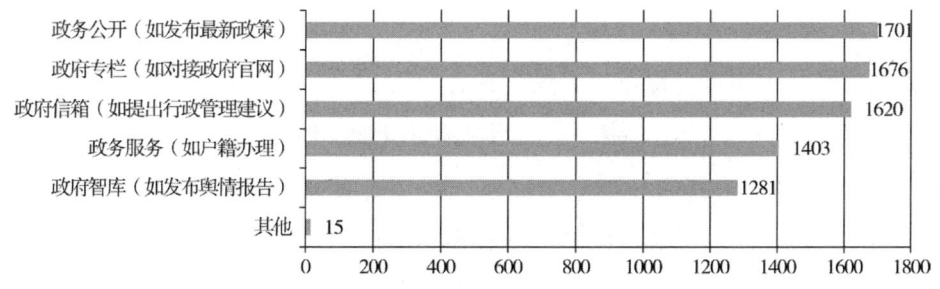

图4 新媒体端政务功能垂直类别建设调查结果(总样本数:4537份)

---

① 戴元初,康培培. 国家治理视域中的媒体深度融合:舆论生态、社会表征与时空再造[J]. 中国出版,2021(13):45-49.
② 李华君,涂文佳. 5G时代全媒体传播的价值嬗变、关系解构与路径探析[J]. 现代传播(中国传媒大学学报),2020(4):1-5.

2. "新闻+公共服务"的特征明显

在"您单位的新媒体端实现了哪些公共服务"一题的调研结果中，就业、医疗、教育分列前三（见图5），具有明显的社会公益性特征。通过交叉分析各级主流媒体的公共服务内容数据可发现，市媒、县媒在近一年的公共服务延拓上重点更加突出，发展相对较快。比如，"我的长沙"客户端设置了260项社会服务和公共服务，汇集社保查询、医保电子凭证、户政办理等高频刚需服务，同时根据不同时期用户的需求度调整服务功能的排列位置，提升平台用户友好度、实用性、服务力。

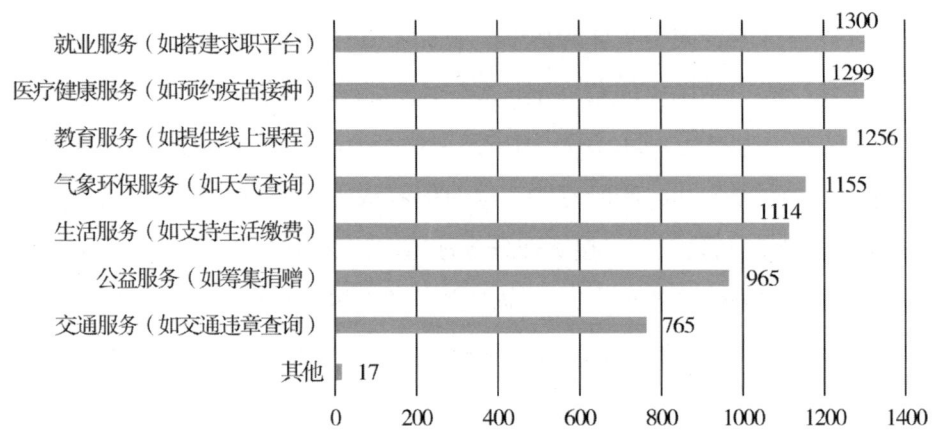

图5 新媒体端公共服务功能垂直类别建设调查结果（总样本数：4537份）

3. "新闻+商务"综合经营模式显现动能

应势而动才能产生动能，从而激活存量形成增量。在访谈中，主流媒体的管理层访谈对象普遍存在一个困惑，即如何安全且长效地实现内容变现、"爆款"兑现？加强主流媒体的自我造血功能成为深度融合发展的一大难点，访谈对象F02（所在单位为湖北某省级媒体，女性，从事管理工作）认为，"新媒体的资金投入就像一个无底洞，我们拼不过互联网公司，而互联网公司往往也不是依靠旗下的新闻产品实现盈利。"在商务经营模式的调查中，以直播带货为代表的电商引流合作超过以广告投放为代表的传统商品推广盈利模式，位居第三（见图6）。但目前主流媒体的直播带货多以公益为主，尤其是在全面小康的环境下，主流媒体有着持续自我造血和承担社会责任的双重任务，从传统的电视购物到直播带货的转变绝不仅是平台渠道的更替，更是规则玩法的重新洗牌。

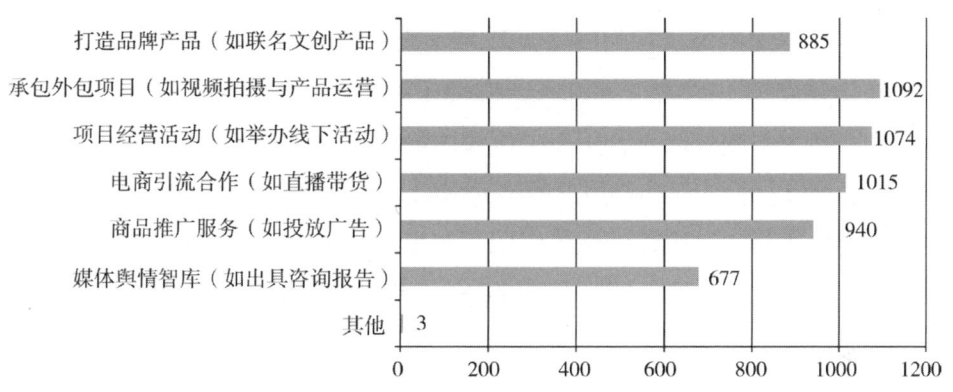

图 6　新媒体端公共服务功能垂直类别建设调查结果（总样本数：4537 份）

（四）用户连接逻辑：专业内容为本，搭建多元网络关系

《意见》中强调主流媒体要"强化媒体与受众的连接，以开放平台吸引广大用户参与信息生产传播"[1]，这体现了互联网商业平台凭借众包逻辑构建的信息环境和用户信息消费习惯，对主流媒体在内容生产思维和平台搭建逻辑中的能动反作用。在网络传播中，作为媒体使用者、内容生产者和传播中介的用户，不仅参与新闻传播活动的各个环节，还会依照自己的喜好，各自建立异构化的信息渠道与媒介使用时空，即与海量庞大的"社会媒介系统"相区别的"个人媒介系统"。[2] 但用户参与生产对信息生态平衡而言是双刃剑，主流媒体对用户的连接既是服务，也是引领。在服务与引领的功能指向下，一方面，主流媒体在思维观念上因循单一，传统渠道已无法有效触达智能移动时代的互联网用户，围绕社交、工作、生活、娱乐、教育等浸入式媒介化生

---

[1] 新华社.中共中央办公厅 国务院办公厅印发《关于加快推进媒体深度融合发展的意见》[EB/OL].（2020–09–26）[2021–11–16]. http://www.gov.cn/zhengce/2020–09/26/content_5547310.htm

[2] 喻国明，曲慧，方可人.重新理解媒介：以受众"媒介观"为中心的范式转换[J].新疆师范大学学报（哲学社会科学版），2021（2）：111–119，2.

存领域衍生的用户行为特征和心理需求，正逐渐成为主流媒体搭建用户连接网络的重要渠道；另一方面，渠道的搭建离不开主流媒体的专业内容，它作为发挥用户引领作用的内核支撑。

从主流媒体连接用户的主观逻辑和行动实践出发，93.54%的被调查者所在媒体会使用网民发布的内容，95.19%的被调查媒体会放出或回复评论，设置讨论话题或专栏的占94.03%，主动招募用户为拍客、通讯员的媒体占91.23%，绝大多数被调查者所在主流媒体都主动设置了连接用户的平台入口或进行了交互行为，而连接用户的多元网络关系搭建离不开内容为本的原则，专业内容始终是主流媒体的优势资源。在用户内容运营上，本研究用方差比较不同级别媒体使用网民发布内容程度的差异性问卷数据，结果显示，县媒、省媒更倾向于直接采用用户发布的内容，形式上尤以视频、图片为主（见图7）。在与用户交互形式的设计上，相比于回应新闻评论区的用户留言，央媒更倾向于主动设置讨论话题以形成垂直内容的话题广场。

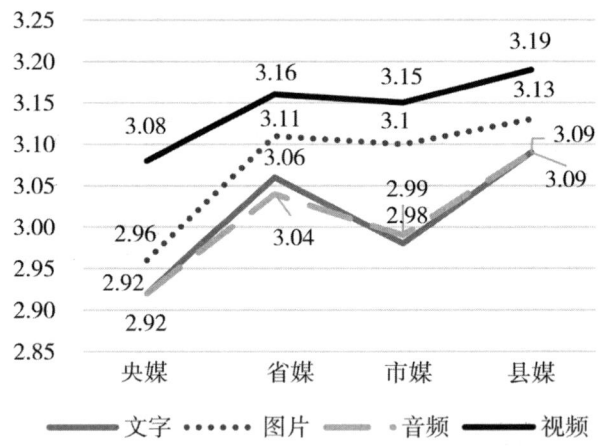

图7 四级媒体使用网民发布内容类别和程度的差异性方差分析

作为管理层人员的访谈对象M06主张："从策采编发到效果追踪的每个环节，都要以用户为参照物。"① 其所在省媒重点围绕客户端平台与用户进行内容

---

① 所在单位为重庆省级媒体，男性。

生产相关的线上交互，互动形式涉及评论交互、话题广场设置、问答专栏运营、用户上传内容、招募用户为内容创作者等，尤其在客户端的"报料"栏目中，记者对于用户发布的内容几乎条条有回应，或予以答复解决，或附上相关报道链接，或回复"记者正在跟进了解"，"报料"信息流页面更像是用户与记者实时对话的本地话题广场、聚焦民生新闻内容的社交朋友圈。

四、媒体深度融合发展的现实困境

此次调研针对融合发展中呈现的现实问题进行问题设计，这些现实困境的解决之道恰恰也是深度融合发展由表及里，由浅入深的过程中所期待探索的答案。

（一）媒体深度融合发展不平衡：思维观念转型是最大难题

根据深度融合问卷中"您认为媒体深度融合的最大难点是什么"一题的调查结果，观念思维问题位列第一，占比38.09%（见图8），很多受访者表示，不是不知道何为融合、怎样融合，而恰恰是在了解了媒体融合面临的机遇和阵痛之后，对自身深度融合的忧虑。"问题的关键可能不在于大家想不想融合，而是在电视和报纸暂时不会消亡的背景下，媒体人如何在完成传统渠道内容制作与发布的同时，能有更多精力去走进新媒体。"[①] 在访谈对象 M02 的工作要求中，传统渠道的内容是他需要完成的主业。此外，新媒体优先在内容生产过程中也出现了"变味"的情况，访谈对象 M08 说："只追求形式，一切以获形式奖为主，不注重内容和思想表达，追求短平快，无法产生人民需要的东西。"[②] 矛盾之下，我们不能忽视一个现实，深度融合发展需要更强定力、更大勇气，新媒体优先不一定是全员转向新技术、新媒体渠道，而是出于准确定位自身品牌优势，进而守住根据地，占领主阵地的深度考量，也是资源配置，利益平衡的智慧操作，更是敢于开拓创新之举。

---

① 所在单位为湖北某省级媒体，男性，从事采编工作。
② 所在单位为浙江某市级媒体，男性，从事采编工作。

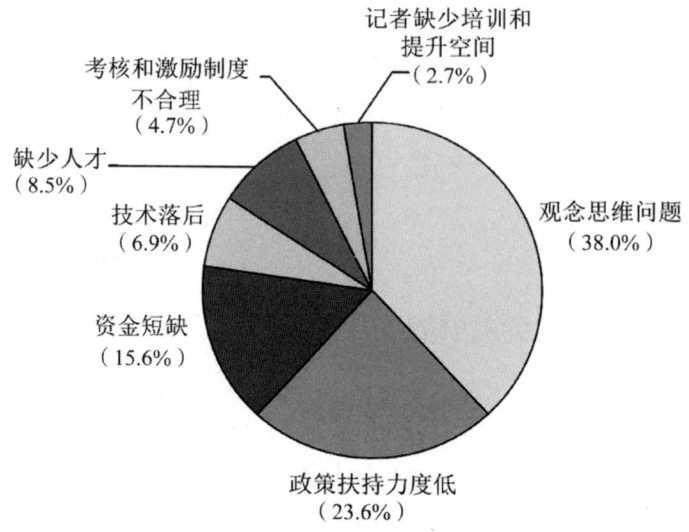

图 8 "您认为媒体深度整合的最大难点是什么"一题的调查结果

（二）人才激励政策难落实：不敢"动蛋糕"的无效激励

移动优先的绩效考核与人才晋升机制优化是激励效果最直接的管理机制变革，也是媒体融合管理创新中，主流媒体采用较多的手段。但在部分传统业务与新媒体业务并存的主流媒体中，绩效考核仍存在"不敢动蛋糕"、名存实亡、无效激励的情况，访谈对象 F03 说："对新媒体的绩效评价体系比较宽松，没形成激励效用。"① 人才激励机制的失效，直接影响着记者编辑的新媒体内容生产积极性，访谈对象 M06 认为，"成就感、获得感低是现在地方媒体一线人员工作中面临的最大问题。"②

主流媒体的新媒体人才流失已是不争的事实，媒体深度融合要求"把更多优质内容、先进技术、专业人才、项目资金向互联网主阵地汇集、向移动端倾斜"，绩效考核和人才晋升的重点同样要向移动端倾斜。在绩效机制上，访谈对象 M01③ 所在主流媒体采取"记者和编辑不以在传统端上发稿为刚性

---

① 所在单位为宁夏省级媒体，女性，从事管理工作。
② 所在单位为重庆省级媒体，男性，从事管理工作。
③ 所在单位为浙江某省级媒体，男性，从事管理工作。

要求，重点考核内容生产部门的日常流量、活跃度、运营等指标，每周好稿奖的80%奖励移动端"的移动优先考核机制。此外，建立针对短期项目、品牌工作室的动态考核细则同样重要，如新华社、湖北广电长江云实施"揭榜挂帅"机制，面向全社、全台征集创意内容，以机制促进跨部门协同合作，提升年轻人在工作中的获得感。

（三）中央厨房建设不适配：生产内容过于同质化的短板显现

各媒体配置、使用中央厨房的习惯或能力不一样，其实很难用"效果很好"或"效果欠佳"来一刀切式地评价中央厨房的建设和发展情况。但通过分析问卷数据和访谈主流媒体从业者，或许能够窥见中央厨房在深度融合发展中的现实困境。"一次采集，多元分发"的中央厨房在融合初期是各级媒体建设的重点，不少媒体将中央厨房建设成拥有数据大屏、多功能办公区的物理空间，展示意义多于实用，甚至成为"节庆厨房"。随着内容生产的深度融合，中央厨房适合媒体重大策划却不适于部门常规报道的短板显现，根据问卷数据分析结果，生产内容过于同质化是最大问题，一次采集、多元生成不适配，工作沟通更加烦琐，使用频率低等问题同样明显（见图9）。

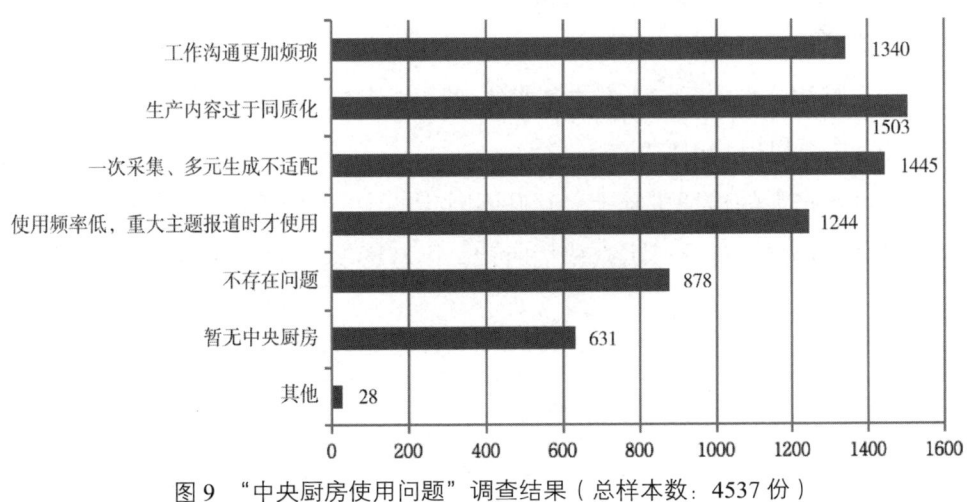

图9 "中央厨房使用问题"调查结果（总样本数：4537份）

中央厨房不是"一锅烩""一刀切"，正如访谈对象F02所说："各部门对

同一新闻的报道存在竞争,不是对素材简单二次加工就可以。"① 在常规新闻生产中,中央厨房更适合作为一个优选机制,主要应用于内容生产之后的传播推广环节,通过优选同一报道选题下网感更强的产品进行新媒体端推荐分发,并根据新媒体传播效果及时统筹多次生产与传播,实现主阵地内容引领与主力军创新激励。打破中央厨房的物理空间束缚,以互联网思维优化中央厨房的内容、人员、绩效等资源配置和分工,提升记者的采编自主性,变物理空间为扁平灵活的调度机制。

(四)全媒体内容链条待重构:用户主体性受限,运营创意不足

全媒体内容链条的重构是内容生产关系与产品传播机制的重构,主流媒体针对这二者的机制重塑目前仍显乏力。

智能化趋势下,媒体技术的变革和用户需求的变化使得提升用户体验感成为媒体融合的主攻方向,② 但以用户为主体的平台建构和内容生产开放程度仍很局限。根据调查问卷结果,在用户交互的开放程度上,"允许用户上传内容"和"招募用户为内容创作者"这两者的占比最低。虽然马克思与韦伯都认为"排他机制是产生权力的一种结构条件"③,但日益扩张的个人主义让用户的主体意识空前高涨,这就使得在主流媒体深度融合阶段,曾经被排除在内容生产系统之外的用户需要被更大程度地纳入技术开放、数据超载、无限迭代的全媒体传播体系和新型主流媒体建设中,通过重构新的内容生产关系、传播交互关系以提升用户的主体性。

在内容产品的传播机制上,互联网时代的优质内容陷入"酒香也怕巷子深"的现实困境,相比于大众传播时代,内容影响力和公信力决定着端口是

---

① 所在单位为湖北某省级媒体,女性,从事管理工作。
② 段鹏.试论我国智能全媒体传播体系建设的实践路径:内容、框架与模式[J].现代出版,2020(3):11-18.
③ 维勒.网络交换论[M].刘军,译.重庆:重庆大学出版社,2014:12.

否会被打开，现在则是端口是否能打开决定了内容是否有影响力和公信力。[①] 然而根据问卷数据的分析结果，大部分主流媒体仅采用多元分发的方式实现内容产品的初级运营，缺失对内容产品的前期预热策划，也没有跨平台的长效协作机制，更没能搭建全媒体内容生产与传播链条的一体化运营模式。由此可见，主流媒体的内容生产者将自己封闭在传播链条之外，运营的主动性和创意发散力远远落后于商业平台，精耕细作的内容"爆款"成为昙花一现，自建的端口和平台无法提高用户黏性。

五、媒体深度融合发展的路径探析

结合调研所分析的问题，媒体深度融合发展的路径探索从思维、人才、机制与用户等方面需提出针对性的破解策略。

（一）情绪连接：建立共情体验的结构化用户圈层

情绪连接是 Web3.0 个体交互特点下的关系连接，是一种"非理性"逻辑的新媒体优先思维转换，强调个体与个体之间的情绪共振、共情体验等心理连接和社会认同，粉丝经济就是其典型代表。主流媒体要想建立共情体验的结构化用户圈层，就必然要了解目标用户和可接受的话语表达方式，从人格化的形象塑造起步，让媒体人与用户建立一对一的心理连接、用户之间形成内容交互次生的结构化圈层社群。比如，互联网用户在获取主流媒体新闻内容的同时，也与记者、主持人建立带有个人喜好的情感连接，于是很多媒体选择围绕记者、主持人，试水"船小好调头"的个人 IP 化品牌，用情绪资本、粉丝社区营销反哺新媒体品牌的影响力。这也是符合用户媒介认知、媒介使用的创新尝试。比如，中央广播电视总台记者王冰冰的出圈，成为主流内容的注意力密码，无论是新闻采访，还是青年大讲堂，王冰冰的"粉丝效

---

① 胡翼青，罗喆．"版权之争"还是"端口之争"：一种思考新旧媒体之争的新视角［J］．新闻界，2018（4）：10-16.

应"都会吸引大批用户观看内容,而正是名人的"粉丝效应"、用户的情绪资本助力了主流内容的出圈,无形中发挥了主流价值的引领作用。成功的个人IP还可以对媒体的内容生产、平台运营、商业变现实现全方位反哺,如在某平台走红的湖南娱乐主持人品牌"张丹丹育儿经",快手第一位百万粉丝记者主播——内蒙古新闻综合频道记者海燕等。但需要注意的是,个人IP的背后一定拥有专业团队运营,出镜记者、主持人是工作室品牌外化呈现的形象载体,但如果团队没有互联网内容的持续创新能力,必然会在激烈的竞争中惨遭淘汰。

(二)全媒体人才建设:主力军与后备军协同组织

全媒体人才培养是激发媒体融合迈向纵深的内在驱动力,①根据问卷调查数据,全媒体人才数量多是媒体移动优先的首要表现,占比51.94%,排在绩效考核侧重、发稿优先之前,主流媒体在人才培养和储备上尤其需要有多层级的探索。

1. 主力军:重点打造媒体内部的年轻化队伍

经过调研和实践证明,在内容生产上,升级内部采编队伍是比引进外部人才更加迅速、有效的全媒体人才建设举措。根据问卷中新媒体人才培训方式有效度评价的多选题结果,派记者编辑外出长期学习、安排记者编辑轮岗体验、定期举办内部经验交流会分别位列有效度的前三名,占比分别为42.27%、41.79%、40.71%,经过交叉分析,县级媒体在派记者编辑外出长期学习这一培训方式上的效果最明显。

除了全媒体业务培训,"绩效+"激励机制也是打造政治素养高、专业能力强、道德品质好的年轻化队伍的一把利刃。即通过"绩效+招标"机制激发人才活力,通过"绩效+培训"机制提升人才能力,通过"绩效+项目"机制检验人才应用,通过"绩效+负责人"机制形成动态竞争,将经得起考

---

① 胡正荣,李荃.创新体制机制,培养全媒体人才——媒体融合迈向纵深发展的"任督二脉"[J].青年记者,2020(27):21-22.

验、扛得住压力的年轻人安排到重要岗位。比如，金华广电聚焦80后、90后新媒体人才培养，通过每年推出"三个一批"融媒菁英培优计划、重点打造十大"青梅"融创工作室、"青蓝结对"开展师徒帮扶等，带动新媒体队伍核心素养提升。[①] 黑龙江广电的融创中心明确招募40岁以下的首席运营官，实行扁平化机制，为年轻人搭建干事创业平台，提升年轻队伍的整体活力和凝聚力。

2. 后备军：加强"两高"人才引进与交流

"两高"人才即全媒体高端人才和高校人才，需要通过外部引进而不是内部培养来满足深度融合发展需求。目前，主流媒体中的内容生产岗位已经基本实现年轻化，队伍构成以80后、90后为主，但全媒体建设的专业人才、高端人才仍然短缺，引进技术、设计、运营、管理等人才需要加大力度，改革选人用人机制。比如，山东广播电视台重点启动新媒体高端人才、急缺人才定向招聘、社会公开招聘，制定以有效形式吸引外部人才加入工作室的具体办法，对特殊人才给予特殊待遇并开通绿色通道，加快改善新媒体高端专业人才匮乏的现状。

此外，媒体通过与高校建立联合奖学金、寒暑假实习机制、短期实践项目、内容生产与创意大赛等，选拔优秀的种子人才，与全媒体人才的生力军、后备军建立紧密联系，也是着眼未来的队伍建设战略。比如，《荆州日报》组建了长江新媒体技术研究院和荆州舆情大数据研究院，[②] 发挥理论研究和人才交流作用，同时为报社新闻队伍与高校学子搭建互融互通的交流平台，为报社输入新鲜血液，促进新媒体产品的研发。

（三）深耕工作室：以品牌出圈运营突破"强制性通过点"

"强制性通过点"（Obligatory Passage Point）是行动者网络理论（Actor-

[①] 杨亚初.城市广电台推进媒体深度融合的路径探索与升维之道——以金华市广播电视台为例[J].广播电视信息，2021（6）：32-35.
[②] 代志武，关咏霞.融合与转型并重　打造新型主流媒体——从荆州日报社"十四五"规划看地市报党媒融合发展路径[J].传媒，2021（10）：21-24.

network Theory，ANT）中的概念，所谓"强制"意味着主方行动者对客方行动者施加规则，即只有通过主方这一通过点才能满足客方的需求，解决客方遇到的问题。① 有学者用这一概念阐释了"强制性通过点"从大众传播时代的传统媒体到互联网时代的智能商业平台的游移。互联网时代，以聚合内容的商业平台、社交短视频平台为代表的新进入者，利用他们用户的资源把自己建设成行动者网络的转化者，为其他的行动者赋予角色，分派任务，② 主流媒体也从原来的渠道主导者转换为平台内容的参与者，为商业平台的资本积累和产业壮大贡献力量。主流媒体想要突破新进入的"强制性通过点"，深耕工作室机制的常态化建设可做参考。根据问卷中对工作室机制建设情况的调查结果，83.14%的被调查单位都初步建立了技术导向、垂直内容导向、个人IP导向等工作室机制，但对媒体人填写的代表性工作室名称进行抽样检索发现，品牌账号内容的互动质量参差不齐，项目的试错意义较大。工作室机制的深耕，不仅要通过建立内部的良性竞争机制实现优质内容持续输出，更要通过打造专业垂直的新媒体内容"出圈"品牌和实现引流变现的持续造血，实现常态化、持久性的运营机制创新。

在专业化的品牌内容运营上，工作室机制既要充分发挥主流媒体专业内容生产优势，更要注重用户市场调研和趋势评估的前期项目开发。近年来，传统平台有凭借文化属性出圈的河南卫视春晚古典舞节目《唐宫夜宴》，客户端有瞄准泛文化领域属性，运营汉服社群品牌的封面新闻；新媒体栏目有《人民日报》深耕时评的"人民锐评"，上游新闻有旨在做强民生服务的"帮帮"。在去中心化与分布式并存的互联网环境中，打造专业、垂直的内容品牌是适应用户需求的有益实践。

在持续造血的平台运营上，试水会员付费机制的央视频为主流媒体新闻客

---

① CALLON M. The Sociology of an Actor-network：The Case of the Electric Vehicle［M］// CALLON M，Law J，Rip A. Mapping the Dynamics of Science and Technology. Basingstoke：Macmillan，1986：19-34.
② 赵高辉. 传统媒介组织"强制性通过点"地位的消解与重构——行动者网络理论视域下的媒介融合发展探析［J］. 现代传播（中国传媒大学学报），2019（5）：57-63.

户端运营打开了新天地,在东京奥运会体育赛事直播带动下,央视频付费会员数在开赛一周内突破百万,2021年7月25日,央视频App累计下载量突破3亿次,2021年7月27日,央视频累计激活用户数成功突破1亿人,单日视频总观看量突破2亿人次。① 这离不开央视频对会员独享优质内容的运营和会员新鲜玩法的开发:在内容上,会员可观看专属赛事,享受去广告、先更新的服务;在玩法上,会员可通过参加H5互动抽奖和直播答题挑战等活动赢取专属礼品,将看奥运的情绪参与和赢礼品的实体参与结合起来,进一步提升用户对平台的黏性和好感度。

(四)互联网群众路线:从参与信息生产传播到玩转个性化平台

从传统媒体时代的群众办报到智能互联网时代的用户参与,当前的"开门办媒体"是通过智能场景搭建、算法定制信息、社交关系运营、贴近服务拓展等多元开放的互联网群众路线模式,实现满足用户社会化生活和个性化心理需求的立体连接。

1. 全媒体时代的"开门办报":开放入口+社群运营

全媒体时代的"开门办报"不仅是联系群众的重要桥梁,更是构建全媒体传播体系这一需要国家、专业媒体、互联网平台、公民共同参与和相互配合的系统性工作的关键一招。② 目前,大部分主流媒体客户端都开通了可供用户上传内容的渠道,如新华社"全民拍"、人民视频"投稿"、北京时间"时间拍客"、闪电新闻"闪电拍客"、甬派和极目新闻的"报料"、新湖南"我要投稿"、小时新闻"发帖报料"等,且用户上传内容的入口易于触达,或为底部栏目,或为首页浮窗,上传内容页面操作简单方便,在平台渠道上激发用户广泛参与新闻内容生产。

---

① CALLON M. The Sociology of an Actor-network:The Case of the Electric Vehicle [M] // CALLON M,Law J,Rip A. Mapping the Dynamics of Science and Technology Basingstoke:Macmillan,1986:19-34.
② 冉桢,张志安. 移动、视觉、智能:媒体深度融合中组织再造的关键 [J]. 新闻与写作,2021(1):18-24.

用户参与内容生产的程度不仅与媒体平台的开放程度有关,也取决于用户内容的真实度与素材质量。因此,建立社群,有组织地对用户生产内容进行运营和培育同样重要。比如,封面新闻正在运营的 UGC 视频生产模式"青蕉拍客",就是通过封面新闻客户端互动频道的社群运营、线上线下活动等,与用户建立黏性连接,用专业拍客内容和 KOL 效应提升封面新闻的活跃度,目前已集纳 10000 名拍客,年产视频万余条。

2. 个性定制的平台社交:有用有效 + 好看好玩

互联网的逻辑在连接、在分享,社群化实践为信息价值的释放塑造新的传播生态,[1] 主流媒体不仅要搭建与用户的内容连接、信息连接平台,还要与用户搭建兴趣连接、情感连接平台,为用户个性化定制友好贴近的专属内容。比如,央视频在东京奥运会期间,就运动这一兴趣领域,一方面开通了有用有效、专业高质的多元内容渠道,提供赛事直播、精品短视频和东京风景慢直播、全景直播等奥运专栏。另一方面,还通过好看好玩的互动社交侧运营衍生内容,"央友圈"上线"中国队加油专区",开通直播评论交互等功能,释放用户情绪形成兴趣社群;用户还可以根据自己的观看习惯与个人喜好,定制"专属节目单"和观赛日程,丰富社交玩法。

此外,线上 + 线下的平台社交日常化运营也是固粉引流的重要方式。除了上文的"央友圈",澎湃新闻的"澎友圈"、小时新闻的"社区"、禾点点的"朋友圈"、齐鲁壹点的"情报站"等垂直社区频道,都起到了通过圈层社交、本地社交形成线上黏性互动习惯和情感连接的作用。在发挥线下活动的反哺作用上,精准定位用户需求的本地活动能够有效反哺线上平台活跃度和知名度。比如,《齐鲁晚报》通过举办线下相亲大会,并在齐鲁壹点客户端搭建线上用户交流平台,实现了贴近本地需求的成功营销,客户端下载量新增 6 万人,全网传播量超 3 亿,[2] 成为媒体和当地的品牌活动,实现了硬数据和软口碑的双赢。

---

[1] 麦尚文,张钧涵."系统性融合":新型主流媒体的社群驱动与传播生态建构[J].现代传播(中国传媒大学学报),2021(6):26.

[2] 廖鲁川.打造用户广泛参与的内容生态[J].新闻战线,2021(11):35-38.

应当说，平台社交是主流媒体的短板，各自平台用户日活和黏性都还不尽如人意，尤其是主流媒体内容在商业社交平台多点开花的对比下，其自有平台的连接和互动还在苦苦探索之中，这也是《意见》触及的转型难点，是深度融合的应有之义。

结 论

"十四五"开局是主流媒体深度融合发展的关键窗口期，也是媒体深度融合在管理机制、技术开发、产品创新、平台运维、人才建设、市场能效等方面突破阻碍的关键机遇期，需要观念重构、逻辑转换的强大改革决心和"拧成一股绳"的坚定执行力。媒体融合需要达到的目标是以全媒体传播工程，打造新型主流媒体，最终构建起全媒体传播体系。[①] 主流媒体可以从资源建设、体制机制变革、平台功能拓展、用户连接等方面锚定自身发展目标，制定差异化、阶段化的发展路径，逐个击破深度融合发展中的难点痛点。媒体深度融合推进是阶段发展的新起点，是我国媒体融合进入深水区继续攻坚克难的转型，而我国全媒体传播体系的战略布局已经初步建成，未来必将向着做深做准做细的方向全面推进。同时，深度融合发展要下大气力加强自身的国际传播能力建设，做好融合的国际传播，"出圈"的国际传播。由此，全面布局下的媒体深度融合才能开掘更深的潜力。

[①] 黄楚新. 全面转型与深度融合：2020年中国媒体融合发展［J］. 现代传播（中国传媒大学学报），2021（8）：9-14.

我国媒体深度融合发展中的关键问题[*]

在媒介技术快速发展的当下，主流媒体在深度融合实践探索中的路径与方向越来越清晰：改革发展的重心正逐步由产品形态、话语内容、表现手段等单点、离散的战术创新，向体制机制、资源整合、生态构建维度的一体化、全局性的战略融合转移，爆款单品正让位于网红品牌，产品试验田开始向聚合平台发展，先锋队经验向主力军推广，增量创造正向着存量激活与改革全面发展。在打造集合广泛连接、多元整合、持续发展的全媒体传播生态体系的过程中，呈现出整体性、系统性和复杂性的特点。为此，本文在分析梳理我国媒体融合战略演进的基础上，结合2020年开展的"中国主流媒体融合发展现状调查和重点问题探究"调研[①]的部分数据，从全媒体传播体系构成的三个指向——内容、技术、管理着手，试图厘清媒体深度融合质变的具体路径。在这三者中，创新管理成为深度融合的重点。因此，本文以管理、内容、技术为逻辑顺序依次展开。

---

[*] 文章原载于《现代出版》2021年第2期，与淮南广播电视台时尚娱乐频道总监李刚合作，系国家社科基金重点项目"移动互联网背景下主流媒体新闻视听传播变革研究"（项目编号：18AXW003）的研究成果，感谢中国传媒大学电视学院讲师刘日亮对本文所作的贡献，收入本书时，略有删改。

[①] 为了解当前全国各级主流媒体的融合建设发展状况和问题，本研究采取定量研究中的调查法和定性研究中的半结构化访谈，于2020年5月至7月针对我国各层级主流媒体融媒体中心或新媒体部门展开网络问卷调查和线上一对一访谈。本研究所调查的从业者岗位类型包括管理、采编、经营、技术等。

一、我国媒体融合发展战略演进：从两级到整体

梳理媒体融合作为国家战略整体推进的历史脉络，可以发现其大致经历了三个时期，即理念形成和战略推进时期、融合发展认识深入时期、媒体融合纵深发展时期（见图1）。但无论在哪个时期，媒体融合是手段、是动态的过程，融合发展的目的十分明确，即打造新型主流媒体和主流媒体集团，做大做强主流舆论，巩固全党全国人民团结奋斗的共同思想基础。融合发展的根本始终是内容创新。在发展过程中，经历了从现代传播体系到全媒体传播体系，从内容根本、技术支撑到管理、创新一体，从央级媒体改革到央、省、市、县协同发展，从主流媒体到商业平台等的过程，融合的方向、方法、手段进一步清晰。

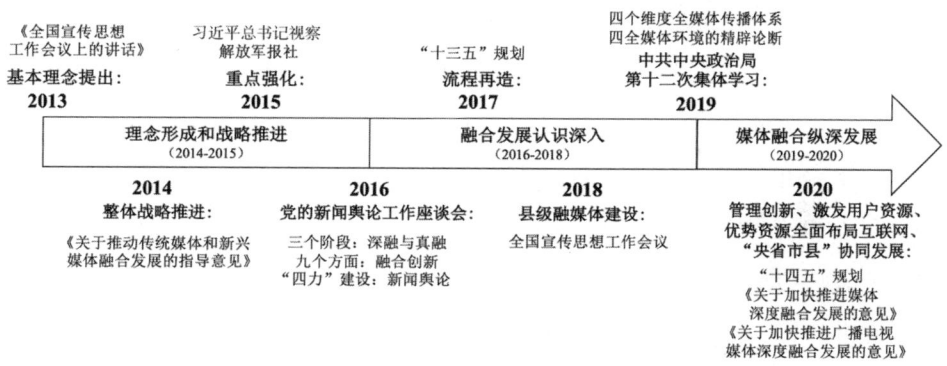

图1 媒体融合作为国家战略整体推进的历史脉络

（一）理念形成和战略推进期（2014—2015年）

1. 理念形成

互联网作为舆论斗争的主战场，直接关系到我国意识形态安全和政权安

全。① 当前，信息传播重心迅速向即时通信和移动社交平台迁移，主流媒体尤其是纸质媒体面临着受众流失、广告收入断崖式下滑的局面。如何把"意识形态工作的领导权、管理权、话语权牢牢掌握在手中"②，是主流媒体面临的极为紧迫的融合转型命题。2013年8月19日，习近平总书记在全国宣传思想工作会议上提出了媒体融合发展的基本理念。在手段创新方面，提出"特别是要适应社会信息化持续推进的新情况，加快传统媒体和新兴媒体融合发展，充分运用新技术新应用创新媒体传播方式，占领信息传播制高点。"③ 2013年11月，党的十八届三中全会进一步提出，要整合新闻媒体资源，推动传统媒体和新兴媒体融合发展，重视新型媒介运用和管理，规范传播秩序。

2. 整体战略推进

2014年8月，中央全面深化改革领导小组第四次会议通过《关于推动传统媒体和新兴媒体融合发展的指导意见》，把媒体融合发展上升到国家战略层面，进行顶层设计，明确具体目标。习近平总书记在讲话中提出，"要遵循新闻传播规律和新兴媒体发展规律，强化互联网思维，坚持传统媒体和新兴媒体优势互补、一体发展，坚持先进技术为支撑、内容建设为根本，推动传统媒体和新兴媒体在内容、渠道、平台、经营、管理等方面的深度融合，着力打造一批形态多样、手段先进、具有竞争力的新型主流媒体，建成几家拥有强大实力和传播力、公信力、影响力的新型媒体集团，形成立体多样、融合发展的现代传播体系。要一手抓融合，一手抓管理，确保融合发展沿着正确方向推进。"④ 其中，要以"先进技术为支撑，内容建设为根本"，推动"在内

---

① 刘奇葆. 加快推进传统媒体和新兴媒体融合发展［N/OL］. 人民日报,（2014-04-23）［2020-12-22］. http://politics.people.com.cn/n/2014/0423/c1001-24930310.html.

② 学习强国. 习近平论宣传思想工作（2012年11月8日至2013年12月31日）［EB/OL］.（2023-11-30）［2020-12-22］. https://www.xuexi.cn/lgpage/detail/index.html?id=12170986314016890175.

③ 中国共产党新闻网. 习近平在全国宣传思想工作会议上的讲话［EB/OL］.（2014-08-09）［2020-12-15］. https://www.cac.gov.cn/2014-08/09/c_1115324460.htm.

④ 新华社. 推动传统媒体和新兴媒体融合发展指导意见审议通过［EB/OL］.（2014-08-21）［2020-12-16］. http://culture.people.com.cn/n/2014/0821/c172318-25511854.html.

容、渠道、平台、经营、管理等方面的深度融合",打造"新型主流媒体",建成"新型主流媒体集团",形成"现代传播体系",从微观层面的媒体机构到中观层面的融合平台,再到宏观层面的现代传播体系,由实到虚,由微观到宏观,明确指出了媒体融合发展的方向和路径。

3. 重点强化

2015年12月15日,习近平总书记视察解放军报社时强调,"推进理念、内容、手段、体制机制等全方位创新","要研究把握现代新闻传播规律和新兴媒体发展规律,强化互联网思维和一体化发展理念,推动各种媒介资源、生产要素有效整合,推动信息内容、技术应用、平台终端、人才队伍共享融通","对新闻媒体来说,内容创新、形式创新、手段创新都重要,但内容创新是根本的"。① 进一步强化了以内容建设为根本,全方位和一体化的协同发展理念。

(二)融合发展认识深入(2016—2018年)

1. 深融与真融

在媒体融合整体战略推进两年之后,主流媒体在技术、产品、渠道、平台等方面全面发力,形成两微一端乃至多端出口,但仍属于简单的相加,即"+互联网"。另外,媒体发展总体不平衡,纸质媒体由于挑战巨大,转型改革的决心和力度很大,而广播电视媒体压力并不大,创新动力仍然不足,改革的步伐相对迟缓。从各层级媒体来看,央级媒体改革步伐大,地方媒体虽有紧迫感,但在技术、人才方面存在较多掣肘,媒体融合的具体发展方向仍然不明确。

2016年2月19日,习近平总书记主持召开党的新闻舆论工作座谈会,并先后到人民日报社、新华社、中央电视台三家中央媒体单位调研。他在讲话中明确了媒体融合发展的三个阶段,着重强调技术赋能是方法,内容才是方

---

① 习近平在视察解放军报社时强调 坚持军报姓党坚持强军为本坚持创新为要 为实现中国梦强军梦提供思想舆论支持[N].人民日报,2015-12-27(1).

向和根本,"融合发展关键在融为一体、合而为一。要尽快从相'加'阶段迈向相'融'阶段,从'你是你、我是我'变成'你中有我、我中有你',进而变成'你就是我、我就是你',着力打造一批新型主流媒体。需要强调的是,内容永远是根本,融合发展必须坚持内容为王,以内容优势赢得发展优势。"①

2. 具体指导

"2·19讲话"首次全面阐述了融合创新的九个方面,②"党的新闻舆论工作必须创新理念、内容、体裁、形式、方法、手段、业态、体制、机制,增强针对性和实效性。要适应分众化、差异化传播趋势,加快构建舆论引导新格局。"③

2017年虽然没有关于媒体融合的整体政策和意见出台,但在《国家"十三五"时期文化发展改革规划纲要》中,也对微观流程提供了指导意见,"支持党报党刊、通讯社、电台电视台建设统一指挥调度的融媒体中心、全媒体采编平台等'中央厨房',重构新闻采编生产流程,生产全媒体产品。"④

3. 新闻舆论工作的"四力"建设

对于党的新闻舆论工作的"四力"建设,要"尊重新闻传播规律,创新方法手段,切实提高党的新闻舆论传播力、引导力、影响力、公信力"⑤,这其实也是对新型主流媒体做大做强的衡量标准。

---

① 新华社.习近平:坚持正确方向创新方法手段 提高新闻舆论传播力引导力[EB/OL].(2016-02-19)[2020-12-16].http://www.xinhuanet.com/politics/2016-02/19/c_1118102868.htm.

② 胡智锋.坚持、创新、期待——"219"重要讲话精神解读[EB/OL].(2016-03-16)[2020-12-22].http://www.71.cn/2016/0316/874211_2.shtml.

③ 李斌,霍小光.习近平在党的新闻舆论工作座谈会上强调:坚持正确方向创新方法手段提高新闻舆论传播力引导力[N/OL].(2016-02-20)[2020-12-22].http://cpc.people.com.cn/n1/2016/0220/c64094-28136289.html.

④ 新华社.中共中央办公厅 国务院办公厅印发《国家"十三五"时期文化发展改革规划纲要》[N/OL].(2017-05-07)[2020-12-22].http://www.gov.cn/zhengce/2017-05/07/content_5191604.htm.

⑤ 习近平在党的新闻舆论工作座谈会上强调:坚持正确方向创新方法手段 提高新闻舆论传播力引导力[N].人民日报,2016-02-22(1).

4. 县级融媒体建设全面布局

在移动社交平台语境下，如何打通媒体融合的"最后一公里"，成为战略发展的重点，尤其是在今日头条等商业社交平台下沉到四、五线地级市和县级市的情况下，主流思想舆论阵地建设具有紧迫性，县级融媒体建设提上日程。2018年8月，习近平总书记在全国宣传思想工作会议上提出，"要加强传播手段和话语方式创新，让党的创新理论'飞入寻常百姓家'。要扎实抓好县级融媒体中心建设，更好引导群众、服务群众。"[①] 2018年11月，中央全面深化改革委员会第五次会议通过了《关于加强县级融媒体中心建设的意见》，提出"组建县级融媒体中心，有利于整合县级媒体资源、巩固壮大主流思想舆论""调整优化媒体布局，推进融合发展，不断提高县级媒体传播力、引导力、影响力、公信力"。[②] 2018年9月，中宣部召开县级融媒体中心现场推进会，部署在全国范围内推进县级融媒体中心建设，2018年先行启动600个县级融媒体中心建设，到2020年基本实现全国覆盖。

自此，在媒体融合的制度和政策层面，央级和县级"两级领域"明确成为整体战略推进的重点。从全国引领到"最后一公里"，可以看出其中的紧迫性。

（三）媒体融合纵深发展（2019-2020年）

1. 构建全媒体传播体系思想的初步形成

关于"四全媒体"环境的精辟论断。2019年1月25日，中共中央政治局在人民日报社就全媒体时代和媒体融合发展举行第十二次集体学习，习近平总书记做了重要讲话，强调媒体融合要迈向新阶段，向纵深发展，"推动媒体融合发展、建设全媒体成为我们面临的一项紧迫课题。要运用信息革命成果，推动媒体融合向纵深发展"，并点明媒体融合发展的现实意义，即"做大做强

---

① 新华社.习近平出席全国宣传思想工作会议并发表重要讲话［EB/OL］.（2018-08-22）［2020-12-22］. https://www.gov.cn/xinwen/2018-08/22/content_5315723.htm.
② 新华社.习近平主持召开中央全面深化改革委员会第五次会议［EB/OL］.（2018-11-14）［2020-12-22］. https://www.gov.cn/xinwen/2018-11/14/content_5340391.htm.

主流舆论，巩固全党全国人民团结奋斗的共同思想基础"。同时，他精辟概括出当前媒体发展信息传播的现实环境，以及主流价值引导的复杂性和挑战性，"全媒体不断发展，出现了全程媒体、全息媒体、全员媒体、全效媒体，信息无处不在、无所不及、无人不用，导致舆论生态、媒体格局、传播方式发生深刻变化，新闻舆论工作面临新的挑战。"①

关于基于四个维度媒体（平台）的全媒体传播体系。"1·25讲话"再次强调明确新型主流媒体的具体方向，同时进一步把现代传播体系明确为全媒体传播体系，首次提出构建全媒体传播体系的四个维度的媒体（平台），尤其是把商业平台纳入全媒体传播体系之中。"推动媒体融合发展，要坚持一体化发展方向，通过流程优化、平台再造，实现各种媒介资源、生产要素有效整合，实现信息内容、技术应用、平台终端、管理手段共融互通，催化融合质变，放大一体效能，打造一批具有强大影响力、竞争力的新型主流媒体"，"要统筹处理好传统媒体和新兴媒体、中央媒体和地方媒体、主流媒体和商业平台、大众化媒体和专业性媒体的关系，形成资源集约、结构合理、差异发展、协同高效的全媒体传播体系。"②

2. 深度融合推进，全媒体传播体系完整提出

进入2020年，媒体融合进入深水期和攻坚期，政策推进到新阶段。中共中央办公厅、国务院办公厅共同出台了《关于加快推进媒体深度融合发展的意见》，提出媒体深度融合发展的总体要求；"推进媒体深度融合"被纳入《中共中央关于制定国民经济和社会发展第十四个五年规划和二〇三五年远景目标的规划》；国家广电总局印发《关于加快推进广播电视媒体深度融合发展的意见》，并明确了改革的时间点，"力争用1至2年时间，新型传播平台和

---

① 《求是》杂志.习近平：加快推动媒体融合发展 构建全媒体传播格局[EB/OL].(2019-03-15)[2020-12-23].https://www.gov.cn/xinwen/2019-03/15/content_5374027.htm.
② 习近平.加快推动媒体融合发展 构建全媒体传播格局[J].求是，2019（4）：4-8.

全媒体人才队伍建设取得明显进展。"① "用 2 至 3 年时间，在重点领域和关键环节的改革创新取得实质突破。"② 在战略政策中，诸多表述都提出了融合发展转型的新阶段与新方向。

一是管理创新成为重点。在既有的内容和技术基础上，进一步加强创新管理，并把内容建设的表述放在首位，完整提出"建立以内容建设为根本、先进技术为支撑、创新管理为保障的全媒体传播体系。"③ 由此看出，内容的核心地位愈发牢固，而体制机制改革、管理创新和提升成为深度融合发展的重点。在既有的内容和技术基础上，进一步理清创新管理思路，并把内容建设的表述放在首位，完整提出"建立以内容建设为根本、先进技术为支撑、创新管理为保障的全媒体传播体系"。二是优势资源全面布局互联网。《关于加快推进媒体深度融合发展的意见》明确提出了主流媒体的全面转型，认为"要推动主力军全面挺进主战场，以互联网思维优化资源配置，把更多优质内容、先进技术、专业人才、项目资金向互联网主阵地汇集、向移动端倾斜，让分散在网下的力量尽快进军网上、深入网上，做大做强网络平台，占领新兴传播阵地。"④ 三是央、省、市、县四级媒体协同发展。在央级媒体大刀阔斧改革、省级媒体各显其能、县级融媒体建设整体布局的过程中，一度被忽视的市级媒体也进入深度融合发展的布局系列之中。四是有效利用用户资源。用户和用户内容的开发与使用一直以来都是主流媒体的短板，《关于加快推进媒体深度融合发展的意见》把互联网领域的用户思维与我党"开门办报、群众办报"的优良传统、新时期党的工作导向有机结合起来，强调用户资源开发和使用的重要性。

---

① 国家广播电视总局. 国家广播电视总局印发《关于加快推进广播电视媒体深度融合发展的意见》的通知［EB/OL］.（2020-11-26）［2020-12-26］. http://www.nrta.gov.cn/art/2020/11/26/art_113_53991.html.

② 媒体融合发展司. 国家广播电视总局印发《关于加快推进广播电视媒体深度融合发展的意见》的通知［EB/OL］.（2020-11-26）［2020-12-26］. http://www.nrta.gov.cn/art/2020/11/26/art_113_53991.html.

③ 同①.

④ 同①.

二、深度融合跨越：从散点式创新向一体化融合迈进

（一）体制机制融合

媒体融合不仅仅是打造融合产品，建立融合传播矩阵，还要在体制机制、政策措施、流程管理、人才技术等方面加快改革步伐。① 从媒体融合初期的空间合并、人员调度、产品创新、终端多元开发转向通过顶层设计，建立集约高效、重点突出的全媒体生态型组织，并优化生产和运维机制，在顶层设计、组织创新、制度保障、流程再造等方面形成制度性建设格局。

1. 重组资源，优化结构

媒体融合要遵循"资源集约、结构合理、差异发展、协同高效的原则"②。从主流媒体自身这一微观层面而言，面对融合化的全媒体发展和新兴用户，必须刀尖向内，进行结构调整和资源重组。从"开新创"到"动本体"，从"求增量"到"改存量"，这也是深度融合改革进入攻坚期和深水期的重点和难点。

组织架构重塑——打散重组。进一步优化整合组织结构，打破传统业务与新媒体业务的藩篱，按照全媒体业务和产品导向，建立起开放共享的自适应组织。传统的报纸版面、频率、频道必将面临一个重新洗牌和资源结构重组的态势，把资源向成长型业态倾斜发展，根据具体业务目标来调整内部的组织结构、生产流程、人员配置等。媒体深度融合发展的难点就在于如何实现组织的"打散重组"，精简组织架构，整合传统职能分立的平台，从而实现新旧动能的转换。比如，2018年4月，中央电视台、中央人民广播电台、中国国际广播电台合并组建为中央广播电视总台，总台整合了三台的传播渠道资源，以视频、音频、图文、VR等多种传播形态全方位、多渠道、多终端共

---

① 习近平.加快推动媒体融合发展 构建全媒体传播格局［J］.求是，2019（6）：4-8.
② 新华社.中共中央办公厅 国务院办公厅印发《关于加快推进媒体深度融合发展的意见》［N/OL］.（2020-09-26）［2020-12-26］.http://www.gov.cn/xinwen/2020/09/26/content_5547310.htm.

同发力，实现跨平台、频道、频率的融合传播。此后中央批复的总台"三定方案"共设立 25 个中心，其中新媒体中心下辖融合发展中心、新闻新媒体中心、视听新媒体中心，重新构建全媒体传播格局。

产能整合优化——以新汰旧。对于信息量不高的无效新闻产品、超出实际需求的过剩产能进行转型升级和再开发，淘汰落后低值产品和产能。在巩固传统优势资源的基础上，关停并转落后产能，重新配置资源，把资源引向融媒体和新媒体业务，按照目标任务重新进行资源配置。在早期新媒体端口全面铺开的基础上，整合重构新创设的新媒体端口和平台，升级少而精的优质账号，放弃大而僵的冗余端口，摒弃多而全的照搬模式，以形成自身优势端口或强势平台。比如，合并前的中央三台的"两微一端"账号众多，管理分散，发展水平很不均衡，在整合过程中，对于受众少、影响力弱、陈旧老套的新媒体账号实行关停并转。

业务流程再造——拓展大服务。目前主流媒体针对中央厨房系统的"策、采、编、评、发"流程，已逐渐展开基于集中指挥、高效协调、采编调度、信息沟通的探索。据调研，央媒、省媒多建立中央厨房，省媒尤其青睐可视化融合大屏、智能演播室。此外，被调查的多个省媒都形成了集新闻、政务、服务功能于一体的区域云平台架构，如津云（天津）、长江云（湖北）、新湖南云（湖南）、荔枝云（江苏）、天目云（浙江）等，云平台可实现省—县数据集中处理，以及掌上发稿、直播、编辑、政务和服务互联互通等远程协作功能。

未来，在技术架构和功能入口搭建的基础上，要进一步实现新闻信息基础上的政务与服务拓展、线上与线下结合。调研发现，超过 54% 的被调查媒体拥有除新闻资讯外的延伸功能，"新闻+政务"或"新闻+政务+服务"成为最普遍的平台定位。在媒体与政府部门的政务内容共享和功能入口共建上，除新闻发布外，政策项目、便民服务、交通信息是普及率最高的共享内容，分别达到 74.51%、73.32% 和 72.73%，其他与社会生活息息相关的内容的普及率也不低。如图 2 所示。

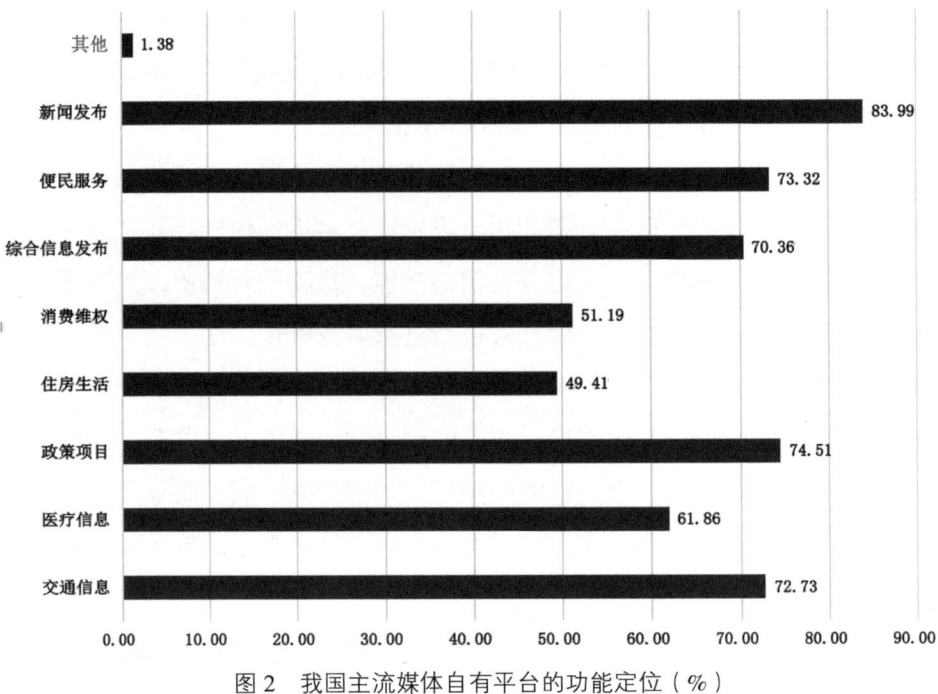

图 2 我国主流媒体自有平台的功能定位（%）

技术架构需要做实落准本地化、特色化的精准服务，同时媒体融合发展不仅仅是新闻单位的事，要把我们掌握的社会思想文化公共资源、社会治理大数据、政策制定权的制度优势转化为巩固壮大主流思想舆论的综合优势。目前，在"政府与媒体是否共建大数据中心""是否进行政务数据共享"的调查中，选"是"的占比均不足35%，说明目前政府与媒体的信息共建仍未铺开，二者在技术、内容、渠道等多方面的合作仍然处于十分初级的阶段。

2. 完善管理制度、创新评价指标

在深度融合推进中，创新管理是保障。调研发现，在完善管理制度上，大部分融媒体中心已经出台了管理办法（占比94.70%）、内容把关制度（占比96.20%）、评估督查制度（占比89.61%）、具体工作规范（占比92.97%），融媒体中心的制度保障逐渐完善。其中省级媒体的制度完备程度最高，县级媒体的管理制度仍待确立。在量化考核制度的推行上，78.49%的被调查单位对全媒体采编进行量化考核，量化考核指标以采编发数量和优稿数量为主，普及率分别为89.77%、82.01%，阅读点击数、受众参与度、外推效果也被部分计入量化考核指标,但受众参与度、外推效果两项考核指标的普及率均不足50%。此外,平台、频道运营情况,如粉丝变化量等也计入考核指标。量化考核基本贯彻多劳多得、质优多得的理念。

(二)多维度全媒人才融通

调研发现,缺少人才、资金短缺、技术落后被认为是目前主流媒体面临的三大困难,占比均超过40%(见图3)。应强调的是,在处理人才短缺问题上,主推融合发展的负责人、管理者应是"一把手"且内行,"融媒体建设必须也一定是一把手工程,否则永远是半死不活的状态。在此前提下,必须从体制机制上进行创新,不拘一格提拔使用人才,让人才真正发挥作用。"①

在激励机制上,融媒体产品量化考核的激励效果差强人意,"一方面,量化考核的平台数据统计比较麻烦,多为自己人工统计;另一方面,新媒体的考核标准所能影响的个人总绩效比例并不高,只占5%,个人绩效工资大部分还是依照老标准、老办法甚至是跟着职称、职级走。"②在这种情况下,对于媒体人的积极性、创造力,量化考核的激励程度和导向作用就微乎其微。

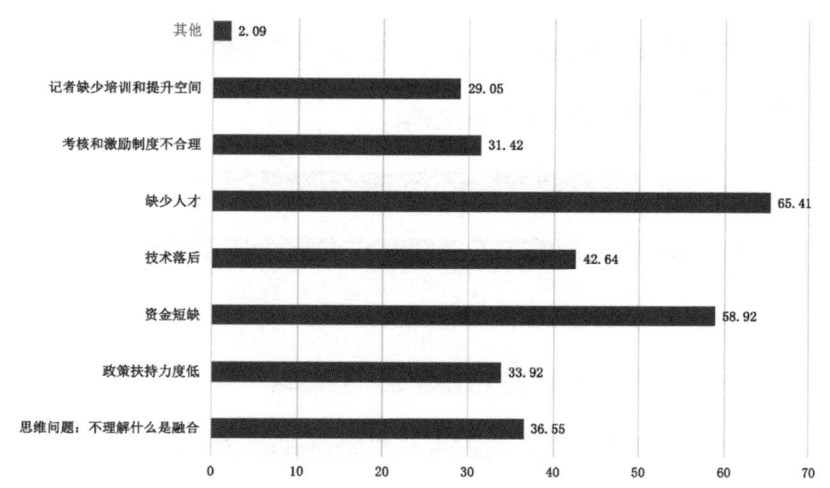

图3 "目前您认为融合中面临的最大的3个问题和困难"普及率调查结果(%)

---

① 受访者为主流媒体员工,所在单位为某市级媒体。
② 受访者为主流媒体员工,所在单位为某央级媒体。

在对"从业者对自身融媒体建设的多方面评价"一题中，受访者对量化考核、激励奖惩、培训提升、创意自由度、团队建设、人才引进、领导对记者创意的支持力、融媒技术开发与应用等的整体满意度都介于一般和满意之间。其中，省媒和市媒最不满意人才引进、融媒技术开发与应用；县媒最不满意人才引进、培训提升。人才引进和培训提升在整体评价中的满意度排名最靠后，体现了媒体从业者对本单位融媒人才引进和自身培训提升的高期待，这种高期待也在一定程度上反映出从业者的转型焦虑。如图4所示。

此外，调查对象对全媒体人才的理解也不同。未来需要重点把握对三类人才的培养：第一，全媒体和一专多能、融会贯通的专家型人才；第二，技术和创意融通的交叉型人才，在技术赋能基础上将内容进行融合创新；第三，生产与运维融通的复合型人才，形成用户需求基础上的内容与服务创新。因此，人才培养机制要从单一的人才建设模式向自主培养、多元引进、相互融合的模式发展，从单一的绩效考核激励指标向全方位提升的人才保障机制发展。

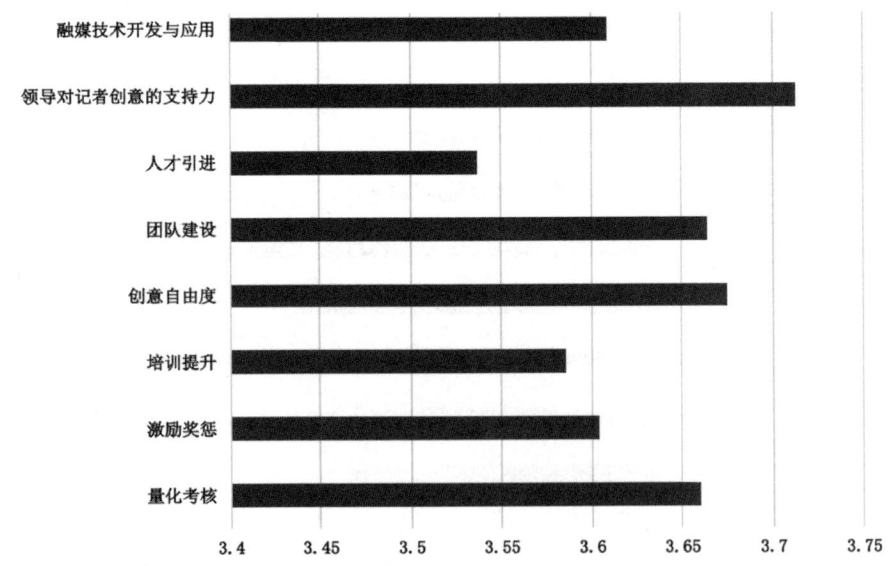

图4 关于"从业者对自身融媒体建设的多方面评价"一题的各项指标平均值①

---

① 1-5分按照从很不满意到很满意排序，其中3分代表一般满意，4分代表满意．

（三）业务一体化融合

1. 先锋队探索新业务

在媒体融合进程中，主流媒体创新业态，在新业务里开始逐渐完善一体化生产、运维的融合流程，形成自有的内循环。

融合工作室、融媒体中心、新创平台发挥先锋队作用，具备孵化机制潜力，很大程度上提升了产品创新、适应市场需求和满足用户体验的效能。比如，2021年中央广播电视总台制定实施创新融媒体工作室孵化培育机制和运行保障机制，以构建生态平台，提高内容生产能力。

融合工作室制度可以理解为项目制、小团队合作制，是生产融合创新的最小单位。从中国新闻奖媒体融合奖获奖作品尤其是一等奖作品来看，多数获奖作品是在项目制和工作室生产模式下持续创新探索的成果。比如《人民日报》的"侠客岛""麻辣财经""中国一分钟""中国24小时"等团队，均打破过去界限分明的部门划分模式，而以跨部门、跨媒体、跨地域、跨专业的机制进行混编，从而发挥联动效应。《人民日报》旗下所有采编人员跨部门成立了50多个类似"麻辣财经"的工作室，人员流动打破了部门间的界限，成功盘活了各个部门的资源，实现了"1+1>2"的效果。小而全的融合工作室具备激励能动性、形成团队培训、打造垂直品牌、孵化创收渠道的能力，而且这些能力可实现的产品效益都已经被实践所认证。但根据调研结果，目前在主流媒体内部落地的融媒体工作室仍是少数，占比仅16.99%。此外，一些获首届中国新闻奖媒体融合奖的作品，只依赖临时的团队创作和创意，缺乏专门化、持续化的机制激励，后续再无优质作品出现。

融媒体中心是生产流程再造、全媒体人才建设的集中之地。调研发现，94.26%的调研对象所在单位都已设立融媒体中心，其中融媒体中心建设策略为新建（独立于原采编部门）的占30.97%，重组（整合原有采编部门资源）的占66.74%。通过交叉分析对比央级、省级、市级、县级媒体发现，市级媒体的融媒体中心建成度稍低。在建设策略上，央媒、省媒倾向于选择新建，县媒则倾向于重组。此外，部分媒体还采用全员转向新媒体，或新建与重组结合、在采编部门内新建融媒体团队、合并多家区域媒体的新媒体部门等策略。

新创平台是更具综合性的体制机制创新平台,通过融媒体客户端业务,带动队伍发展建设。比如,《华西都市报》的"封面传媒"在转型探索方面采用了"121"的模式,即一支人才队伍、两个媒体平台、一体化整合运营。上海报业集团的"澎湃新闻"打造新创平台,重组人才队伍和生产机制流程。

2. 主力军进入主阵地

《关于加快推进媒体深度融合发展的意见》指出"要推动主力军全面挺进主战场"。主流媒体未来深入开发新业务并以新业务板块带动存量改革,让主力军进入主阵地,以融合工作室、融媒体中心、新创平台为抓手,从制度机制上全面推进媒体深度融合,从新创平台的内循环向全媒体组织大循环发展,形成体制机制改革的纵深推进和全媒体发展,构建全媒体传播体系。如图5所示。

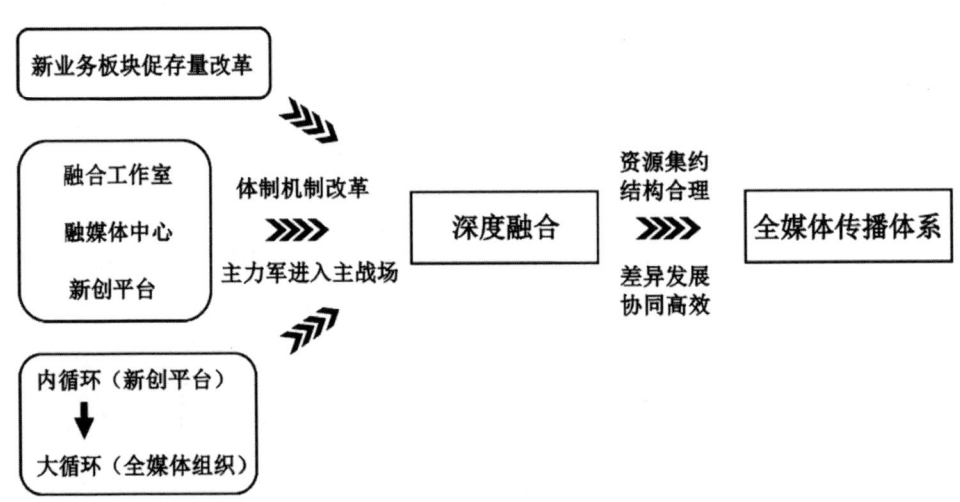

图5　全媒体传播体系建设路径图

三、从内容融合创新向全媒体用户连接创新迈进

（一）内容融合创新转向内容定制创新

1. 技术赋能，可视赋型，内容赋值

在技术赋能融合和创新的语境下，内容创新首先依赖于技术实现的可能性来展开。随着传播语境逐渐可视化、碎片化和移动化，围绕可视化展开的创新成为内容融合的重点。短视频、VR 全景视频、H5 场景、无人机航拍、Vlog、条漫长图、海报组图、3D 动画、可视化交互、移动直播等融合形态，都是围绕可视化展开的。近三年来，中国新闻奖媒体融合类获奖作品无不是以可视化为核心的融合创新成果。产品围绕技术开发呈现出全新面貌，在形态表达上做加法，但在内容上不做减法，构成形神兼备的融合创新产品。

2. 人需优先，价值匹配，场景适配

技术革新推动融合创新，但技术终归是为人服务的，要回到满足人类需求的出发点。初期的融合创新更多围绕赋予内容新形态、新表达展开，深度的融合发展要从以产品为中心向用户价值匹配、场景适配的方向转型，形成基于算法的多元化生产以及个性化匹配，依靠智能生产、智能分发，通过产品定制，精准推送满足用户喜好和场景需求的内容。由此，在内容赋值上进行深度挖掘，在技术、内容、形态、用户四个维度上去考量，真正实现从"技术+内容+形态"向"技术+内容+形态+关系+场景"迁移。

（二）单点产品创造转向 IP 品牌打造

1. 爆款产品转向品牌集群

从融合初期通过创新团队打造爆款单品、创新策划产品，转向体制机制引领下的全媒体产品，进而深挖传统品牌价值，向垂直化产品品牌和品牌矩阵发展，形成稳定的集产品创新、质量把控、评估监测、传播效果跟踪于一体的产品体系。在深度融合发展中，打造主流媒体的全新媒体产品品牌，可以带动媒体整体融合转型，提升用户的整体品牌认知。

在全媒体产品体系中，要处理好重磅产品和轻量化产品尤其是轻量化可视产品的关系，以及特别策划产品和常规产品的关系，把运用了复杂技术的产品和抢时效的产品结合起来，有效把握内容"时、度、效"，才能在主流舆论引导中既抢占先机，又筑牢根基。

2. 业务单品转向IP化全媒体创意

IP的体系化设计和创意进入全媒体业务领域，通盘设计广播、电视、新媒体平台、线下活动与服务，盘活既有的优势资源，形成传统优势产品和新媒体产品的联动、互动、协同。基于此，一方面，传统媒体的用户思维被强化，通过大数据、算法推送定制个性化信息和服务，通过社群进行圈层传播的意识提升；另一方面，传统媒体的优质专业内容产能释放到新媒体，形成产品联动，提升网络内容的权威引领效果和品牌服务质量。比如，湖南经视与快手联合推出的《看见快生活》，大小屏联动直播，形成融合品牌效应。

（三）专业自主生产转向协同融合生产

在互联网万物互联和平台化语境下，开放协作成为生产内容、连接用户的重要方式，而在融合内容生产中，承担更多新闻采集与传播责任的主流媒体也需提质增效。一方面，我们已经看到有大量媒体定规则、观众出智慧的成功节目模式涌现；另一方面，更有抖音、快手、B站等商业平台建立社交语境下的用户内容生产和分享模式。由此，主流媒体需加快开门强技术、开门办媒体的步伐，在内容议题设置和信息整合、内容筛选甄别、用户运维、社交分享等方面建立起一体化的协同生产机制。

以协同生产提质增效。《关于加快推进媒体深度融合发展的意见》指出，"要走好全媒体时代群众路线"，"大兴'开门办报'之风"。在新媒体语境下，主流媒体需知用户手机、城市摄像头往往是第一手资料的来源，如何整合用户资源，"把用户信息纳入自身传播链条，加强用户在内容生产、分发过程中的协同角色地位"[1]，在第一新闻现场基础上形成灵活而不零碎、多元可视的表

---

[1] 曾祥敏，何旭东.突发公共事件中主流媒体融合传播价值提升探析[J].电视研究，2020（6）：6-9.

达，是我们要思考的重要问题。

以社会责任规范内容。在深度融合发展中，主流媒体应积极构建聚合式内容平台，尤其是运维好用户内容。一些互联网商业平台虽早已抢占先机，但主流媒体在专业内容的生产和聚合上更有优势。主流媒体一方面可以形成满足用户个性化需求的海量内容；另一方面可以用主流价值和社会责任去规范内容创新、创意和创业，形成优质内容。比如，人民日报社打造了"人民号"全国移动新媒体聚合平台，聚合主流媒体、党政机关优质自媒体，提供移动内容生产和分发的全流程服务。

（四）单向宣传转向主流价值引领与圈层话语融通

深度融合发展中的主流媒体既要满足用户需求，也要引领用户需求。在移动社交语境下，信息传播不仅会通过媒体的传播链，也会通过用户的社交圈。主流媒体一方面承担着传播与引领主流意识形态、凝聚共识、服务公众的责任；另一方面，也要适应新媒体圈层效应，突圈破壁。主流媒体既要创新话语，实现话语转换，把宏大的理论、深刻的思想和严肃的政治话语转变为生动、易于传播的大众话语，做到深入浅出、通俗易懂，增强信息的鲜活性和亲近性，又要实现话语融通，满足圈层文化需求。值得说明的是，话语融通并不意味着妥协，要坚决抵制功利主义的网络流行语对主流意识形态话语的消解，维护主流意识形态话语的权威性，坚持主流意识形态话语的主导性，阐释主流意识形态话语的合理性，充分发挥其理性引导和理性逻辑的作用。

四、从技术创新运用向全媒体技术开发定制迈进

（一）内容技术与运维技术统一

1. 内容技术认知充分，运维技术满意度低

调研发现，融媒体中心技术应用满意度较高，大数据、人工智能被认为是最需要的。其中，采编报道、政务合作是技术应用满意度较高的两项，经营

管理的满意度最低（见图6）。这说明在媒体融合转型中，传统专业报道优势仍然是主要竞争手段，但在新媒体技术开发与运维上还需要加强。

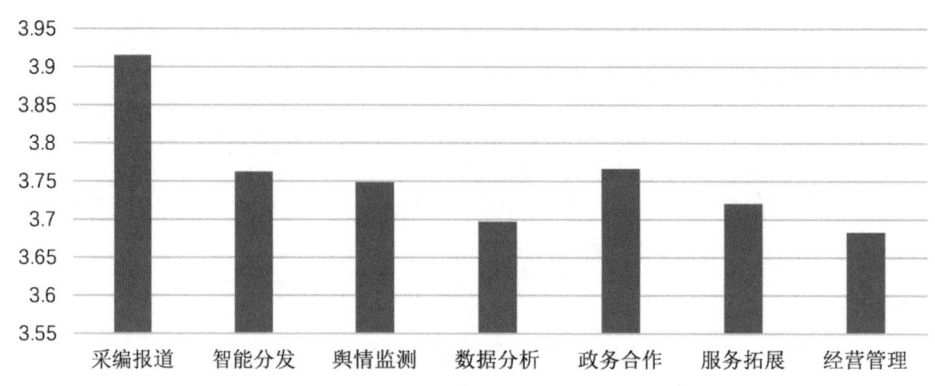

图6　融媒体中心技术应用满意度平均值

2. 新兴技术认知高

在技术认知中，智媒意识较为普及，可视化技术颇受重视，其中大数据、人工智能、云计算、物联网、区块链作为目前智媒技术中较为主流的五项，正在逐渐渗入主流媒体的融合建设。未来应当在深化认知的基础上进行深度开发和应用。如图7所示。

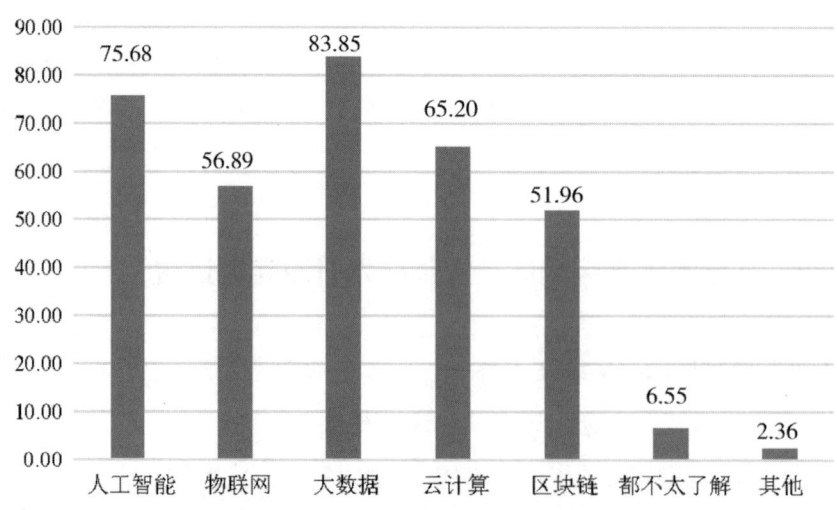

图7　"您认为还有哪些技术对媒体发展是重要的"调查结果（%）

（二）自主开发与合作自适应统一

1. 以我为主的全媒体技术开发

调研发现，在融媒体中心技术开发路径选择方面，"自主开发＋外包合作"成为主流媒体融媒技术开发的普遍路径，占比58.57%。其中，自主多于外包，占比36.2%；外包多于自主，占比22.37%。总体而言，完全自主开发或参与自主开发模式占据大多数。如图8所示。

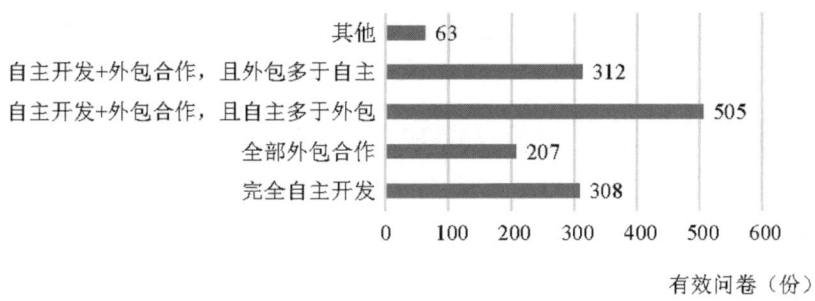

图8　融媒体中心技术开发路径调查结果

在未来的深度融合发展过程中，主流媒体应积极探索，运用科技定制，实现对平台开发、生产分发运维等的创新，自建灵活高效、度身定造的技术平台，培养自己的技术人才，才能获得持续发展。比如，县级媒体浙江长兴传媒量身定制"融媒眼"智慧系统，自行研发"易直播"等设施设备。对于合作开发，应掌握核心源代码和数据，进行自适应开发，否则会一直受制于人。比如，在县级融媒体建设中，平台运维的一些关键技术应用不得不依靠外包购买。头部技术公司不会针对小规模的县级融媒体中心进行定制服务，仅提供大众化的版本。因此，县级融媒体中心的系统升级运维需投入二次研发成本，一定程度上增加了系统整体的运行成本。[①]因此，组织力量开发、掌握可控自适的技术，是媒体可持续发展和差异化竞争的路径。对于体量与资源相对薄弱的地市级和县级媒体而言，即使在技术合作和外包中，也要把控

---

① 叶明睿，吴昊. 逻辑、行动与重构：县级融媒体中心发展的再路径化. 中国新媒体研究报告2020 [R]. 北京：人民日报出版社，2020：201.

技术源代码，为升级迭代和度身定制做准备。

2. 构建全媒体驱动的中台战略

对内树立中台概念，建设集大数据处理、多模态通用科技、5G应用于一体的技术中台，集渠道差异化生产、项目制孵化和MCN跨项目事业群于一体的内容中台，集统一运维、技术互补、品牌差异化于一体的渠道中台，把数据、内容和渠道"统起来"。比如，有的省级融媒体平台正在探索建设"四台"，即技术后台、内容中台（大数据库）、外联总台（对外合作账号矩阵）、变现柜台（用户系统、认证收费系统集中管理），以充分发挥融媒体平台价值。

对外实现平台融通，打破孤岛效应，形成平台资源共享。比如，2020年12月，顺应媒体深度融合发展潮流，新华网客户端与山东闪电新闻在内容互通、数据共享、整合传播、政商服务等领域展开合作，百余家山东地区融媒体、党建号入驻新华号，共同构建央、省、市、县四级融媒体中心，纵向贯通了内容生产、分发、渠道拓展、技术开发和平台建设等流程，为媒体深度融合提供了范本。

（三）主流价值引领与算法推荐统一

依靠算法推荐内容是媒体深度融合发展的一个方向，主流媒体应当把算法作为一种方法论，探索传播主流价值的算法路径。现有的推荐算法主要有：第一，基于用户需求的个性化精准推荐，包括基于用户数据建模并据此推荐新闻产品的协同过滤推荐算法，基于用户的历史消费数据推荐相似产品的内容推荐算法，基于数据推导出的用户偏好推荐产品的关联规则推荐算法。① 第二，基于关键词（标签）的搜索量排名推荐、平台实时显示搜索热度，用户获取信息的行为被信息化，从而使搜索行为具备信息生产属性。② 第三，社交型推荐基础上的信息分发，通过用户在社交圈层中的分享、转发，进行信息推荐。

---

① 唐铮，塔娜.算法新闻[M].北京：中国人民大学出版社，2019：15-16.
② 雷丽莉.微博"热搜榜"与互联网信息服务的规制[J].新闻记者，2019（10）：81-87.

可以看出，单纯依靠技术推荐，缺乏"把关人"和主流价值引导，虽能满足个性推送，但无法实现价值引领。因此，在深度融合发展过程中，媒体要积极探索，将价值判断、人文关怀注入人工智能的基础架构之中，达到三个统一：一是主流价值引领与个性需求满足相统一，二是娱乐互动与公共价值相统一，① 三是内容精品意识与算法推荐机制相统一。比如，人民日报社"人民号"的"党媒算法"，就积极探索主流价值，纾解"算法焦虑"，是较为典型的案例。

（四）技术赋能生产与技术赋能斗争相统一

深度融合转型的主流媒体在充分利用技术赋能生产、分发的同时，更要积极发挥技术验证和运用技术进行斗争的能力，积极辨识诸如深度伪造技术、社交机器人等造成的虚假信息传播、不良思潮扩散等后果，在技术赋能、引领价值的同时，能够主动抵御有害信息和智能技术的潜在危险。因此，在未来发展中，辩证统一地理解技术的利与弊，理性驾驭技术这把"双刃剑"，以主流价值驾驭技术，以内容主导技术，以技术反制技术，筑牢信息技术安全防火墙，是深度融合发展的要义之一。

结 语

媒体融合是渐进探索的过程，而深度融合发展是从"你中有我，我中有你"的阶段向"你就是我，我就是你"阶段的飞跃，真正达到融为一体、合而为一的全媒体传播体系。这个阶段是媒体各要素全面融合的阶段，也是主流媒体全面转型为以互联网为核心的全媒体传播体系的关键阶段，全面攻坚克难的深度与广度远远大于初期。先期探索的理念、方法、经验、教训必将转化为体制机制改革、整体顶层设计与全面融合推进的决心与勇气，这才是深度融合质变的意义。

---

① 董向慧，张丽红.给算法推荐装上主流价值的"方向盘"[J].中国记者，2019（7）：77-79.

论媒体融合纵深发展"合"的本质与"分"的策略*
——差异化竞争、专业化生产、分众化传播

从 2014 年开始,从报纸、期刊出版进而到广电媒体,传统媒体陆续向"融为一体、合而为一"的目标融合转型。单一介质媒体向多媒介、多渠道、多终端的方向融合发展,形成报、台、网、端、微融合的一体化整合平台。多元生产、多端分发的生产流程重塑,标准化的"策、采、编、发、用"全媒体中央厨房设定,标准化的县域融媒体中心建设,"新闻+政务+服务"的区域性媒体定位发展,融合发展按照既定的标准不断深入;而在体制、机制、技术、平台、渠道、内容、流程的融合汇流中,供给侧改革不得不思索媒体融合向纵深推进过程中的战略定位和发展问题,寻求标准化融合、差异化发展,构建核心竞争力,以差异化的战略诉求、独特的价值追求、分众化的消费需求为方向,深刻理解媒体融合进入深水区的"合"之本质与"分"之策略。

一、媒体融合发展合与分的辩证统一

纵观媒介发展史,传播媒介本身经历了由合到分的多元化发展、进而由

---

* 文章原载于《现代出版》2020 年第 4 期,与中国传媒大学电视学院研究生杨丽萍合作,系国家社科基金重点项目"移动互联网背景下主流媒体新闻视听传播变革研究"(项目编号:18AXW003)的研究成果,收入本书时,略有删改。

分而合的融汇式共存的过程。人类传播发展的早期，人际传播、手抄传播是主导的传播方式；而后，书籍、报刊、电报、电影、广播、电视等媒介相继出现，每一种后继媒介都作为补救性媒介（remedial media）[①]对原有媒介的功能进行补救和补偿，多元媒介各放异彩。如今，媒体融合作为媒介发展的新阶段，呈现出由分转合的历史阶段性趋势。互联网作为融汇万媒的"母媒介"，将一切媒介作为自身的内容，成为一切媒介的媒介，[②]所有的传播媒介被聚集到一个电子化、数字化的平台上。在互联网思维的推动下，传统媒体进行了运行方式改造，包括出版和播发渠道的改造，不断推进传统媒体在体制机制、平台终端、内容生产、用户体验等方面的纵深改革。

实际上，无论是报纸、图书、杂志、音像制品还是电子出版物，探究其深度发展的轨迹，都在沿着"融合—分化"的轨迹螺旋式上升，呈现出阶段性、轮回式的特点。融合与分化并非相互割裂，而是深植于媒介发展的过程中。

如今的媒体融合，意味着多媒介的共生共存。媒体融合发展到深水区，在强调融合的同时，我们应当了解其中"分"策略，即差异化的竞争策略。探究传统媒体融合转型策略带给我们的经验与思路。

从媒介发展史来看，在标准化转型阶段之后，差异化的诉求会随之而来。差异化竞争、专业化生产与分众化传播，是媒体融合向纵深发展的运筹之道，也是建设资源集约、结构合理、差异发展、协同高效的全媒体传播体系的协同路径。主流媒体和市场化媒体的实践都证明，媒体融合不是媒介形态的简单堆砌，也不是毫无特色的一刀切，更不是"一锅炖"。融合是目的，细分是手段。统一的标准是生存基础，差异化的特色是发展方向。标准化的媒体融合也伴随着差异化的战略竞争，而从受众的角度，20世纪末我国传媒市场经历了一场大变革：传播渠道的数量增加与形态的多样化，使得原先以报刊、电视为代表的媒体的优势被稀释，传媒业随之进入"分众"与"窄播"的受

---

① 莱文森.数字麦克卢汉：信息化新千纪指南[M].2版.何道宽，译.北京：北京师范大学出版社，2014：27.

② 同①110.

众细分时代。在这场由合到分的变革中，我们发现原先面目模糊的大众在被新的指标聚合，媒体用"分众化"的策略实现"大众化"的目标，"分众"的过程实则体现了"合众"的思路。①这让我们反思，在如今"合"的大趋势下，推动媒体融合质变还需要把握"分"的重点，做到合中有分，分中向合。

二、差异化的理论阐释

从企业的发展战略而言，差异化被战略管理学家波特认为是企业的竞争优势之一。差异化战略是为买方提供独特性，差异化来自企业的价值链，任何一种价值活动都可构成独特性的来源。②在媒体融合的一体化进程中，媒体差异化发展对于我国形成结构合理的现代传播体系具有重要意义。

（一）沉默的共识：差异化发展的粗略研究

近年来，学界对媒体融合展开了广泛深刻的讨论，根据研究内容可分为以下三大方向：媒体融合历史研究，包括发展历程③、政策形成④、体制改革⑤等；媒体融合理论研究，包括媒体融合的概念辨析⑥、理论阐释⑦、理论创新⑧等；媒体融合业务研究，这一板块的成果尤为丰富，其中包含战略层面的趋

---

① 曾祥敏.对电视媒体传播"分与合"的哲学思考［J］.中国电视，2009（12）：1，17–20.
② 波特.竞争优势［M］.陈小悦，译，北京：华夏出版社，2005：120.
③ 胡正荣，李荃.走向智慧全媒体生态：媒体融合的历史沿革和未来展望［J］.新闻与写作，2019（5）：5–11.
④ 陈昌凤，杨依军.意识形态安全与党管媒体原则——中国媒体融合政策之形成与体系建构［J］.现代传播（中国传媒大学学报），2015（11）：26–33.
⑤ 严三九.媒体融合过程中传媒体制改革研究［J］.新闻记者，2016（12）：4–12.
⑥ 李玮.跨媒体·全媒体·融媒体——媒体融合相关概念变迁与实践演进［J］.新闻与写作，2017（6）：38–40.
⑦ 曾白凌.论传统媒体融合的边界、偏向与在场［J］.现代出版，2020（2）：32–38.
⑧ 孙玮.城市传播的研究进路及理论创新［J］.现代传播（中国传媒大学学报），2018（12）：29–40.

势研判①②、县级融媒体建设③，变革层面的传统媒体转型④、媒体从业者转型⑤、新闻传播学教育改革⑥，生产层面的融媒体系构建⑦、技术革新⑧、叙事创新⑨、传播效果评估⑩等。

从近几年的研究来看，对媒体融合的趋势研判多强调"标准化""一体化""协同化""智能化"的发展模式，而对战略竞合中的"差异化""专业化"，以及用户角度的"分众化"的关注和思考尚不够充分，对合与分的关系把握更显不足。虽然学界、业界将媒体融合的差异化发展视为共识，但目前针对媒体融合差异化、专业化战略发展的研究有限，主要从以下两个方面展开：其一，从传播的角度，将差异化与分众传播、精准传播相联系。这类研究聚焦传播的某个环节或某种情境，分析差异化传播的实现方式、现实影响和应对策略等。例如，覃圣云等指出中央厨房模式、新闻内容服务、个性化定制和平台推送是实现差异化传播的有效途径；⑪叶萍认为，应当通过细分用户群体、建立等级化舆情预警机制、融合多源数据库，应对网络舆情传播的

---

① 曾祥敏，刘日亮.媒体融合质变的关键问题研究——基于2019年中国媒体融合发展的分析[J].现代出版，2019（6）：17-21.
② 严三九.融合生态、价值共创与深度赋能——未来媒体发展的核心逻辑[J].新闻与传播研究，2019（6）：5-15，126.
③ 朱春阳.县级融媒体中心建设：经验坐标、发展机遇与路径创新[J].新闻界，2018（9）：21-27.
④ 朱鸿军.颠覆性创新：大型传统媒体的融媒转型[J].现代传播（中国传媒大学学报），2019（8）：1-6.
⑤ 唐铮.能动的在场：融合背景下的职业权威性——对近百位中国媒体从业者的深度访谈[J].国际新闻界，2019（6）：86-98.
⑥ 刘明洋，袁晓川.融通之道：解读新媒体环境下新闻传播教育的两大趋势[J].国际新闻界，2018（9）：128-148.
⑦ 王菲.中国电视台媒介融合中的内容生产体系构建[J].国际新闻界，2017（12）：106-122.
⑧ 沈浩，袁璐.人工智能：重塑媒体融合新生态[J].现代传播（中国传媒大学学报），2018（7）：8-11.
⑨ 曾祥敏，方雪悦.新闻游戏：概念、意义、功能和交互叙事规律研究[J].现代传播（中国传媒大学学报），2018（1）：70-77.
⑩ 周勇，赵璇.融媒体环境下视听传播效果评估的指标体系建构——基于VAR模型的大数据计算及分析[J].国际新闻界，2017（10）：125-148.
⑪ 覃圣云，涂开阳.媒体融合新闻差异化传播研究[J].社会科学家，2016（2）：156-160.

差异化融合形势。① 其二，从融合转型策略的角度，探讨媒体差异化转型的实现路径。这类研究往往以某种媒体类型为考察单位，具有现实针对性，但在辩证思维和系统整合层面稍显不足。例如，于晗认为，电视媒体应当从产品差异、渠道多样、定价多元等方面入手，进行差异化竞争；② 郭新茹等通过模型分析，认为实施差异化战略是互联网平台发展的必然趋势；③ 王国川对现实案例梳理后，抽绎出媒体融合的差异化发展模式，但主要聚焦于县级广电的差异化融合，因而在规模和视野上相对受限。④

总体来看，一方面，"差异化""专业化""分众化"等概念在媒体融合的重要论述中被反复强调却又草草带过，尤其在发展模式层面，缺乏系统化的梳理和逻辑化的阐述；另一方面，媒体融合的标准化建设存在内容同质和生产传播低效的现象。因此，在融合新格局中，对合的本质与分的策略进行辩证思考与战略分析，有利于探求媒体融合的优化路径。

（二）竞争选择：融合转型中的差异化战略

习近平总书记指出："要统筹处理好传统媒体和新兴媒体、中央媒体和地方媒体、主流媒体和商业平台、大众化媒体和专业性媒体的关系，形成资源集约、结构合理、差异发展、协同高效的全媒体传播体系。"从我国的全媒体战略发展布局而言，统筹处理各主体关系、差异化发展是建设全媒体传播体系的重要面向之一。从传播主体而言，理解差异化发展有三个层次：

首先，从宏观定位而言，作为媒介场中的行动者，中央媒体和地方媒体、主流媒体和商业平台、大众化媒体和专业性媒体依据性质、体量、地域等，占据不同的位置，不同类型间存在功能定位的异质性。

其次，从战略发展而言，融合不是消灭差异、追求千媒一面。媒体融合

---

① 林萍. 网络舆情传播的媒体差异化融合探究 [J]. 青年记者, 2019（35）: 4–5.
② 于晗. 融媒时代电视媒体的差异化竞争策略 [J]. 当代传播, 2015（2）: 53–55.
③ 郭新茹, 昝胜锋, 朱文雁. 产品差异化视角下的网络媒体竞争策略研究 [J]. 经济论坛, 2009（11）: 114–116.
④ 王国川. 县级广电差异化融合三要素 [J]. 中国记者, 2015（3）: 82–83.

意味着在技术驱动下，媒介场域的规则发生变动。传播内容统一在互联网介质中，同类型的媒体间需要在竞争中依据资源配置和价值链，重新明确战略定位，寻找核心竞争优势，彰显独家特色。

最后，从更为微观的角度而言，产品经营和服务应当具备专业化的内容生产和分众化的传播运营能力。互联网进入融合的下半场，由"大而全"转向"专而精"是媒介发展诉求使然。①

三、融合转型中的差异化发展

在此，我们选择媒体融合中具有引领性的三大中央级媒体、有代表性的市场媒体和特色化的县域融媒体，考察其在"合"的本质下的"分"的策略，即一体化融合推进中的差异化策略。

（一）中央级主流媒体的特色化引领

在打造全媒体格局的新型主流媒体建设中，作为旗舰型的媒体组织和"全域性媒体"②，人民日报社、新华社和中央广播电视总台三大央媒在顶层设计层面坚持一体化发展方向，以先进技术为支撑，以内容建设为根本，加快体制、机制、流程、人才、技术等方面的融合，具有"合"的一致性。例如，在全媒体建设方面，人民日报社和新华社分别建立了人民日报社全媒体平台（中央厨房）和新华社全媒体平台；中央广播电视总台则上线央视网新版全终端。三大央媒通过机构的改革、重组、再造，实现媒体资源的整合、生产流程的优化和传播形态的创新。再如，在渠道建设方面，三大央媒都坚持移动优先的布局，建设"两微多端"，积极开拓、优化自有平台，下沉以获取更多用户，提高主流媒体的传播力、引导力、影响力和公信力。

在"合"的面目下，三大央媒在融合转型实践中分别依据自身的传统资

---

① 喻国明，赵睿. 从"下半场"到"集成经济模式"：中国传媒产业的新趋势——2017我国媒体融合最新发展之年终盘点［J］. 新闻与写作，2017（12）：9-13.
② 陆先高. 探索媒体融合差异化发展［J］. 新闻战线，2019（20）：22-24.

源优势以及文字、图片、视听传播的产品特色优势，在融合转型中重新构建自身的核心竞争力。在这里，我们可以从战略侧重、特色产品以及中国新闻奖获奖作品等维度来分析三大央媒的差异化发展路径（见表1）。

表 1　三大央媒的差异化发展

	人民日报社	新华通讯社	中央广播电视总台
地位属性	中央党报	国家通讯社	国家电视台
战略侧重	原创内容、内容运营、内容风控、内容聚合	无人机+新闻、智能化编辑部	5G+4K/8K+AI、视频社交媒体
特色产品	中央厨房、融媒体工作室、人民网舆情监测室等	天空之眼、媒体大脑、MR智能演播厅等	央视频、慢直播、AI虚拟主播等
融媒奖项	新媒体品牌栏目、新媒体创意互动	融合创新、新媒体创意互动等	融媒短视频、移动直播等
国家重点实验室	传播内容认知	媒体融合生产技术与系统	超高清视音频制播呈现
"合"	顶层设计统合理念、全媒体报道机制、视听图文媒介形态	借力前沿技术突破新闻融合边界、打造面向未来的传播方式和呈现形态	视听传播领域强势布局，助力视频场景化、媒体平台化、产品特色化

1. 人民日报社围绕内容主业的全方位布局

人民日报社聚焦内容主业的战略融合，通过体制机制创新、平台建设、生产流程再造、媒介技术赋能、工作室模式实验融合团队和媒介品牌打造等六大环节，在内容原创、内容运营、内容风控、内容聚合分发四大内容业务层面发力，形成特色的内容科技（ConTech）媒体。

体制机制创新。人民日报社由分而合，逐步建立全媒体运营机制，从组织架构逐步相加迈向一体化相融。《人民日报》的融合经历了报纸网络化的数字出版转型阶段、报网融合的内容增值阶段、新媒体和平台的渠道入口搭建阶段，如今迈向融合报网微端的全媒体运作阶段。管理体制上，用中央厨房打通报网微端,重构新闻生产流程;组织架构上,建设核心层,统筹新媒体资源要素,促进内容生产流程高效运作;用人机制上,促进人才跨部门、跨媒体、跨地域、跨专业流动,并采用灵活的单位绩效考核机制,激发优质原创内容生产活力。

特色平台建设。作为传统中央级党媒,《人民日报》结合自身的资源优势,着力打造"全国党媒公共平台",建设自主可控平台。该平台联合全国各类媒体以及党政机关、企事业单位的新闻宣传部门,采取去中心化、分布式的连接方式,共同打造党媒党端的优质"内容池"。入驻的媒体可以免费获得平台内所有成员的原创内容,进而挑选符合各自领域的新闻推介给用户。

生产流程再造。《人民日报》最早建设"中央厨房",并进行品牌化推广。"中央厨房"创新新闻生产流程和传播模式,重构策、采、编、发的内容生产机制,打通报网微端的内容分发渠道,适应新媒体时代的信息需求和传播规律。

技术赋能为先导。人民日报社在宏观布局和微观应用上,都重视技术的先导作用。在宏观布局层面,成立人民日报智慧媒体研究院,重点研发主流算法,用人工智能技术助力内容传播;建设传播内容认知国家重点实验室,研究精准传播、智能审核、网络空间治理等方向的基础科学;推出"人民日报创作大脑",开发具有智能写作、智媒引擎等功能的内容创作工具,提高内容生产和分发效率。在应用层面,利用人脸识别和人脸融合成像、云计算等技术,在建军70周年推出"快看呐!这是我的军装照"H5。

工作室模式实验融合垂直生产。人民日报社开创"融媒体工作室"模式,适应新媒体传播格局。组织层面,以兴趣为节点整合报社人员,并基于专业化、垂直化的用户细分市场确定工作室类型;内容层面,工作室以纸媒内容为基础,采用多元形态在专业领域对内容进行深度加工,优质内容还能倒灌回纸媒,使传统纸媒与新兴媒体的内容生产相互促进、互利共赢,实现资源的有效利用;人员层面,鼓励跨部门、跨媒体、跨地域、跨专业整合,并采用"一室一策"的工作考核机制,激发生产活力。

打造原创品牌,衍生内容生产价值。2019年年底,人民日报社全媒矩阵拥有50余家主要媒体平台,其内容品牌战略体现了合与分的智慧。一方面,依附传统报纸的品牌、资源和权威影响力,衍生内容服务业务。例如,依托人民网成立的人民在线,利用云计算、移动互联网技术、大数据挖掘和分析技术,打造"众云""云策"等数据平台,为政府机关、事业单位以及大型企业提供舆情监测、智库咨询等内容风控服务。另一方面,启动"融媒体工作室"计划,打造严肃有趣的新媒体品牌,如"侠客岛""麻辣财经""一本政经"等微信公众号,借助传统纸媒的人才资源,形成多元化、专业化、个性化的内容生产模式。

2. 新华社以先进技术促进智慧革命

正如时任新华网董事长田舒斌所言,"没有先进技术的媒体,是没有未来的媒体。"① 在融合创新中,新华社尤其注重前沿技术在新闻业务领域的创新应用,其开发的一系列新闻产品,借助于前沿技术突破新闻融合边界,在新闻传播方式和呈现形态上具有面向未来的探索性。

无人机新闻报道团队释放新闻摄影潜能。新华社在2013年就已大规模建设"天空之眼"无人机队。无人机结合了摄影技术、飞控技术和人工智能技术,在航拍的同时设计飞行线路、跟踪拍摄对象、躲避障碍物、传输信息数据,开启新闻摄影的新视角与新模式。此外,新华社继续推动重大报道"申报飞行",建立新华网无人机培训学院,推动无人机新闻应用规范的制定等,推动"无人机+新闻"组合模式常态化。

人工智能的生产与传播。"媒体大脑"和"现场云"利用大数据、AI、云计算、物联网等前沿技术,服务新闻生产业务。2017年,"媒体大脑"生成第一条2分8秒的MGC(机器生产内容)视频新闻。此后,"MAGIC智能生产平台"("媒体大脑"2.0版本)与"现场云"移动采编平台一体化协作,在全国"两会"报道、进博会报道中展现出数据分析、新闻生产动能。2019年和2020年全国"两会"期间更分别推出人工智能主播和人工智能3D主播。

---

① 新华网. 新华网董事长、总裁田舒斌1月9日在新华网无人机频道上线时的讲话[EB/OL].(2019-12-26)[2020-06-01]. http://fms.news.cn/swf/wrjzpfb2016/index.html.

2019年年底，新华社整合全社人工智能资源，建立并投入使用智能化编辑部，推进新闻生产全链条的智能化，开拓人机协作、人机共生的发展模式。

成立媒体创意工厂，推动创意产品系统化生产。2018年年底，新华网成立媒体创意工厂，用三大利器推动新闻信息视频化、移动化、知识化、智能化。"MR智能演播厅"可以根据节目需求设计各类三维虚拟场景，增强用户的在场感；"MOCO交互式智能视频摄制平台"借助运动控制系统进行特效拍摄，提升用户的视觉体验；在反馈层面，"生物智能用户评测实验室"利用生物传感技术捕捉观众的即时反应，达成视频测评的实时监测。

3. 中央广播电视总台创新视听传播新场景

中央广播电视总台在视听传播领域强势布局，利用先进技术和品牌特色助力视频场景化、媒体平台化、产品特色化。分析中央广播电视总台所获融媒奖项，可以发现其在短视频、移动直播等方面表现突出。

围绕"5G+4K/8K+AI"视听战略布局。中央广播电视总台的"5G+4K/8K+AI"布局，以超高清电视、移动新媒体、人工智能等视听产品为重要发力点。新中国70周年国庆之际，中央广播电视总台对阅兵盛况进行全景直播，并推出4K超高清直播电影《此时此刻·2019大阅兵》，开创4K直播电影的新品类。

建设视频平台，打造移动端账号森林。总台推出的"央视频"App，打破传统单一的发布模式，吸引高品质账号入驻，聚合机构、媒体、社会的优质视频内容，进而打造集服务性、社交性于一体的内容生态媒体。在形态上，"央视频"主打短视频，兼顾长视频，联动直播、点播等多种视频形态；观看渠道上，"央视频"App支持4K投屏，实现大小屏转换。此外，"央视频"配备了U创云剪辑系统，通过一站式视频编辑、边直播边剪辑、直播快发等功能，极大地提高了视频生产效率。

拓宽产品形态，革新视听传播话语。新冠肺炎疫情期间，"央视频"创新推出"疫情24小时专栏"和"与疫情赛跑"系列慢直播，用无剪辑、无解说、无音乐的"生肉"直播，记录火神山医院、雷神山医院建设现场。慢直播打破了传统直播节目的仪式话语，取而代之的是用户主动参与。此外，央视还推出"谢谢你为湖北拼单"的现象级公益直播卖货节目。例如,《主播说联播》用移动竖视频的形态呈现特色评论,使用中心式镜头拉近与用户的距离,用轻量化的信息输出增强用户的社交感和沉浸感。

(二)纸质媒体优势点发力、关键处聚焦

在我国媒体融合发展过程中,由于最早感受到经营压力,纸媒成为转型升级的前沿阵地。差异化竞争正是媒体企业获得竞争优势、赢得收益的途径之一。

目前,开发网站平台、接入"两微一端"、入驻聚合性资讯平台等,已成为传统纸媒融合转型的常规路径。然而,普遍化的操作需要差异化的战略布局,由此也体现了合中有分的思路。在传播共时、技术共通、内容共享的互联网环境下,市场化媒体通过延伸价值链、差异化集中、打造内容稀缺性等战略途径,在互联网环境中站稳了脚跟。

1. 延伸媒体价值链,拓展外向服务价值

媒体在信息数据、跨领域资源、平台影响力和品牌知名度等方面具有得天独厚的优势。在国家战略需求和媒体融合转型的大背景下,"媒体+数据""媒体+智库"的创新组合成为部分媒体机构的业务增长点。有学者统计,2017年媒体类舆情组织已有20多家,[1]2018年媒体型智库已有40多家。[2]媒体向舆情组织、智库的转型,既能解决营收问题,又能促进深度内容生产,还创新了社会治理模式。

其中,较有代表性的是南方报业集团,其旗下设有"南方舆情数据研究院"和"南都大数据研究院"。南方舆情数据研究院聚焦网络舆情、社会舆情和媒体舆情,提供预警、研判、应对、培训、品牌管理和数据分析六个方面的服务。南都大数据研究院通过数据库的开发、智库报告的生产和研究课题

---

[1] 吴涛. 媒体舆情业务的生态及其影响研究 [J]. 现代传播(中国传媒大学学报), 2017(4): 165-166.

[2] 蔡雯, 蔡秋芃. 媒体办智库: 转型期的实践探索和理论发展——对2008—2018年媒体智库及相关研究的分析 [J]. 国际新闻界, 2019(11): 127-141.

的开拓,在数据报道、榜单评价、民意调查、咨询研究等方面推出系列产品,创收丰厚。

2. 聚焦成长性产业,集中视频市场

波特竞争优势理论告诉我们,差异化战略,需要企业在行业内有独树一帜的过人之处来建立显著的竞争优势,从而成为获得该产业内更高水平收益和更高溢价的独特优势。若某一目标市场具有较大的需求空间,则可针对某一顾客群、产品细分市场或区域市场采用差异化战略,即差异化集中(differentiation focus)。[①] 如今,互联网规模化的市场策略开始式微,媒体的大众化市场逐渐饱和,竞争性媒体必须在细分市场的蓝海中建立优势,借助融合变局精耕细作。

作为传统纸媒,《新京报》敢于破局,率先聚焦融合生态变革中的移动视频突破口,在视频领域强势布局,提出"移动优先,视频优先"的差异化集中战略。在严肃新闻领域,用"我们视频"抢占市场;在泛资讯领域,用全媒体呈现"动新闻"。差异化集中的企业也可能被强势的后来者追上。对此,《新京报》的思路具体体现为:用"品牌"与其他新闻视频的"品种"相区别;积极与互联网平台合作,为原创严肃新闻视频提供版权、渠道支持。在收益层面,"我们视频"通过版权、流量和广告、商务广告三个途径积极开拓盈利渠道。

3. 坚持专业原创,深耕稀缺内容

新闻的本质是信息。在信息日益走向海量化、碎片化、浅表化的今天,专业原创内容成为稀缺物品,一些媒体坚持深耕内容专业化和差异化的主业。内容差异战略是传统新闻媒体"内容为王"的延续,新闻媒体不仅要生产拥有明确目标群体的内容,而且要持续性地输出,使用户产生烙印化的记忆。

《财新周刊》基于其精英群体的用户定位,采取内容差异战略。《财新周刊》一方面打造稀缺性的政经研判类新闻,另一方面利用财经媒体在数据方面的优势,精细呈现立体化、可视化、互动式的数据。此外,《财新周刊》最

---

① 波特. 竞争优势[M]. 陈小悦,译,北京:中信出版社,2014:30.

早在融合转型中探索网络端的优质内容的付费模式，分项目、分时段、分内容向用户收费。

（三）县级融媒体标准化布局，差异化建设

"郡县治，天下无不治。"作为连接群众、坚守主流舆论阵地的"最后一公里"，从2018年开始，县级融媒体中心建设在全国展开。在"打造区域性新型主流媒体"的战略目标下，县级融媒体中心建设普遍采用县委宣传部管理体制，[①]搭建"两微一端"，充分发挥"合"的作用，整合县域内媒体资源、平台资源、人才资源、财政资源，实行一体化运作，整合"社会思想文化公共资源、社会治理大数据"[②]，打造省、市、县融通的自主可控平台。

在"合"的思路下，县级融媒体建设立足本地的特殊性，深耕在地资源，做到标准化布局下的差异化建设。第一，在体制机制上，优先选择媒体集团、省市级媒体或宣传部为主导部门，避免"村村点火，户户冒烟"的重复建设。第二，在发展模式上，择优组合"信息源+新闻+政务+服务+电商+短视频"矩阵，建立长效机制，避免"列队毛虫"般的盲目跟风、全盘建设。第三，在内容生产上，深耕地方媒体"服务性"内容刚需，遵循互联网信息传播规律，避免"旧酒换新瓶"的简单搬移。目前，从战略经营的角度来看，县级融媒体差异化发展表现为以下五种模式：

一是媒体+产业模式。经济实力、媒体资源和市场环境具有优势的区县，可以选择"媒体+产业"的融媒体机制，积极扩大媒体的市场占有率。例如，"全国百强县"之一的浙江省长兴县，组建长兴县传媒集团，推行事业单位企业化运作，借助市场力量实现了社会效益与经济效益的统一。

二是媒体+行业模式。巧借"外脑"，跨界合作，打通社会资源。例如，北京市16区区级融媒体中心分别与高校、企业以及媒体进行跨行业合作。海

[①] 谢新洲，朱垚颖，宋琢谢. 县级媒体融合的现状、路径与问题研究——基于全国问卷调查和四县融媒体中心实地调研［J］. 新闻记者，2019（3）：56–71.

[②] 习近平. 加快推动媒体融合发展 构建全媒体传播格局［J/OL］. 求是，（2019–03–15）［2020–03–15］. http://www.qstheory.cn/dukan/qs/2019–03/16/c_1124241424.htm.

淀区融媒体中心开发"校企资源型外脑",与高校、企业、媒体合作,整合媒体、科教、政务资源。

三是媒体+本地媒体模式。报纸或广播电视台实力较强的县,可整合依附原有媒体,以促进资源联动,达到 1+1>2 的效果。例如,广播电视台实力较强的甘肃省玉门市,打造了电视台主导融媒体中心的模式,不仅减少了机构融合的阻碍,而且借助电视台的经验提高了工作效率。

四是媒体+跨区域媒体模式。突破区域、省域限制,寻求优势媒体合作。例如,四川合江与山东广电进行跨区域合作,积极引进优势资源。[①]

五是媒体+中央级/省级媒体模式。新闻体量较小、优势不明显的县域,可以嵌入省级或中央级媒体,将县级融媒体中心发展为社会治理监督中心、信息集散中心和生活服务中心。例如,县域经济实力较弱、优势不突出的江西省,发展出"央媒+省市县"垂直共建的四级联动模式,通过"现场云"等中央级平台,结合"赣鄱云"省级融媒体智慧平台,为县级融媒体提供硬件、技术等资源的支持。

四、内容融合中的专业化生产

从微观层面而言,内容作为媒体融合发展的根本,是用户能够直接体验到的,内容专业化是构成差异化竞争的要素。在这里,专业化应当做两种解释,一种是内容生产的专业能力,一种是内容的专门、垂直、细分。

(一)内容生产的专业能力

一方面,在内容突破边界、要素重组的大融合中,新的规则和类型边界尚未形成,在不断的解构和重构中,内容形态出现多元发展的方向。另一方面,自媒体的生产力被激发,传统内容生产的规则被打破,在众声喧哗的语

---

① 中国记协新媒体专业委员会. 中国新媒体研究报告 2019 [R]. 北京:人民日报出版社. 2019:7.

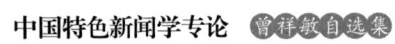

境中,传统媒体内容在价值观、传播力、影响力方面都受到挑战,而越是在这样的时代,越考验主流媒体的专业能力,越需要主流媒体的专业引领。

在内容从"叙事+形态"演变到"叙事+形态+关系+场景"的融合创新模式下,新技术和新变量的加入,专业的故事叙述能力、融合创新能力、传播连接能力、用户对话能力成为内容专业性的考量标准。在深耕内容专业性方面,记者、编辑、技术人员、运营人员需借助融合转型,全面提升能力和素养,在核心内容的专业生产上实现质的飞跃,在新媒体时代获得用户流量,建立话语主导。

1. 内容融合"质"的把控:及时、准确与深入

对事实的判断,对真相、真理的追求,对信息及时准确的操作,对信源的把握,对信息的多方核查和求证,对报道的平衡等,都构成了专业生产的要素。以2020年我国新冠肺炎疫情报道为例,新闻媒体的专业性体现在以下几个方面:

一是在"快"和"准"上切中公众关注点。面对突发事件,在普遍追求第一时间报道的诉求下,能否第一时间运用自身积累的资源做出专业解读,去伪存真,满足公众需求,这是专业媒体融合创新中的价值回归与坚守,是实现差异化竞争的基础。比如,《第一财经》《中国新闻周刊》《财新周刊》等传统媒体运用多年积累形成的专业性,依靠轻量化的新媒体产品提供对疫情的及时、专业解读,迅速获得传播力和影响力。

二是在"快"和"深"上回应公众关切。碎片化、移动化传播语境必然带来信息浅表化,如何用碎片化信息形成深度拼图,最大化呈现快与深的平衡与融合,是融合要解决的问题。从认识论的角度,信息增量还体现在对事实内容由点及面、由碎片至全景的呈现过程。对复杂事物的认识不是一蹴而就的,由事实报道的碎片,最终形成对某一事物完整、深刻报道,这体现了马克思主义新闻观"有机的报刊运动"思想。正如《中国新闻周刊》副总编辑陈晓萍所言:"在突发事件的最开始,不需要报道角度,需要的是具体的点。点越多越好,把一个个点了解清楚,把碎片化的点组成一个个拼图,再

尽可能地去扩大这张拼图。只有拼图足够大的时候，才需要角度。"① 全景式的长篇报道需要碎片化的积累，对每一个事件进行深度解析，就离事实真相近了一步，这也正是分与合的辩证统一。

三是在"专"和"浅"上为公众释疑解惑。媒体的专业性并非使用佶屈聱牙的专业术语，而是对专业领域问题做大众化解读。比如新冠肺炎疫情期间，专业术语的解读、疫情的发展情况、病毒传播机制、疫苗研制进展等，都是公众关注焦点，这同时涉及医疗卫生领域的专业知识。此时，新闻记者不仅要熟练掌握采写编评的新闻专业技能，也要具备医疗健康领域的专业知识，并向大众准确地传达专业信息。

2. 内容融合"形"的创新：简洁、高效与友好

融媒体产品要把握好形态优化与信息增量间的关系。人需为本，内容为先，简洁高效为用，应当是处理内容和融合的关系需要把握的原则。复杂的极致就是简洁，其本质是强调对事物形成深入理解，用最简洁的形式表达最核心的内容，达到深入浅出的效果。同样，在多元化的技术时代，融合既不意味着要囊括所有的媒介形式，也不是指融合的要素越多越好。

介质的融合必须为信息内容的精准传达服务，没有规律的多元素叠加杂糅，反而可能"乱花渐欲迷人眼"。简洁明确的信息形态能够增强报道主线，形成连贯一致的表意系统。有学者提出"现代信息技术将各种信息形态统一起来的本质趋向，不是摧毁和吞噬传统媒体，而是尊重人类在漫长的历史间形成的信息获取习性，"②其中"提高信息使用效率"是重要的面向。

融合的增量在于对核心要素的拓展。媒体融合表面上是传播形态的增量，实际上是形态融合、信息增量。例如，在出版融合方面，多媒体平台在融合文本、图像、音频、视频等诸多形式时，不仅要考虑终端的格式兼容问题，还要优化用户体验、精简用户操作，达到内容信息的高效传播。目前实验的部分融合产品，叠加众多元素，盲目追求形态增量，主线不明，主次不分，

---

① 陈晓萍.《中国新闻周刊》副总编辑陈晓萍：找到那个"一针见血"的问题，为历史留下一份底稿［EB/OL］.（2020-03-09）［2020-03-15］. https://xw.qq.com/cmsid/20200309A0U32300.
② 高钢. 媒体融合：追求信息传播理想境界的过程［J］. 国际新闻界，2007（3）：54-59.

详略无当，是没有深刻领会合与分的精髓的表现。

（二）专门、垂直、细分内容生产

专门化要求聚焦和强化对核心专门内容的生产，是创造内容独特性和稀缺性的途径之一，是形成差异化竞争的手段。例如，新冠肺炎疫情期间，《中国新闻周刊》等传统纸媒以专业的解释性报道，借助移动端，取得了良好的传播效果。由于涉及对专业领域进行精细划分的工作，需要其在公共卫生领域具有深度的话题设置能力。[①] 内容的精专形成垂直领域的内容深耕，构成互联网的长尾，以此满足具有共同价值诉求的用户群体，维系用户圈层黏性。

五、聚合用户数据后的分众化传播

（一）分众与合众的辩证统一

分众传播是媒体遵循网络时代传播规律的策略，从大水漫灌到精准滴灌，其本质是实现对受众的精准化传播。传统媒体时代，大众传播活动基于传统把关人集中式过滤信息、封闭内环式加工信息和单向线性传播信息的模式，把面目模糊的受众群体笼统地归为大众，在提高信息生产效率的同时却忽略了受众的差异化需求。

网络传播时代，受众转变为用户，其地位也从传播末端转移到传播前端。媒体趋向服务化，用户的个性化需求被放大，分众传播成为提高传播效率、增强传播效果的重要路径，达到精准传播、全面覆盖、高效引导。然而，分众传播虽然是个性化、定制化的传播，但实质是基于用户特征，创造一系列新的指标，对庞大复杂的用户和内容进行标签化处理并再次分类聚集的传播。从这个意义上说，分众的设计要具备合众的思路。

[①] 陈晓萍.《中国新闻周刊》副总编辑陈晓萍：找到那个"一针见血"的问题，为历史留下一份底稿［EB/OL］.（2020-03-09）［2020-03-15］. https://xw.qq.com/cmsid/20200309A0U32300.

（二）用户运营的"合"与"分"

1. 明确用户需求与服务导向

媒体融合的目的是重新聚合用户，提高用户黏性。随着媒体融合的深入发展，标准化的自主可控平台建设、功能聚合和内容及用户数据库搭建逐渐成型，而这一切基础性的建设最终都面向用户需求。因此，全媒体布局要以用户需求为基础加强核心内容建设，打造核心产品线，从而重新聚合用户。

2. 开发垂直化产品，提升用户黏性

垂直化属于目标集聚战略，是为了适应社会价值和利益多元诉求的现实。随着互联网市场容量逐渐饱和，市场越来越细分，垂直化、高品质的原创产品和个性化服务成为维系用户黏性的重要手段。用户长尾需求将被激发、满足，形成价值、习惯相似或一致的用户圈层。例如，《人民日报》在融通内部资源的基础上，以工作室模式做垂直产品，形成深度垂直的产品和服务矩阵，进而聚合不同用户群。在新冠肺炎疫情期间，自媒体"回形针PaperClip"以其垂直化专业内容聚集了高黏性的用户，获得广泛影响力。

3. 引导主流舆论与满足分众需求

主流媒体要以千人千面的用户需求和个性化服务为导向，成为"巩固全党全国人民团结奋斗的共同思想基础"[1]的主流舆论阵地和公共服务提供者，把主流价值观融入算法推荐中，既要注重共同的主流文化价值，成为舆论引导的定盘星，也要满足亚文化圈层需求，锻炼"破壁突圈"的能力和社群运营的能力。

社群运营是基于互联网的新型用户关系的内容传播战略。移动互联网推动人类社会进入"重新部落化"时代，基于地理位置、兴趣、经历、观念等形成部落社群，在半开放式的彼此连接中交换信息、服务、内容和商品。有学者将社群运营概括为 4C 法则，即在合适的场景（Context）下，针对特定的社群（Community），生产有传播力的内容（Content）或话题，实现基于社群网络结构的人与人的连接（Connection）。[2] 以《人民日报》的融合转型为例，

---

[1] 习近平.加快推动媒体融合发展　构建全媒体传播格局［EB/OL］.（2019-03-16）［2020-06-01］.http://www.qstheory.cn/dukan/qs/2019-03/16/c_1124241424.htm.

[2] 唐兴通.引爆社群：移动互联网时代的新 4C 法则［M］.北京：机械出版社，2017：3-5.

《人民日报》上线的客户端7.0版本，以"主流算法推荐系统"作为核心亮点，通过数据输入、召回算法、模型排序和生成列表等技术方式，进行内容的个性化推荐、关联推荐和热门推荐。算法主导的分众传播策略有利于实现更好的传播效果，未来算法推荐将成为平衡公共服务与个性化服务的方法论，主流舆论引导和满足分众、小众需求成为媒体合与分的价值追求。

结　语

在以"先进技术为支撑，内容建设为根本"的媒体融合一体化发展进程中，随着改革发展进入深水区，新型主流媒体打造进入攻坚期，融媒体和全媒体的技术标准和战略格局已经形成。未来的发展需要真正面向市场的差异化竞争战略，真正面向应对喧哗众声的专业化生产能力，真正面向用户需求的分众化传播。在融合发展中，贯穿合与分思想，既要把握"融为一体，合而为一"的普遍性和规律性，也要因地制宜，因人而异，注重战略、战术上的灵活性，进行差异化发展，共同构建协同高效的现代传播体系，这才是推进媒体融合质变的要义。

国家叙事与个体话语的弥合：优秀传统文化媒介化的实践逻辑和行动方法[*]

在文化自信、媒体融合、视听中国的当下，中华优秀传统文化在媒介化的历程中，坚持守正创新，借助多模态传播，蔚然成风，已成文化媒介化之大观。在这其中，话语融合与文化认同是重点，也是难点。媒介化概念认为，媒介并不仅仅在传播过程中扮演中介性角色，而是渗透进入社会生活的各个方面，对社会与文化现实进行影响与建构。因此，优秀传统文化的媒介化可以被理解为媒介驱动和形塑优秀传统文化实现创新与发展的动态性过程。媒介无处不在、无人不及的现实，助力传统文化在转化和创新中，渗透用户的日常生活，促进文化审美的生活化、文化消费的功能化、文化意义的社交化和文化创新的参与性。有着国家叙事基因的中华优秀传统文化的媒介化，其如何能够与个体层面的经验与情感相通，形成影响力，是我们需要着力探讨的重点问题。

一、出彩与出圈：传统文化内容视听融合创新的两大面向

自 2013 年《中国汉字听写大会》《汉字英雄》两档电视节目横空出世起，

---

[*] 文章原载于《新闻与写作》2024 年第 2 期，与中国传媒大学电视学院讲师翁旭东合作，系 2023 年度教育部哲学社会科学研究重大专项项目"中国式现代化道路与新闻传播学自主知识体系建构研究"（项目编号：2023JZDZ032）的研究成果，收入本书时，略有删改。

伴随着一系列热点文化内容视听创新的推出及其引发的持续传播热潮，中华优秀传统文化的"荧屏复兴"成为近十年来我国视听文化实践中一大焦点现象。在媒体融合向纵深演进的今天，视听传播成为融合创新的核心趋向，而视听技术的发展与数字平台的成熟深刻形构了视听传播的样态，融合视听内容取代传统电视节目成为当下社会语境中优秀传统文化媒介化的主要形态，其再造了关于中华文明的媒介景观，为赓续中华文脉、推动优秀传统文化的创造性转化与创新性发展注入全新的想象力和丰富的可能性。

当下，传统文化内容融合视听创新呈现出两大显著特征，一是出彩，二是出圈。出彩，意味着内容本身的融合创新创优，呈现出时代性、思想性和专业性的融合。出圈，则指涉主流文化价值在圈层林立的移动互联网语境下的破与立。

从出彩而言，立足传统文化现代化转型与大视听传播格局的经纬之间，优秀传统文化的媒介化显现出"复古又创新"的鲜明特质。[①] 无人机航拍、超高清拍摄（8K）、计算机动画（CG）、虚拟现实（VR）、增强现实（AR）、混合现实（MR）、扩展现实（XR）等技术也已成为复现与创新传统文化的普遍手段。这些表现手段的综合运用，极大提升了内容的可视性与可听性，在感官修饰中强化了传统文化的观赏趣味。在内容形态上，围绕优秀传统文化的视听传播实践同样涌现出多种各具特色的制作模式。这些表现手段与内容形态塑造出优秀传统文化的多元视觉形象，其鲜明地指涉出传统文化并不是大众可能认为的那样冗长陈腐、老气横秋与不合时宜。这些趣味多彩的媒介化形式突破了原先对于传统文化的刻板成见，使其在新的语境中生发出新的意涵，以一种受众或用户意想不到的清新之感、鲜活之感跃然屏幕之上。

出圈原本为粉丝群体常用表述，指所追捧的偶像从"饭圈"走进大众视野。褪去这一"通俗定义"中的粉丝文化色彩，出圈本质上指某一圈层在其领域以外获得关注以及认同，或同一属性范畴中强势圈层在对其他类似圈层

---

① 季芳芳，王雪玲. 复古又创新：国风视频博主文化生产的实践逻辑［J］. 新闻与写作，2023（9）：36-44.

的垂直统摄中产生的声望与影响。① 主流媒体长期探索的如何强化年轻群体对于优秀传统文化的自觉喜爱与自发认同,在实践层面得到突破,传统文化类融合视听内容打破了横亘在主流媒体与年轻用户群之间的"次元壁",在网络圈层与多元文化认同的张力中形成内容消费与媒介参与的广泛动员。在网络视频平台年轻群体的"亚文化聚集地"中,传统文化类融合视听内容成为自带流量的"爆款",引发年轻群体的积极观看与自发传播,汇聚成"国风""国潮"的网络传播热潮。一些生动、经典的融合视听内容的片段或符号元素甚至被吸收进亚文化的生产与循环中,在二次创作中不断获得新的意义。

对于视听传播下优秀传统文化的创造性转化与创造性发展而言,融合创新的传统文化出圈是出彩的重要体现,更是出彩的最终指向,即传播力和影响力的建构。对于优秀传统文化在主流媒体传播实践中的媒介化问题的研究,不仅要关注这种文化实践的内容与形式,更重要的是进一步理解其对于用户的意义。作为一种带有特定主流意涵的国家意识形态传播实践,优秀传统文化视听传播旨在通过一系列热点时刻的制造激发用户对于优秀传统文化的兴趣,进而在走向多元异质的社会个体间实现连接,形成关于中华民族这一群体性身份的共识与共鸣,为中华文明这一核心文化认同提供有益的再生产资源。从这一层面出发,本文尝试从新的视角对主流媒体围绕赓续中华文脉的融合创新实践活动进行认识与解读,基于对10位来自不同单位、参与主流媒体传统文化类融合视听内容生产传播的从业者的半结构访谈,提取主流媒体围绕优秀传统文化的生产传播使用的具体行动方法,在此基础上提炼、萃取优秀传统文化媒介化的行动逻辑,在流动的共时性实践中勾勒出主流媒体推动传统文化创造性转化与创新性发展之行动路径的基本轮廓。

---

① 刘明洋,李薇薇."出圈"何以发生?——基于圈层社会属性的研究[J].新闻与写作,2021(6):5–13.

二、一种视角：优秀传统文化媒介化实践的理论再读

在本文中，我们有必要引入民族主义理论，当然，需要辩证地审视其意义，并探寻其在我国传统文化媒介化实践中的理论价值。

（一）民族主义与日常生活

民族主义被广泛理解为一种想象的共同体，是群体或共同体形成的社会基础。在安东尼·史密斯看来，民族主义的内涵至少包括民族的形成和发展过程、民族的归属情感或意识、民族的语言和象征、争取民族利益的社会和政治运动、普遍或特殊意义上的民族信仰和民族意识形态。① 民族主义的意识形态能够掩盖对民族国家之下具有不同利益和价值观的个人或集体进行整合，投射出一个广泛的、全社会同质的形象。② 传统的民族学研究往往从结构主义的角度来理解这种社会整合，认为由官僚机构、公司企业、社会组织、亲属网络等共同构成的"制度性的基础设施"不断生产并强化了以民族为核心的对社会现实的理解，并为个体建立起一套指导其社会行动的规范，而伴随着后现代主义转向在民族学研究领域的发展，日常民族主义作为一种新的理论范式兴起并产生较大影响，激发出从个人主义理解阐释民族意识的新进路。

日常民族主义（everyday nationalism）主要由米歇尔·比利格（Michael Billig）发展而来，强调普通人同样是民族符号、仪式与身份的参与者以及共同建构者，注重分析民族意识建构中普通人所发挥的主体性作用。奥瓦·勒夫格伦（Orvar Löfgren）认为，关于民族的想象并不仅仅依靠意识形态的建

---

① 史密斯.民族主义：理论，意识形态，历史［M］.叶江，译.上海：上海人民出版社，2011：5-9.
② DELANTY G，O'MAHONY P. Nationalism and social theory：modernity and the recalcitrance of the nation［M］. London：Sage，2002.

构来维持,还需要转化为民族成员的日常生活实践。① 这里的日常,指"社会互动、习惯、常规和实践知识的世俗细节和日常领域"②。在日常民族主义看来,民族主义在自上而下地对社会发挥结构性作用的同时,这种意识形态必须真正渗透到个体的日常生活之中,使抽象的集体情感与具象的微观实践相结合才会真正发挥作用。关于民族的想象不仅是公共规则对个体的形塑与规范,也是个人态度或行动通过一套公开的意义系统而获得社会属性的过程。就是说,作为意识形态的民族主义话语可能因日常生活中个体不同方式的解读与表达而得到强化或受到挑战。因此,民族想象的构建不仅仅是创造一套官方主流话语,有效调和个体的主观认知与客观的结构性制度的关系,更需要进行深入的讨论与思考。在我国的政治话语中,强调塑造全党、全国人民共同奋斗的思想基础,形成主流意识形态的强大引领力,而"创新传播手段和话语方式,让党的创新理论'飞入寻常百姓家'",体现出我国探索民族共同体与日常生活互联互通路径的时代性与紧迫性。

(二)国家叙事与个体话语

日常民族主义理论的提出与发展源于晚期现代性下的一个深刻背景,即全球化与个人主义的全面兴起。特别是在高速发展的数字网络技术的冲击下,吉登斯所言的"脱域"(disembeding)问题正成为普遍现象,社会关系在通过时空穿越的重新建构中同地域性的关联与互动相脱离。③ 个体间的广泛连接与数字内容的极大丰富使得个体得以充分地接触到不同的文化类型,文化自主性与选择性空前膨胀导致个性化的消费诉求高涨,从而带动文化认同的标准和类型显现差异化、多元化的发展趋势。有研究者以"难以想象的共同体"来形象地描述数字空间中的身份认同,指出"先验性身份不再具有权威合法

---

① LFGREN O. HE NATIONALIZATION OF CULTURE Reprinted from Ethnologia Europaea 19:1, 1989 [J]. Ethnologia Europaea, 2017, 47(1).
② EDENSOR T. National Identity, Popular Culture and Everyday Life [M]. London: Routledge, 2020: 17.
③ 吉登斯. 现代性的后果 [M]. 田禾, 译. 南京: 译林出版社, 2000: 18.

性，取而代之的是身份认同的自由选择和置换"①。更为重要的是，伴随着媒体赋权，信息传播模式完成由"只读式"向"读写式"转化。在人人都有麦克风的背景下，个体可以随时表达自己的观点，制作与发布内容，有意识地通过媒介技术提升自身话语权。

回到优秀传统文化媒介化实践的具体语境，在今天"全程媒体""全员媒体"的语境下，主流媒体并不能单向主导关于民族文化以及民族共同体的社会性想象，相反，它们是在主流媒体与众多个体间的互动中实现的。这是一场如卡斯特所言的"围绕社会文化的符码的无休止战斗"，其发挥作用的场域就是人的"心灵"。②要使中华优秀传统文化这一具有整一性的核心文化认同得到有效巩固与再生产，作为传播主体的主流媒体必须处理好宏观层面上主流话语的结构性与微观层面上个体日常生活实践的主观性这两者间复杂的辩证关系。

基于上述思路，从日常民族主义的理论进行重新审视，可以看到，暗含于当下主流媒体围绕赓续中华文脉所开展的融合创新的基本行动逻辑，是重新定位个体在传播语境与文化结构中的位置，努力弥合自上而下的国家叙事与自下而上的个体话语之间存在的差距，通过激活平凡经验中的个体情感以实现对国家叙事的确认，在微观互动中不断再生产出个体与中华文明和中华民族共同体的民族性关联。

三、研究设计与实施

从方法论而言，本研究主要采用半结构访谈的方式进行数据的收集与分析，面向近年来具有代表性与广泛影响力的传统文化内容融合创新的创作团队成员开展。半结构访谈是一种通过向他人提问获取信息的研究方法。此类型访谈既包括受访者预先准备好的问题，也包括由这些封闭式问题的回答所

---

① 周庆安，朱虹旭.难以想象的共同体：全球数字空间的身份认同重构[J].新闻与写作，2023（6）：43-51.
② 卡斯特.认同的力量[M].曹荣湘，译.北京：社会科学文献出版社，2006：416.

引发的后续关于"为什么""怎么样"的问题。在半结构访谈中,访谈者一次仅能访谈一位参与者,持续时间一般不宜超过一小时。①其优势在于人们对这种对话形式的熟悉度,以及可以适时改变问题以获取最详细信息的灵活性。

笔者围绕如何使传统文化通过融合视听内容有效融入用户日常生活、激活并强化用户的相应媒介参与以有效形成共识与共鸣作为中心问题,完成基本访谈问题的提纲设计。笔者于2023年完成对来自北京(6)、石家庄(1)、杭州(1)、郑州(1)、太原(1)共10人次的数据收集。被访者包括4名男性,6名女性,年龄在23至52岁之间,工作岗位涵盖新媒体编辑、分集导演、项目主管、总导演、制片人等多种类型,所在单位既有央媒,也有省级地方媒体,被访者在人口统计学特征上具有多样性(如表1所示)。访谈主要通过电话及线上方式进行,访谈时长在35分钟到120分钟不等。所有访谈在被访者知晓并同意的前提下进行录音,通过语音识别工具"讯飞听见"进行文字转化,形成访谈逐字稿。之后,笔者根据录音对逐字稿进行校正和整理,最终得到12万字的文字性资料。

表1 受访者信息

编号	性别	年龄	工作岗位	所在单位	城市	访谈时间	访谈方式
T01	男	39	总导演	北京广播电视台	北京	25分钟	微信
T02	女	33	总导演	浙江广播电视集团	杭州	60分钟	腾讯会议
T03	女	27	分集导演	中央广播电视总台	北京	75分钟	腾讯会议
T04	女	28	分集导演	央视创造传媒有限公司	北京	70分钟	腾讯会议
T05	男	23	分集编创	中国传媒大学	北京	35分钟	腾讯会议
T06	女	52	总导演	河南广播电视台	郑州	80分钟	电话通话
T07	男	47	制片人	山西广播电视台	太原	70分钟	电话通话

---

① ADAMS WC. Conducting Semi-Structured Interviews: Handbook of Practical Program Evaluation [M]. New York: John Wiley&Sons, 2015: 492-505.

续表

编号	性别	年龄	工作岗位	所在单位	城市	访谈时间	访谈方式
T08	女	25	项目主编	中国传媒大学	北京	60分钟	腾讯会议
T09	男	41	制片人	河北广播电视台	石家庄	120分钟	腾讯会议
T10	女	26	新媒体中心编辑	人民日报	北京	60分钟	腾讯会议

四、结构安排：维系连续性的制度创优

伴随着传统文化类融合视听内容由屏幕"清流"发展为日常视听消费"主流"，在媒体深度融合的背景下，优秀传统文化的媒介化实践已不再是围绕形态创新、技术赋能等单点进行创新性的探索，而是转向结构性的建设与优化，以进一步探求优秀传统文化媒介化的有效模式，在保障其连续性、稳定性的前提下保有进一步创新的活力。扁平化、一体化的组织架构塑造与科学的人才队伍建设是主流媒体在结构安排层面的主要行动。

（一）一体化：组织架构建设

主流媒体按照全媒体业务的逻辑导向对优秀传统文化融合视听内容的生产与传播流程进行高维规划，基于深度融合背景下体制机制改革的已有基础进行有针对性的再安排与再组织。主流媒体引入市场化运营思维、互联网传播模式，将优秀传统文化视听传播活动所涉及的组织架构与资源布局打散重组。如此，协同一体、多元整合、可持续发展的生产传播生态得以构建，从而激活生产要素，优化生产流程，为优秀传统文化视听传播活动提供科学体制与灵活机制的保障。

在青年网络群体中备受热捧的"中国节日"系列节目由河南广播电视台旗下的全媒体营销策划中心制作运维，其由河南广电文艺部、精品广播剧创作部、纪录片工作室与2014年成立的大象融媒体技术公司合并改组而来。如

图 1 所示。

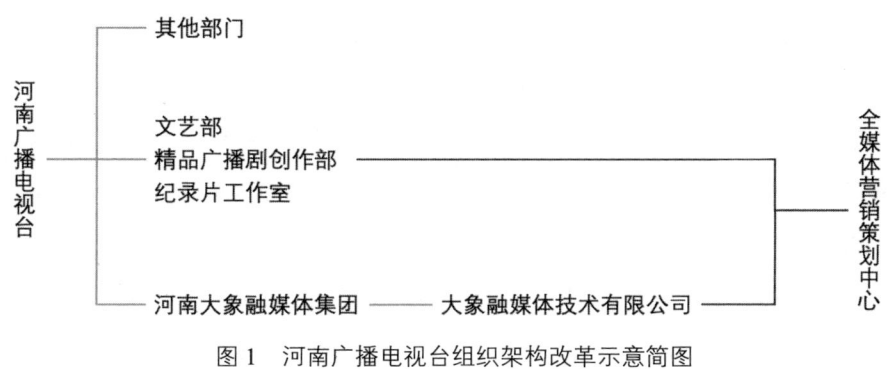

图 1　河南广播电视台组织架构改革示意简图

受访者 T06 由专门负责晚会及大型活动制作的文艺部转入全媒体营销策划中心，组织架构的变化使其工作方式发生显著改变："在文艺部的时候，我带着导演组做完节目播出了，我们的任务就完成了……但在这儿（全媒体策划中心）……导演组是整个流程中重要的一环，但绝不是唯一……除了导演团队外，我还有一个商务团队和一个宣发团队，他们同时跟进。我（导演组）的方案提出之后，要和商务来沟通……同时要报一套方案给宣发人员，我们要一起开会，沟通内容里有哪些（可能的）爆点，他们来做相应的宣发方案……播出之后我们也要继续跟进……这和过去完全不一样。"

在一体化组织架构下，传统主流媒体内部彼此相对独立的各部门得以打破边界，合而为一，保证了从策划、创作、分发再到后期运维的连贯性，让市场思维、营销思维从创作阶段起贯穿始终，有效缩短市场与传统文化视听内容创作的距离，推动了资源在内容生产与传播中的科学分配。这使得"中国节日"系列节目能不断守正创新，持续贴合互联网传播规律，紧跟受众内容偏好与消费需求进行生产分发。

（二）年轻化：人才体系转型

在结构性探索上，主流媒体同时着力推动人才队伍的年轻化，积极引进熟稔移动互联网传播规律、具备新媒体产品运营能力的年轻人才，优化团队

内部人才结构，全面提升团队整体专业素养与创新能力。以受访者 T03 所在的《国家宝藏》制作团队为例，核心团队年龄结构较为年轻，处于内容编创主导岗位的人员年龄整体不超过 30 岁。"我们团队的制片人很年轻，40（岁）左右。一线的节目导演基本上都是 90 后，差不多都在 1992 到 1995 之间……因为团队整体年龄比较小，所以更多会从我们这个年龄层去考虑问题。"团队的年轻化使得《国家宝藏》在对国宝文物的视听化呈现过程中天然地关注年轻受众群体的喜好，在呈现方式、网络运营上也更懂年轻人，能够有效引起网络圈层的兴趣与关注。此外，主流媒体也在机构外部寻求人力资源的拓展，同网络平台、新闻类院校以及网红 UGC 内容作者进行合作，以此作为对自身人才队伍的有益补充，如《人民日报》新媒体中心同传统文化传播多元机构外主体开展的共创式生产（T10），见于《中国日报》新媒体账号的《行走中国》（T08）与中新社的《解密中华文化基因》（T05），均与高校师生团队合作推出。

其次，引入引导良性竞争的激励体制，释放人才资源的活力与潜能，以实现人才成长与传统文化融合视听内容创新进步的良性循环。以河南广电为例，根据其主要负责人的公开发言，目前河南广电干部、员工基础工资统一为 3500 元，主要通过多劳多得的绩效激励机制拉开差距，"中国节日"系列节目等产生突出传播效果与社会效益的项目与人才将重奖。①出品"中国节日"系列节目的全媒体营销策划中心内部实施工作室制度，"中国节日"系列节目采取内部竞聘方式，由各工作室向总经理办公会提交方案审议，竞聘成功的团队来进行该季"奇妙游"内容的制作与运维。

五、奇观打造：传统文化的视听"创现"

在这里，我们以一个新词汇"创现"表示传统文化的再现与创新，是传统文化时代化的创造。视听融合创新是承载关于民族文化与民族想象的主流话

---

① 李波以．中国节日"裂变传播后，河南广电台副总编李波谈"破圈之道"［EB/OL］.（2021–10–26）［2022–10–24］. http://news.hnr.cn/djn/article/1/1452932350129532929.

语的载体，也是进入个体民族意义世界、影响并整合用户话语的接合点。在将优秀传统文化搬上大小屏幕这一"充满了变数的创变与重构"的过程中，主流媒体以趣味性的形态拓展、极致性的创意再现、生活化的语态语调为基本着力点，组织优秀传统文化的视听生产，通过视觉奇观的打造创新和丰富用户观看体验，在强化内容对用户的感性吸引力的同时，重塑着整个意义场域的面貌。

（一）趣味性：内容形态的纵深开发

由于移动社交网络平台的普及，年轻用户越来越趋向于在休闲、愉悦中接触媒介信息。在媒介使用过程中，用户个体的愉悦程度与使用态度正向相关。[①]特别是在情感化特征愈发突出的传播语境下，趣味性在受众与内容间扮演着重要的桥梁作用。因此，让优秀传统文化变得好看、好玩、有趣是主流媒体视听传播的一种基本思路，也是凸显传统文化魅力的重要抓手，如访谈对象 T01、T06、T09 所提到的，作为面向社会大众的视听内容，传统文化的打开方式绝不应是单纯强调知识性与说教性的课堂，只有通过视觉形象激起受众的兴趣，才有可能培养起其对传统文化的真正喜爱。"我想我该做的事情，就是让大家都喜欢靠近它（传统文化）……不论这个知识是多么严肃，只要你感染了他，让这个人感兴趣了，他自己扎进去，你拦都拦不住，这才是我们文化的魅力（的体现）。"访谈对象 T09 表示。

围绕增强趣味性这一目标，主流媒体在内容形态上做深入拓展，涌现出多种特色各异的制作模式。在受访者参与制作的相关融合视听内容中，便可归纳出以《最美中轴线》（T01）为代表的实地探寻类真人秀，以《典籍里的中国》（T04）、《国家宝藏》（T03）为代表的"剧场"模式，以《走进大戏台》（T07）为代表的竞演模式，以及"中国节日"系列"网剧+网综"的模式等。这些多元化内容形态展现出对优秀传统文化的广阔解读空间，同时，趣味多彩的表现形式削弱了观众原先对传统文化的刻板印象，使其在新的语境中生发出新的意涵，以一种受众意想不到的清新之感、鲜活之感跃然屏幕之上。

---

① 刘强.融合媒体受众采纳行为研究［M］.上海：上海交通大学出版社，2012：140.

（二）极致性：技术赋能的景观构建

有研究者指出，视觉技术的加持为优秀传统文化带来的是一种连续而极致的视觉化呈现，这使得融合视听内容得以转化成自洽的、系统性的文化事件。① 对 8K、XR、AI、裸眼 3D 等一系列新兴技术的系统化整合与运用，使主流媒体在对优秀传统文化的媒介化转化过程中得以进一步拓展想象力与创造力，赋予优秀传统文化新的符号可见性与美学特质。优秀传统文化中较为抽象的元素以及传统文化资源中浓缩的、相对遥远和艰深的意义得以实现符号化，并赋予美学意义，以赏心悦目的视听形象进行表现与阐释。同时，依托前沿视觉技术与视觉装置的丰富可供性，主流媒体得以进一步在视听语言细节上精雕细琢，将优秀传统文化的景观建构推向极致。一方面是抵达，在强大的算力与表现效果的渲染下，优秀传统文化能够以更加生动的方式得以具象化呈现，使自身在视觉上得以激活，相应地纵向勾连起其深层次的生命力内涵，从而让美化升华的历史文化抵达现实用户头脑，让想象激活的现实用户进入传统文化空间。另一方面是融入，融合视听内容的叙事场景得以进一步丰富，用户感官体验得以显著延伸，从而进入一个超越时空与虚实的文化体验空间，用户得以沉浸式地具身感受优秀传统文化的魅力。这种技术赋能所带来的文化事件，引导并强化了用户对传统文化的信服、信任与信心。

受访者 T08 是一位博士研究生，其所在高校师生团队同《中国日报》联合制作推出系列融视频内容《行走中国》。为生动体现"青春行走，看见中国"的主题，达到让"Z 世代"在祖国各地边行走边讲述的效果，制作团队综合采用粒子特效、MG 动画、三维建模、数码手绘等技术，与实拍画面有机结合，让用户得以跟随主讲人身临其境地感受祖国大地上的文化遗产、风土人情建设成就。"我们转化成这种不受时空限制的，而且非常生动灵活的形式，是当下比较主流的一种视听制作方式……它让符号动了起来，切实可感，更能够嵌入我们的生活当中。"受访者 T08 表示。

---

① 吴畅畅.浅议河南卫视"中国节日"系列短片的"文化中国性"[J].新闻与写作,2021（12）：92-96.

再如总台 CGTN 获得 2023 年亚广联新媒体大奖的系列英文博客融媒体产品《我们为什么爱敦煌》，综合运用图文海报、音频博客、短视频、互动 H5 等，创意性地讲述流传千年的敦煌故事，如竖视频《敦煌壁画中的胡旋舞》，采用动态插画让莫高窟壁画中的胡旋舞者形象"舞动"起来，简洁形象地动态化处理直观展现出敦煌壁画灵动舒展、飘然欲仙的美感，使这一极具中国特色的传统文化被生动地展现给外国受众。

（三）生活化：叙事表达的重新调和

拉克劳与墨菲的话语理论指出，一种话语若要在社会范围内占据主导地位，成为人们视作理所应当的社会想象，则必须寻求与其他竞争性话语中的话语要素的接合，将不同的话语表达连接、整合在同一个项目之中，从而实现对其他多元话语的统摄与引领。[①] 在我国优秀传统文化的媒介化实践中，为推动相关融合视听内容的"出圈"，唤起用户群体特别是青年用户的自发认同，主流媒体着力推动叙事表达方式的生活化转型，努力在主流叙事与个体话语中找寻更多接合的可能性，进而缩小两者间的距离，强化个体呼应、反哺主流文化与价值的积极性。当然，在这个过程中，我们需要深层次讨论的是主流文化在话语空间方面应当具有更大的包容性；而在话语的开放性方面，其对话性与交流性更不可忽视。尤其是涉及意识形态的理论、政策、观念和主张等，主流话语的转化和吸收成为传统文化媒介化行动的难点与重点。

首先，对于优秀传统文化的呈现与讲述，主流媒体有意识地将其同用户的日常生活相贴合，从用户关心、感兴趣的现实生活议题切入。以受访者 T06 参与制作的聚焦传统书法艺术的《妙墨中国心》为例，在前期策划时，T06 所在的团队坚持将节目做到社会场景里，在人来人往的街头设置供人们观察与体验的"妙墨屋"。"把它（书法）拉入老百姓的世界里……让各行各业的人都来看书法作品，来点评，告诉大家，其实书法也可以走进老百姓的

[①] HOWARTH D. Discourse Theory and Political Analysi, Research Strategies in the Social Sciences [M]. Oxford: Oxford University Press, 1998: 268–292.

生活。"受访者 T06 表示。其次,主流媒体积极尝试将年轻用户喜爱的流行文化元素引入内容生产中,从而贴合青年群体的文化旨趣,如受访者 T01 参与制作的《最美中轴线》,让流行艺人通过编创、演唱流行歌曲的方式来表现和解读北京中轴线,让古老的历史文化遗产同现代流行艺术相交融。再如受访者 T02、T03、T04、T06 在访谈中均提到,在设计视听内容嘉宾阵容时,均会考虑一定比例地纳入对年轻群体具有较大号召力的年轻艺人或流量网红,吸引用户广泛且持续的关注。最后,在具体的表达语态上,主流媒体努力推动平实化、通俗化、网感化的转型,努力向日常媒介使用中用户所熟悉和喜欢的话语风格靠近,并积极介入网络流行语,从而进一步实现柔性表达,让用户能够更好地解读和认同创作者的传播意图与意义表达,扩大主流话语的圈际影响力,巩固、强化话语引领与认同效应。

六、弥合"结构洞":内容传播的创新策略

从社会学学者罗纳德·伯特(Ronald Burt)所提出的"结构洞"理论来看,由于多元网络圈层与文化认同的存在,作为主流话语的优秀传统文化在传播过程中与作为个体节点的用户间存在着联结的空隙,即"结构洞"。这个"结构洞"其实是在新媒体语境下,主流媒体与个体用户间的信息与话语差异,媒体融合的传播方式和话语创新其实就是在缝合这个差异。由此而言,主流媒体只有填补结构洞的位置,才能够真正获得信息利益与控制利益,对两端节点进行调动,并从整个关系网络中获得叠加式的收益积累。① 为在融合视听内容传播过程中有效弥合"结构洞",差异化、社群化、IP 化成为主流媒体在传播策略调整上的客观选择。

(一)差异化:跨平台的分发体系构建

在优秀传统文化视听传播实践中,为最大限度地占据结构洞位置,实现

---

① 伯特. 结构洞:竞争的社会结构[M]. 任敏,李璐,林虹,译. 上海:格致出版社,2008:30.

与用户群体关系的激活，打造全渠道分发矩阵，形成跨平台的立体传播体系，成为主流媒体争取传播效果最大化的行动选择。一方面，主流媒体着力打造自主可控的自建平台，另一方面，积极入驻第三方平台，依托商业平台业已形成的关系触角布局细分式入口，丰富视听内容传播场景，扩大辐射范围。

在充分掌握各平台/渠道实际特点的基础上，主流媒体采取差异化策略进行视听内容投放，使内容得以高效、精准、垂直化地同相应用户所匹配。以受访者T04参与制作的《典籍里的中国》为例，不同渠道的内容分发各异。除电视端及主要网络视频网站上播出的正式节目之外，创作团队在央视频平台定向投放了两档融媒体衍生微综艺，分别为《"典"赞加关注》与《有"典"意思》。《"典"赞加关注》将每期节目原素材中嘉宾戏剧排练的纪实段落单独制作成10分钟左右的微真人秀，让用户了解与戏剧、戏剧演员相关的更多幕后故事。《有"典"意思》则是正片内容的"极速版"。"主要是主持人和当期（正片）内容主演进行对话……相当于把差不多90分钟的节目浓缩到三五分钟内，把它最精髓、最经典的东西给挑出来。"受访者T04表示。在抖音、微博等平台上，创作团队主要投放短视频内容，以节目正片拆条与二次创作为主。"更多的是在同一主题下把不同期重新剪在一起……如《史记》那期，我们就把它做成游戏《英雄联盟》那样，来看看这一期主持人一共收集了多少个英雄。"从跨媒介叙事的角度来看，这些在不同平台投放的视听文本各司其职，共同建立起超越正片内容的更广大的关于历史典籍前世今生的故事世界。

（二）社群化：重黏性的私域流量运维

为网络空间中的公域流量转化为相对稳定、可持续作用的私域流量，主流媒体着力进行趣缘社群的打造，巩固同用户的互动关系，提升其参与活性，实现传统文化类融合视听内容向个体日常生活的嵌入。

在运营过程中找"网感"，主流媒体不断寻找视听内容传播过程中隐藏的热点与爆点。以高辨识度、高传播性话题的引导，吸引用户积极参与平台社群的互动。"（节目）播出之前团队会再看一遍片子，从宣传的角度去找一些

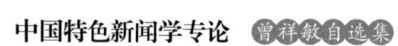

合适的小话题……如《国家宝藏》第三季做的三星堆……我们去调研的时候发现有个刚出土的文物特别像《愤怒的小鸟》里的小猪……宣传的时候就拿这个点起了标题。"受访者T03表示。

借力其他传播圈层所积累起的已有私域流量池进行流量牵引也是主流媒体运维趣缘社群的重要方式，具体体现为邀请高人气名人、进行共创生产、策划联名活动等形式。受访者T01、T02、T03均明确表示在传统文化视听内容的嘉宾安排上会选取粉丝规模可观、对年轻群体有号召力的明星艺人，"希望能够把更多年轻人吸引过来，去重视和喜欢我们的传统文化"。不过，受访者T10指出，具有较大网络流量的头部"自媒体"创作者进行共创式生产也已发展为业界较为普遍的合作方式。"这个过程不是说由哪一方主导，其实很多时候我们是共同碰撞的一个过程，一起商量着来完成（创作与传播）。"这些明星艺人、网络红人在主流话语于网络社群的持续下沉与发酵中发挥了重要的触媒作用①，为中华文化获得大流量赋能发挥了积极作用。

（三）OIP化：产业化的价值链条延伸

基于融合视听内容打造优秀传统文化IP，有利于在流量稀缺的传播环境中持续获得关注，同受众群体之间培养起较为稳固的消费关系。IP背后是广大的粉丝群体与丰富的注意力资源，②打造一个成功的IP意味着获得一条与个体民族意义世界相勾连的长期通道，而围绕IP所开发的一系列实体产品则进一步得以在日常生活中流通。

综合所有受访者的访谈内容，"中国节日"系列节目在IP孵化探索上形成逻辑相对清晰的体系。自《唐宫夜宴》走红后，河南广电即围绕舞蹈中的唐宫舞女形象衍生出"唐小妹"的人格化IP，之后陆续衍生出Q版人物画和漫画与3D动漫形象。从《2021端午奇妙游》起，"唐小妹"开始根据节目需

---

① 翁旭东，曾祥敏．在场、组局、破圈：突发重大公共事件中主流媒体移动社会化传播的破与立［J］．电视研究，2020（9）：56-60.

② 郑玄，龚逸琳．原生IP视角下传统主流媒体的内容创新研究：以央视频《央young之夏》为例［J］．电视研究，2021（11）：29-32.

要分化成多个不同的角色形象，逐渐丰富着"唐小妹"的角色阵容。此类优质 IP 自带势能，以较低且可控的成本有效强化了传统文化视听内容的人格化与感染力，显著提升了主流话语的连接力与影响力。

在发掘、培育优秀传统文化类 IP 资源的同时，传播主体以市场化思维进一步推动 IP 资源的产业化，使传统文化以具象化的产品与服务的形式落地，通过视听内容的高热度传播带动相关消费，释放传统文化视听内容的长尾价值，在用户与传统文化间建立起双向互动的新连接，如《上新了·故宫》背靠故宫这个首屈一指的大 IP，将文创产品的设计开发巧妙地接入视听内容的主框架中。在各期节目中脱颖而出的文化创意衍生品由节目组上线某电商平台，开启项目众筹与商品预售，文创产品"畅心睡衣"在众筹期间获得一万三千余人的参与，所筹款目超 750 万元，远超 5 万元的筹款目标，展现出故宫 IP 惊人的价值变现能力。

七、结论与讨论

日常民族主义将民族分析由宏观层面引向微观层面，研究焦点也从国家在共同体建构过程中的结构性功能转移至日常生活与流行文化中建立在个体经验之上的民族情感。个体是共同构成关于中华优秀传统文化与中华文明的群体性认同的最小单位，也是优秀传统文化融合内容生产传播的最终归宿。在日常生活中，个体是解读信息、确认意义、选择认同的主角，由其最终能动地赋予客体某种理解方式或社会含义。

随着一系列优秀传统文化内容融合创新的出彩与出圈，当前主流媒体从视听传播层面对优秀传统文化所展开的媒介化实践所要解决的主要问题，实质上是如何弥合有关优秀传统文化以及隐含的民族共同体想象的国家叙事，与个体的体认和话语之间的差距。沿着这一逻辑出发，基于对 10 位融合视听内容专业创作者的访谈，可以看到在主流媒体围绕优秀传统文化创造性转化与创新性发展而开展得如火如荼的融合传播的行动情境中，较为清晰地浮现出具有一定普遍意义与实际效能的逻辑。

推动优秀传统文化有效进入用户个体的日常生活、塑造其对优秀传统文化的认知、推动民族想象与民族意识在微观层面实现更新和再生产，受这一目标驱动，第一，主流媒体着力对制度性结构进行优化调整，以一体化的组织架构与年轻化的人才队伍为优秀传统文化的视听传播的连续性、稳定性提供制度性保证。第二，主流媒体在内容生产层面聚焦打造视觉奇观，以趣味性的形态拓展、极致性的创意再现、生活化的语态调和为基本着力点组织优秀传统文化的视觉形象生产，丰富用户观看体验。第三，主流媒体在视听内容传播上进行策略创新，通过建立差异化的分发体系、强化内容社群的运维、推动IP延伸价值链条的行动以占据传播网络中"结构洞"的优势位置。

由此做进一步延伸，伴随着数字媒介的纵深发展，不断解放的媒介参与能力与日益扩张的个体话语倒逼主流媒体在编织与传播民族意识与国家话语时更加注重用户的个体感受与认知。可以说，主流媒体在不断拓展主流话语的内涵与外延的过程中，一直遵循"守正创新"的原则与要义。同时，主流媒体关于优秀传统文化的实践逻辑与行动方法，与媒体融合由离散式、试验性创新探索走向一体化、生态型建构的发展趋势高度契合。这展现出媒体深度融合和文化创新发展的现实同构与时代共创。媒体深度融合为优秀传统文化的现代化焕新提供了理念参考与物质条件，优秀传统文化则为融到深处、回归内容的主流媒体提供了丰富的优质素材，创造了新的发展突破点。若要继续在传统文化类视听内容对个体民族意义世界的关联和统摄上实现边际性突破，作为国家话语中介与实际传播主体的主流媒体须进一步在上述二者间实现发展性平衡。如何使二者在有效构建当代国家意识与身份认同的传播实践中更好地发挥合力？是否能从这两个维度出发，进一步形成优秀传统文化媒介化实践的行动模型？这些议题同样值得探究与讨论。

第二部分
主流舆论引导与社会治理

全媒体语境下提升主流意识形态引领力的有效路径*

党的十九届五中全会提出,"坚持马克思主义在意识形态领域的指导地位,坚定文化自信,坚持以社会主义核心价值观引领文化建设,加强社会主义精神文明建设",并把"推进媒体深度融合,实施全媒体传播工程,做强新型主流媒体,建强用好县级融媒体中心"作为一条重要实现路径。当前,在媒体深度融合发展的背景下,主流意识形态传播的有效性面临新的机遇与挑战,增强主流意识形态的传播力、引导力、影响力、公信力,是我们必须下大力气解决好的一项课题。

一、推进媒体融合发展,助力社会主义文化强国建设

习近平总书记指出:"意识形态决定文化前进方向和发展道路。必须推进马克思主义中国化时代化大众化,建设具有强大凝聚力和引领力的社会主义意识形态,使全体人民在理想信念、价值理念、道德观念上紧紧团结在一起。"中国特色社会主义进入新时代,必须把统一思想、凝聚力量作为宣传思想工作的中心环节,而推动媒体融合发展,能够为做大做强主流舆论,巩固

---

* 文章原载于《光明日报》2020 年 11 月 27 日理论版,与中国传媒大学电视学院党委副书记程素琴、中国传媒大学电视学院副教授丰瑞(均系北京市习近平新时代中国特色社会主义思想研究中心特约研究员)合作,收入本书时,略有删改。

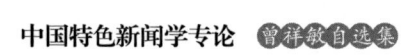

全党全国人民团结奋斗的共同思想基础提供强大精神力量和舆论支持。

在互联网和全媒体传播语境下，网络空间的开放性与离散性特征使得多元价值信息、各种社会思潮涌现，人们思想活动的多样性和差异性日趋增强，这为主流媒体提升舆论引导、思想引领、文化传承、服务人民等能力提出了一系列新要求：首先，要体现思想引领社会进步与时代发展的重要价值，引领改革实践创新和其他各方面的创新；其次，要把握正能量这一总要求，积极传播和弘扬社会主义核心价值观；再次，积极回应社会关切，践行以人民为中心的发展理念，为人民的利益和诉求发声；最后，让党的创新理论"飞入寻常百姓家"，推动创新理论大众化、通俗化，引领公众自觉抵制错误思潮。

二、创新全媒体传播手段，有效传播主流意识形态

在全媒体背景下，技术赋能信息生产、传播与分发。5G、大数据、云计算、虚拟现实、物联网、人工智能等信息技术革命成果为主流意识形态的传播与引领插上翅膀。中共中央办公厅、国务院办公厅近期印发的《关于加快推进媒体深度融合发展的意见》强调，强化党的领导，把推进媒体深度融合发展作为本地区本部门本单位落实意识形态工作责任制的重要内容。从技术创新到产品创新、平台创新，其最终目的是建成一批具有强大影响力和竞争力的新型主流媒体，逐步构建网上网下一体、内宣外宣联动的主流舆论格局，建立以内容建设为根本、先进技术为支撑、创新管理为保障的全媒体传播体系。在媒体深度融合发展的过程中，主流媒体要适应移动优先、人需优先、场景适配、价值匹配的传播诉求，用新技术、新手段建立起与用户全新的连接。一方面，以先进技术为支撑，充分理解各种技术实现创新的可能性，主动运用全媒体的信息形态与表达、多终端的分发与触达、智能化的生产与精准推送，面向公众达到有效的引领效果，面向用户圈层形成有效的"突圈破壁"，面向个性化需求实现有效的价值满足。另一方面，要警惕技术可能带来的种种弊端，尤其是要防范利用技术牟利，做出扰乱主流舆论、有损公众利益、破坏社会稳定的行为；充分辨识诸如深度伪造技术、社交机器人等带来

的虚假有害信息传播、不良思潮扩散，及时有效采取反制措施，营造清朗的网络空间。

在媒体深度融合背景下有效传播主流意识形态，一个重要方面是推进话语方式革新。这就要求我们在传播主流意识形态时，放下姿态、转变语态、创新形态。所谓放下姿态，就是改变耳提面命式的说教，换之以互动沟通交流。所谓转变语态，就是要实现话语表达的转换，充分发挥专业能力，把宏大的理论、深刻的思想转变为生动、易于传播的大众话语，增强信息传播的鲜活性和亲近性。探索传统话语和时代话语的融合，使传播有感染力和文化魅力，加强公众认同。所谓创新形态，就是以全媒体传播手段，以图文、视频、交互融合产品等全息形态增强主流意识形态的感染力、吸引力。同时要认识到，我们不能被网言网语所绑架，要坚决抵制那些功利主义的网络流行语对主流意识形态话语的消解，维护主流意识形态话语的权威性，坚持主流意识形态话语的主导性。

在全媒体时代，网络和社交平台的开放与共享让人人都有麦克风，容易形成众声喧哗之势，但与此同时，平台的开放性也带来了开门强技术、开门办媒体的机遇。如何扩大主流意识形态的传播群体，巩固凝心聚力的思想基础，是主流媒体面临的重要时代课题。在这方面，《关于加快推进媒体深度融合发展的意见》强调，"坚持以人民为中心的工作导向""以开放平台吸引广大用户参与信息生产传播"。以此为指导，我们不仅要融合创新传统主流媒体和其新媒体端口矩阵，还要进一步办好各级政府机构传播端口和社交账号，积极引导自媒体账号参与传播，进而形成"主流媒体+政府机构+自媒体社交账号"的传播体系和层次，发挥传播联动效应。与此同时，我们还要主动进行舆论斗争，形成针对性的传播斗争体系和层次，探索破解不良思潮和有害信息的方法。

三、加强话语体系建设，讲好新时代的中国故事

当今世界正经历百年未有之大变局，我国正处于实现中华民族伟大复兴

的关键时期。经过长期奋斗，我国经济实力、科技实力、综合国力跃上新的台阶，中国的国际影响力也在不断增强。在此背景下，我们应进一步加强话语体系建设，善于提炼标识性概念，打造易于为国际社会所理解和接受的新概念、新范畴、新表述，提升我国文化软实力，增强我国主流意识形态的吸引力和国际话语权。

在纷繁复杂的国际形势下，我们准确研判世界发展大势，提出构建人类命运共同体理念，大力推动"一带一路"国际合作，推动建设相互尊重、公平正义、合作共赢的新型国际关系。我们应发扬优良传统，坚持守正创新，充分运用全媒体传播手段，不断加快融合发展，提升国际传播能力和水平，更好地向世界介绍新时代的中国，更好地展现真实、立体、全面的中国。

总之，在新的时代背景下，我们要主动适应全程媒体、全息媒体、全员媒体、全效媒体的传播语境，契合智能化、互动化、场景化的全媒体传播特性，积极运用新技术、新手段、新表达，提升我国主流意识形态的传播力、引导力、影响力、公信力，巩固马克思主义在意识形态领域的指导地位，巩固全党全国人民团结奋斗的共同思想基础，并为中国走向世界、世界读懂中国作出应有贡献。

新媒体语境下新闻反转、舆论生成机制和治理路径探究*

移动社交平台语境下的舆论场众声喧哗，传统媒体的把关人角色被"去中心化"的互联网信息场逐步消解，代表各种利益、诉求的传播主体入场，群体化的情绪传播入局，态度、情绪、行为成为传播的重要内容。个体作为社交传播的节点会迅速放大和扩散信息，甚至可以在短时间内使某些信息成为惊爆点。微信的"强关系"促成了情绪的圈层极化。正是在这样复杂的社交传播语境中，传统结论式的新闻报道被改变，新闻信息呈现的过程被不断放大，呈现的角度逐渐多元，"竞争性真相"[①]被有意识或无意识地选择和聚焦。在此过程中，不断出现新闻信息反转，并进而引起舆论高潮甚至极化以及舆论的强势反转。从2013年新华网发布的《新华网盘点2013十大反转新闻：有图未必有真相》开始，新闻反转事件出现的频率越来越高，不仅会带来舆论热议，也在一次次反转中消磨了新闻媒体的公信力和权威性。为此，本文试图运用定性比较分析法（QCA）探讨新闻反转以及舆论生成的复杂影响要素、生成机制以及如何针对性地减少新闻反转，降低舆情风险，助推风清气朗的网络空间的形成。

---

* 文章原载于《社会科学》2020年第7期，与中国传媒大学电视学院硕士研究生戴锦镕合作，系国家社科基金重点项目"移动互联网背景下主流媒体新闻视听传播变革研究"（项目编号：18AXW003）的阶段性成果，收入本书时，略有改动。

① 麦克唐纳. 后真相时代［M］. 刘清山，译，北京：民主与建设出版社，2019.

一、新闻反转的概念界定及研究溯源

（一）新闻反转的概念界定

新闻反转既包括新闻事实的反转，也包括随之而来的舆论反转。黄楚新认为，逆转新闻，也称反转新闻，指的是针对同一新闻事实，媒体后期的报道内容与前期报道内容显现出较大差异，随着报道内容不断深入与完善，新闻报道内容向相反的方向改变，受众立场随报道内容呈现两极化发展的新闻传播现象。① 有研究从新闻反转事件形成的原因和特点进行界定，刘峰提出新闻反转就是那些紧跟社会热点、标注新闻热词继而引发广泛关注，但随后被证实与事实主体或全貌不符，甚至与事实截然相反的新闻现象。② 也有研究关注新闻事件与新闻报道和事实之间出现偏差以及受众的反应变化。其中，王立等对"新闻反转"的定义较有代表性，她认为"新闻报道反转"是指媒体最初报道的新闻向相反方向转变，随着报道不断深入，事件真相被更加客观全面地呈现，受众的立场急剧逆转，舆论表现出与之前截然相反的一面。它阶段性地呈现部分真实，是新闻报道逐渐接近真相的过程，其本质是一种新闻失实。③

本文认为，新闻反转事件主要指针对某一新闻事实，信息呈现与传播不全面，或与事实不符甚至截然相反，随着事件的进展，信息呈现逐渐多元全面，报道出现逆转，从而引发舆论态度立场的转变。因此，新闻反转应当包括两个层次：一是新闻事件信息的反转；二是舆论的逆转。有的事件和舆论，甚至出现两到三次反转，如"重庆公交车坠江"和"男子开房就被抓，到底谁是影帝？"等事件。

---

① 黄楚新，王丹.逆转新闻的成因及应对策略：从媒介素养的视角分析［J］.新闻与写作，2015（10）：25-28.
② 刘峰.新闻反转剧背后的媒体课题［J］.新闻与写作，2014（5）：74-76.
③ 王立，杨丽萍.新媒体环境下的新闻报道反转现象：从人民网所评2015年十大反转新闻说起［J］.新闻世界，2016（10）：75-78.

(二)新闻反转事件的产生原因

对于新闻反转事件产生的原因,多数研究都是从媒体、新闻传播模式以及受众角度入手的。王景巍等认为,刻板印象、媒体把关不严、受众缺乏媒介素养、易受"意见领袖"左右是反转新闻产生的主要原因。[①]黄楚新等从专业人员专业素养缺失、媒体人职业道德素养缺失的角度探讨了逆转新闻的成因及对策。[②]钱文霞认为新闻媒体受到固有认知模式的影响,片面化和自由化传播造成了反转新闻,违反了新闻自由的初衷。[③]王传礼认为反转新闻违背了新闻真实性原则,而媒体逐渐走向商业化和娱乐化,以公众为中心影响了媒体的社会责任是其产生的深层次原因。[④]

(三)舆论反转现象研究

后真相时代的舆论反转现象也是学者们研究的重点,多数学者认为后真相时代的舆情反转与议程设置、大众观念以及少数意见领袖等相关。韩运荣认为,舆论反转具有新闻反转的成分,是公众意见的对立、胶着和裂变,舆论反转的原因在于潜在利益相关者的情感纠缠和观念之争。[⑤]王志立认为,网络舆论场域中的新闻反转现象,实际上是在新媒体传播环境下新闻真实的再现过程,是新闻真实不断被纠正的过程,这个过程体现了传播权利的结构变迁、群体参与的话语转向和再现新闻真实的机制变迁。[⑥]李静认为,一些网络"中坚分子"的分析引起受众的反向思维,使得原来处于"劣势"或"少数"的意见被更多的网民接受,甚至变为"优势"或"多数"意见,使舆论反转

[①] 王景巍,周文韬. 从新闻专业主义视角看新媒体时代新闻反转现象[J]. 记者摇篮,2016(12): 10-12.

[②] 黄楚新,王丹. 逆转新闻的成因及应对策略:从媒介素养的视角分析[J]. 新闻与写作,2015(10): 25-28.

[③] 钱文霞. 从反转新闻看媒体公信力危机[J]. 新闻战线,2016(18): 15-16.

[④] 王传礼. "反转新闻"与媒体社会责任的构建[J]. 新闻战线,2016(22): 15-16.

[⑤] 韩运荣. 舆论反转的成因及治理:通过新闻反转的对比分析[J]. 人民论坛,2019(30): 116-118.

[⑥] 王志立. 网络舆论场域中新闻反转现象的传播学反思[J]. 新闻爱好者,2018(2): 45-48.

现象发生。① 王国华、闵晨、钟声扬等认为，网络媒体的无意识议程设置（议题驱动、媒体自净）、有意识议程设置（话语竞争、框架预设、媒介共鸣）及网民议程设置（舆论领袖、网络暴力）等是引发舆论反转的关键因素。② 由此可见，舆论反转一方面是随着新闻事件信息的反转而出现的舆论逆转，另一方面是舆论不断博弈、发展的结果。

（四）媒介素养反思

多数文献的落脚点都是媒介素养反思。陆学莉认为，新闻真实的重构常陷于两难境地，网民素养与集体认同感的培养和提升，监督和司法之间的平衡和制约等问题，仍需要更深层的探究。③ 吴桐认为，为降低反转新闻带来的不利影响，需要主流媒体及时承担起自己的职责，在新闻传播的初期对信息来源进行合理把关，从源头上杜绝反转新闻发生。④ 刘峰提出，遏制新闻反转剧愈演愈烈的态势，最好的办法还是回归新闻本位，恪守新闻真实的底线。⑤ 可以看出，媒体素养对反转新闻的形成及规避都有重要影响。

通过研究溯源发现，关于新闻反转事件产生的原因进行探讨的文章居多，且多为质化分析，而关于新闻反转事件的形成及其舆论生成和反转机制的系统性研究很少，因此本文试图从新闻反转事件生成的机理着手，研究其产生要素及对舆论的影响，总结出具体并有针对性的应对方法。

二、研究方法

鉴于本研究围绕新闻反转事件的生成机理、产生路径和具体影响因素，即新闻传播过程或事件发展过程中的哪些因素会迅速引爆舆论，哪些条件会

---

① 李静.新媒体时代舆论反转现象的传播学思考［J］.新媒体与社会，2018（4）：181-193.
② 王国华，闵晨，钟声扬，等.议程设置理论视域下热点事件网民舆论"反转"现象研究：基于"成都女司机变道遭殴打"事件的内容分析［J］.情报杂志，2015（9）：111-117.
③ 陆学莉.反转新闻的叙事框架和传播影响［J］.新闻记者，2016（10）：41-49.
④ 吴桐.全媒体时代下主流媒体在反转新闻中的担当［J］.西部广播电视，2019（14）：86-87.
⑤ 刘峰.新闻反转剧背后的媒体课题［J］.新闻与写作，2014（5）：74-76.

让舆情偃旗息鼓等问题展开，笔者采用量化研究，侧重分析各要素间的关联程度。为了使研究能控制在相对可以操作的范围内，本文采用基于小样本案例的定性比较分析法（QCA），这一方法由查尔斯·拉金（Charles C. Ragin）在 1987 年提出，是一种以中小案例研究为导向的理论集合研究方法，[①] 它基于布尔代数的基本原理，借助集合论的思想考察复杂社会现象的原因组合路径和影响方式，整合了传统定量研究和定性研究的各自优势，力图开辟一种混合取向的方法路径。

在案例样本规模上，QCA 进行了限制，样本规模最好在 10 到 60 个之间。虽然小样本数据意味着有相当一部分解释变量无法观察到，但正如拉金所言，有限的变异（Limited diversity）是社会科学研究中的常规现象，即使在大样本数据中也经常遇到。[②] 面对新闻反转事件中复杂的因果关系，引入 QCA 有助于进一步厘清传播研究的因果关系，对多元原因条件组合情况进行分析，在原因分析和解释上得出新的结论。

李良荣、郑雯、张盛通过定性研究方法对 2010—2011 年间的 195 个网络群体性事件进行大样本案例分析，探索网络群体性事件的爆发机理。[③] 高瑞基于 14 例网络公共事件的定性比较分析，对网络公共事件的生成机制进行研究。[④] 张晋升、祁志慧通过 57 例虚假新闻的清晰集定性比较分析对虚假新闻高热度传播组合路径进行研究。[⑤] 这些研究都较好地通过定性比较分析方法对热点事件的生成传播路径进行了研究。为此，本项研究的样本量也控制在了 10～60 例。

[①] 毛湛文. 定性比较分析（QCA）与新闻传播学研究［J］. 国际新闻界，2016（4）：6-25.

[②] BENNETT A，ELMAN C. Qualitative Research：Recent Developments In Case Study Methods［J］. Annual Review of Political Science，2006（1）：455-476.

[③] 李良荣，郑雯，张盛. 网络群体性事件爆发机理："传播属性"与"事件属性"双重建模研究——基于 195 个案例的定性比较分析（QCA）［J］. 现代传播（中国传媒大学学报），2013（2）：25-34.

[④] 高瑞. 网络公共事件的生成机制研究——基于 14 例网络公共事件的定性比较分析［J］. 今传媒，2020（1）：72-75.

[⑤] 张晋升，祁志慧. 虚假新闻高热度传播组合路径研究——基于 57 例虚假新闻的清晰集定性比较分析（QCA）［J］. 西南民族大学学报（人文社科版），2020（2）：178-187.

本研究通过梳理近七年的新闻反转事件，分析典型案例，结合媒体发展中的新现象、新技术，如社交媒体的广泛应用，总结出新媒体语境下新闻反转事件的生成机理、传播机制以及它们如何影响舆论，并试图探讨应对措施。

三、研究设计

由于 2014 年中国社交媒体用户呈现爆发式增长，新媒体进入迅速发展时期，我国主流媒体也开始了媒体融合战略。以此为起点，选择的案例较有代表性。本文采用立意抽样法①，基于新华社、人民网等各大媒体对于年度新闻反转事件的总结、各个事件的讨论和媒体报道情况，整理出 34 起较为典型的新闻反转事件，覆盖医患关系、官民关系、公序良俗等社会议题（见表 1）。

表 1　2014—2020 年典型新闻反转事件

事件序号	事件	事件序号	事件
1	河南周口婴儿丢失案	18	"上海女逃离江西农村"事件
2	快递员下跪事件	19	哈尔滨天价鱼事件
3	成都七中实验学校食品安全问题	20	北京学区房每平方米 46 万
4	王凤雅事件	21	中国游客泰国铲虾事件
5	高考答题卡被调包	22	大妈"碰瓷"玩具车事件
6	德阳女医生自杀	23	雷洋"嫖娼"案
7	重庆公交坠江事件	24	"肾丢失？肾萎缩？"事件
8	快递小哥雨中暴哭	25	山东产妇腹中遗留纱布事件
9	堂姐顶替上大学	26	"罗一笑事件"
10	乐清儿童"失联"	27	80 后白发书记
11	南锣书店朴道草堂上演苦情戏	28	抹香香事件

---

① 立意抽样，又译依意抽样、定标抽样、判断抽样，是指研究人员依据自己对所要选择的回答者的判断，选择那些最适于该项研究目的的案例。

续表

事件序号	事件	事件序号	事件
12	深圳四胞胎事件	29	女大学生扶摔倒老人，到底撞了没有？
13	大学生怒踹熊孩子？	30	女子被恶犬咬伤是为救女童？
14	12岁女生被两名老师强奸	31	男子开房就被抓，到底谁是影帝？
15	"格斗孤儿"事件	32	黑龙江庆安火车站暴力袭警事件
16	榆林孕妇坠楼事件	33	成都男子暴打女司机，到底谁先惹了谁？
17	14岁神童签约麻省理工？	34	医生手术室自拍

（一）变量选择说明

基于本文研究的目的，通过综合以往学者的相关研究以及对新闻反转事件特殊性的分析，笔者发现不同事件的舆论高潮发生时间不同，通过爆发时差，即事件被首次报道或爆料后到达舆论高峰的时间差作为结果变量[①]，能够较好地将新闻反转事件和其他新闻事件区别开来，也能体现出反转对于舆论的影响，通过不同事件的舆论高峰时间差评估出新闻反转事件中舆论的生成机理。由于新闻反转事件的特殊性，首次报道后还要经过澄清报道，因此将爆发时差分为反转前和反转后。通过考察舆论在反转前还是反转后到达最高峰，能够判断出新闻反转事件中使舆论高涨的主要因素，并且推断出哪些条件能够使舆论尽快平复。

通过对2014—2020年的案例梳理以及对文献资料的整理借鉴，结合新闻传播五要素即传播者、传播内容、传播渠道、受传者、传播效果，对新闻反转事件进行归纳总结，提取出与爆发时差有关的九个解释变量：首发媒体、事件指向、公众诉求、反转因素、反转次数、反转时间、新闻源形式、公众

---

① 结果变量，又叫被解释变量，多见于回归分析中，相当于实验研究中的因变量。

人物参与和回应媒体。①

1. 首发媒体

新闻反转事件最初的传播者大致分为三类，即爆料网友、网络媒体和传统媒体，不同的首发媒体可能对事件的舆论产生影响，因此将其作为解释变量之一进行验证。

（1）当事人或网友通过微博、微信等网络平台爆料，这类事件占比最大，达到45.7%。例如，"快递小哥雨中暴哭"事件就是由网友在微博爆料，并自行推断快递员是因快递丢失才在雨中大哭的，短时间内引起网友的广泛讨论。

（2）网络媒体发布文章或视频报道也是新闻反转事件的一大传播源，有34.2%的事件是通过网络媒体发布的，如"王凤雅事件"等。

（3）传统媒体作为新闻源的事件占比为20%，如"抹香香事件"就是由地方电视台首先报道的。

2. 事件指向

新闻反转事件在事件指向上往往具有一定的特殊性，这可能是其能够产生较大舆论影响的原因，因此将事件指向作为一个解释变量。其指向包括政府/部门，企业/机构以及个人/群体。指向政府/部门的事件占比达25.7%，如"南锣书店朴道草堂上演苦情戏"指向政府有关部门，"雷洋嫖娼案"指向公安机关，这些事件与官民关系相关，也指向社会热点和痛点。"肾丢失？肾萎缩？"事件以及"山东产妇腹中遗留纱布"事件都指向企业/机构，即医院类，反映医患关系紧张问题。有51.8%的事件指向更为具体，即个人或群体，如"大学生怒踹熊孩子""12岁女生被两名老师强奸"等，这类事件涉及公序良俗。

3. 公众诉求

有反转的新闻事件通常表达了较具代表性的诉求，西方早期社会运动研究大多从情感视角出发，认为心理因素如怨恨等是促成社会抗争行为的重要解释变量。类似的诉求可以成为影响舆论走向的因素，因此本文将其作为解

---

① 解释变量，相当于实验研究中的自变量，按照一定规律对因变量作出解释。

释变量之一。新闻反转事件背后的公众诉求大致分为经济利益、情感诉求以及人身安全。涉及情感诉求的案例居多,占比达45.7%,"女大学生扶摔倒老人,到底撞了没有?"表现出大众对见义勇为,惩恶扬善的诉求;"高考答题卡被调包"所引发的关注体现了人们对教育公平的情感诉求。40%的案例所表现出的是公众对人身安全的诉求,如"河南周口婴儿丢失案"带来的大量讨论。案例中体现出经济利益诉求的比例为14.2%,相对于前两个案例占比较低,如"哈尔滨天价鱼"等事件也在一次次反转中牵动着大众的神经。

4. 反转因素

不同的反转原因会带来舆论热度的变化,因此将反转原因作为解释变量之一。导致新闻事件反转的因素可以归纳为以下三种:

第一,网友质疑,即经过报道后,网友对事件真实性及其原委提出质疑,并提出证据,揭露事件的本来面目。这类事件占比最多,达到48.5%,如"上海女逃离江西农村"事件在最初的讨论中就有网友发现其中的漏洞,并最终促成真相大白于天下。

第二,媒体跟进报道,部分反转在新闻事件引发热议后,首先由媒体对事件进行追踪报道,抽丝剥茧,还原真相。在"北京学区房每平方米46万"事件中,网络媒体爆料引发关注后,央视财经频道《经济半小时》对其进行了调查性报道,记者经过实地走访澄清了事件真相,舆论逐渐回落。

第三,有关部门调查,这一原因导致的事件反转,其对象多数指向政府/部门或企业/机构,在事件被报道后涉事部门展开调查、还原事实成为这类事件反转的主要原因,如"80后白发书记"等。

5. 反转次数

和普通的新闻事件不同,新闻反转事件的始末至少需要两次报道,即事件发生时的报道以及澄清报道,而有些事件更为错综复杂,反转次数多于一次,这类事件的舆情热度往往更高,持续时间更长,因而反转次数也可以作为影响舆论爆发时差的解释变量之一。案例中新闻反转事件的反转次数分为一次和两次。

6. 反转时间

反转时间，即事件首次进入公众视野到事件澄清时的时间差，不同事件的反转时间从首次报道后的24小时内到14天不等，综合考虑比例、平均值和中位数，选取三天作为标准，三天内反转的事件占比达45.7%，三天后反转的事件占比为54.2%。反转时间的长短能够对舆论讨论的持续度产生影响，因而将其作为探究舆论爆发时差的解释变量之一。

7. 新闻源形式

不同的新闻源形式会对转发量、讨论度等产生影响，为研究其与舆论爆发时差是否有关，本文将新闻源形式作为解释变量之一，新闻反转事件的新闻源形式分为图文和视频两类。

8. 公众人物参与

在以往的研究中，有学者提出微博意见领袖能助推网络舆情走向高潮。[1] 知名人物的参与往往被认为对舆论有导向作用，因此此次研究将事件讨论中是否有公众人物参与作为舆论爆发时差的解释变量之一。71.4%的事件没有公众人物参与，28.5%的事件有公众人物参与，如在"河南周口婴儿丢失案"事件中，明星梁咏琪等在事件发生后转发寻找丢失儿童的消息，扩大信息传播范围。

9. 回应媒体

新闻反转事件澄清后的媒体报道不但让事件真相公之于众，也能够对平息舆论产生影响，因而回应媒体也被作为解释变量之一。回应媒体主要分为中央媒体和地方媒体，77.1%的事件由中央级媒体首先回应，这类媒体有更广泛的受众和更大的影响力。

（二）总结QCA变量赋值表

梳理清楚研究中的解释变量后，采用QCA研究法对变量进行赋值。在

---

[1] 李波. 网络舆情中微博意见领袖的培养和引导[J]. 新闻大学, 2015（1）: 145–149.

"二分归属原则"[①]的指导下,将变量作两分处理,即解释变量和结果变量都有两种,变量取值为 1,代表某条件发生或存在,用大写字母表示;变量取值为 0,表示某条件不发生或不存在,用"~"表示。[②]

比如,A* B → Y 表示 A 和 B 同时存在将导致 Y 的发生。根据该方法的分析逻辑,因果关系是多重并发的、非线性的,具有可替代性。这意味着同一个结果的产生可能有多种原因组合。条件 A 和条件 B 同时出现导致 Y(A* B → Y),条件 C 和条件 D 同时出现也可以导致 Y(A* B + C* D → Y);在一种社会情景 B 下,条件 A 出现导致 Y,而在另一个社会情景 C 下,条件 A 不出现导致 Y,即 A*B + ~ A*C → Y。这些都是可能的条件组合。最后根据布尔代数对条件组合进行简化,如果两个不同组合(A*B 和 A*~B)同时导致一个结果(Y),并且这两个组合中有且只有一个条件的取值不同,则该条件是冗余的。即如果 A*B+A*b → Y,根据布尔算术可以得到 A → Y。由此,得出导致被解释变量发生或者不发生的必要条件是 A。[③]

根据 QCA 分析方法的理论基础,多重条件并发原因的数量随解释变量的增加呈对数级增长(2n),也就是说,本研究中的九个解释变量,将存在 2^9,即 512 种组合可能。由于一次性引入九个解释变量得出的结果过于复杂,因此将九个解释变量分为与事件本身相关的事件属性和与传播相关的传播属性。每个案例所对应的解释变量和结果变量及其赋值见表 2。

[①] 苏宏元,黄晓曦.突发事件中网络谣言的传播机制——基于清晰集定性比较分析[J].当代传播,2018(1):64-67,71.
[②] 里豪克斯,拉金.QCA 设计原理与应用:超越定性与定量研究的新方法[M].北京:机械工业出版社,2017:38-40.
[③] BENNETT A, ELMAN C. Qualitative Research:Recent Developments in Case Study Methods[J]. Annual Review of Political Science,2006,9(1),455-476.

表 2 案例对应解释变量和结果变量及其赋值表

事件序号	解释变量（传播属性）				解释变量（事件属性）					结果变量
	首发媒体	公众人物参与	回应媒体	新闻源形式	事件指向	反转次数	反转时间	反转因素	公众诉求	爆发时差
1	网友爆料（0）	有（0）	地方（0）	图文（1）	个人/群体（1）	1次（1）	三天后（1）	网友质疑（0）	人身安全（1）	反转后（0）
2	网友爆料（0）	无（1）	中央（1）	视频（0）	个人/群体（1）	1次（1）	三天内（0）	媒体跟进报道（1）	经济利益（0）	反转后（0）
3	网友爆料（0）	无（1）	中央（1）	图文（1）	企业/机构（0）	1次（1）	三天后（1）	有关部门调查（1）	人身安全（1）	反转前（1）
4	网络媒体（1）	有（0）	中央（1）	图文（1）	个人/群体（1）	2次（0）	三天内（0）	网友质疑（0）	情感诉求（0）	反转前（1）
5	网络媒体（1）	无（1）	中央（1）	图文（1）	政府/部门（0）	1次（1）	三天后（1）	有关部门调查（1）	情感诉求（0）	反转后（0）
6	网友爆料（0）	有（0）	中央（1）	视频（0）	企业/机构（0）	1次（1）	三天内（0）	网友质疑（0）	人身安全（1）	反转后（0）
7	网络媒体（1）	有（0）	中央（1）	视频（0）	个人/群体（1）	2次（0）	三天后（1）	有关部门调查（1）	人身安全（1）	反转后（0）
8	网友爆料（0）	无（1）	中央（1）	视频（0）	个人/群体（1）	1次（1）	三天内（0）	有关部门调查（1）	经济利益（1）	反转前（1）
9	传统媒体（1）	无（1）	地方（0）	视频（0）	个人/群体（1）	1次（1）	三天后（1）	媒体跟进报道（1）	情感诉求（0）	反转后（0）

续表

事件序号	解释变量（传播属性）				解释变量（事件属性）					结果变量
	首发媒体	公众人物参与	回应媒体	新闻源形式	事件指向	反转次数	反转时间	反转因素	公众诉求	爆发时差
10	网友爆料（0）	有（0）	中央（1）	图文（1）	个人/群体（1）	1次（1）	三天后（1）	有关部门调查（1）	人身安全（1）	反转前（1）
11	网络媒体（1）	有（0）	中央（1）	图文（1）	政府/部门（0）	2次（0）	三天内（0）	网友质疑（0）	情感诉求（0）	反转前（1）
12	网络媒体（1）	无（1）	中央（1）	视频（0）	个人/群体（1）	1次（1）	三天后（1）	网友质疑（0）	情感诉求（0）	反转后（0）
13	网友爆料（0）	无（1）	地方（0）	视频（0）	个人/群体（1）	1次（1）	三天内（0）	网友质疑（0）	人身安全（1）	反转后（0）
14	网友爆料（0）	无（1）	中央（1）	图文（1）	个人/群体（1）	1次（1）	三天内（0）	有关部门调查（1）	人身安全（1）	反转前（1）
15	网络媒体（1）	有（0）	地方（0）	视频（0）	企业/机构（0）	2次（0）	三天后（1）	网友质疑（0）	人身安全（1）	反转后（0）
16	网友爆料（0）	有（0）	中央（1）	视频（0）	企业/机构（0）	1次（1）	三天后（1）	媒体跟进报道（1）	人身安全（1）	反转后（0）
17	传统媒体（1）	无（1）	中央（1）	视频（0）	企业/机构（0）	1次（1）	三天后（1）	网友质疑（0）	情感诉求（0）	反转前（1）
18	网友爆料（0）	无（1）	地方（0）	图文（1）	个人/群体（1）	2次（0）	三天后（1）	网友质疑（0）	经济利益（1）	反转前（1）

续表

事件序号	解释变量（传播属性）				解释变量（事件属性）					结果变量
	首发媒体	公众人物参与	回应媒体	新闻源形式	事件指向	反转次数	反转时间	反转因素	公众诉求	爆发时差
19	网友爆料（0）	无（1）	中央（1）	图文（1）	政府/部门（0）	2次（0）	三天后（1）	网友质疑（0）	经济利益（1）	反转前（1）
20	网络媒体（1）	无（1）	中央（1）	图文（1）	政府/部门（0）	1次（1）	三天后（1）	媒体跟进报道（1）	经济利益（1）	反转前（1）
21	网络媒体（1）	无（1）	地方（0）	视频（0）	个人/群体（1）	1次（1）	三天内（0）	媒体跟进报道（1）	情感诉求（0）	反转前（1）
22	网友爆料（0）	无（1）	中央（1）	视频（0）	个人/群体（1）	1次（1）	三天内（0）	媒体跟进报道（1）	情感诉求（0）	反转前（1）
23	网友爆料（0）	无（1）	中央（1）	图文（1）	政府/部门（0）	2次（0）	三天后（1）	有关部门调查（1）	情感诉求（0）	反转前（1）
24	传统媒体（1）	无（1）	中央（1）	图文（1）	企业/机构（0）	2次（0）	三天内（0）	网友质疑（0）	人身安全（1）	反转前（1）
25	传统媒体（1）	有（0）	中央（1）	视频（0）	企业/机构（0）	2次（0）	三天后（1）	网友质疑（0）	人身安全（1）	反转前（1）
26	网络媒体（1）	有（0）	中央（1）	图文（1）	个人/群体（1）	1次（1）	三天后（1）	网友质疑（0）	情感诉求（0）	反转后（0）
27	网络媒体（1）	无（1）	中央（1）	图文（1）	政府/部门（0）	1次（1）	三天内（0）	网友质疑（0）	情感诉求（0）	反转前（1）

续表

事件序号	解释变量（传播属性）				解释变量（事件属性）					结果变量
	首发媒体	公众人物参与	回应媒体	新闻源形式	事件指向	反转次数	反转时间	反转因素	公众诉求	爆发时差
28	传统媒体（1）	无（1）	中央（1）	视频（0）	政府/部门（0）	1次（1）	三天后（1）	媒体跟进报道（1）	情感诉求（0）	反转前（1）
29	网友爆料（0）	无（1）	中央（1）	图文（1）	个人/群体（1）	2次（0）	三天后（1）	网友质疑（0）	情感诉求（0）	反转前（1）
30	传统媒体（1）	无（1）	中央（1）	图文（1）	个人/群体（1）	1次（1）	三天内（0）	有关部门调查（0）	情感诉求（0）	反转前（1）
31	传统媒体（1）	无（1）	地方（0）	视频（0）	政府/部门（0）	2次（0）	三天内（0）	媒体跟进报道（1）	情感诉求（0）	反转后（0）
32	网络媒体（1）	有（0）	中央（1）	视频（0）	政府/部门（0）	1次（1）	三天后（1）	网友质疑（0）	人身安全（1）	反转前（1）
33	网友爆料（0）	无（1）	地方（0）	视频（0）	个人/群体（1）	1次（1）	三天内（0）	网友质疑（0）	人身安全（1）	反转后（0）
34	网友爆料（0）	无（1）	中央（1）	图文（1）	企业/机构（0）	1次（1）	三天内（0）	媒体跟进报道（1）	情感诉求（0）	反转后（0）
35	网络媒体（1）	无（1）	中央（1）	图文（1）	个人/群体（1）	1次（1）	三天内（0）	媒体跟进报道（1）	人身安全（1）	反转前（1）

根据研究目标确定案例和解释变量后，研究者以个案为单位对数据进行汇总，得到解释变量、结果变量的所有组合，总结出 QCA 变量赋值表，如表 3 所示。

表 3　QCA 变量赋值表

变量	解释变量	数据统计	数据权重（%）	赋值	说明
传播属性	首发媒体	传统媒体	20.00	1	解释变量
		网络媒体	34.20	1	
		网友爆料	45.70	0	
	公众人物参与	无	71.40	1	解释变量
		有	28.50	0	
	回应媒体	中央级媒体	77.10	1	解释变量
		地方级媒体	22.80	0	
	新闻源形式	图文	51.40	1	解释变量
		视频	48.50	0	
事件属性	事件指向	个人／群体	51.40	1	解释变量
		政府／部门	25.70	0	
		企业／机构	22.80	0	
	反转次数	1 次	68.50	1	解释变量
		2 次	31.40	0	
	反转时间	三天后	54.20	1	解释变量
		三天内	45.70	0	
	反转因素	网友质疑	48.50	0	解释变量
		媒体跟进报道	28.50	1	
		有关部门调查	22.80	1	
	公众诉求	情感诉求	47.00	0	解释变量
		人身安全	38.20	1	
		经济利益	14.70	1	
爆发时差	—	反转前	60.00	1	结果变量
		反转后	40.00	0	

（三）构造真值表并分析研究结果

1. 传播属性分析

传播属性主要包括事件发生后的传播者、传播渠道、参与者以及新闻源形式等有关的因素变化,即首发媒体(initial media)、回应媒体(response media)、公众人物参与(celebrity)及新闻源形式(form)。对传播属性进行科学性编码,得到真值表 A,观察引发结果变量的不同条件组合见表 4。

表 4 真值表 A(传播属性)

回应媒体	公众人物参与	首发媒体	新闻源形式	爆发结果	案例数量
0	0	0	1	0	1
1	1	0	0	0	1
1	1	0	1	1	5
1	0	1	1	1	2
1	1	1	1	0	1
1	1	1	0	0	1
1	0	0	0	0	2
1	0	1	0	0	1
1	1	0	0	1	2
0	1	1	0	0	2
1	0	0	1	1	1
0	1	0	0	0	2
0	0	1	0	0	1
1	1	1	0	1	3
0	1	0	1	1	1
1	1	1	0	1	5
0	1	1	0	1	1
1	0	1	0	1	1

首先对单个变量进行必要性分析,判断是否有单一条件变量能够成为解释结果变量的必要条件。[①]

---

① 如果没有事物情况 A,则必然没有事物情况 B,也就是说如果有事物情况 B,则一定有事物情况 A,那么 A 就是 B 的必要条件。

（1）传播属性单变量必要性分析

真值表构建后，在 fs/QCA3.0 软件中运行，通过对研究案例的一致性指标（Consistency）进行研判，探讨是否有单一的条件变量和结果变量存在充分或者必要的关系，一致性指标的运算公式如下所示：

$$Consistency(Xi \leq Yi) = \Sigma [\min(Xi, Yi)] \Sigma Xi$$

运算中，如有大于 0.8 的一致性指标出现，即认为该单一条件变量（X）的出现，为结果变量（Y）的充分条件，该条件变量的出现可以引发所研究的结果；指标大于 0.9 时，则认定 Y 的出现是唯一的 X 导致的。①

进行一致性指标测定之后，覆盖率指标（Coverage）运算则是该研究的核心，该指标是用来解释什么样的条件变量组合对研究的结果存在较高的释义力，以 0.80 的覆盖率为例，证明此条件变量组合可以对所发生的结果中的 80% 的案例进行解释，如图 1 所示。

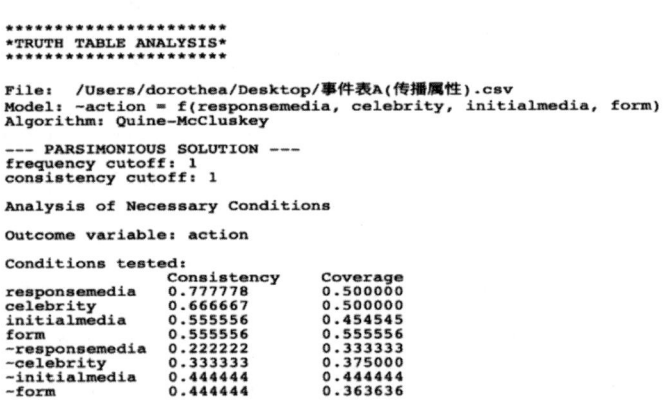

图 1　单变量必要性分析

上图四个条件变量中指标一致性均未超过 0.9，即没有指标可以成为新闻反转事件较快平息的必要条件，同时，所有解释变量的一致性和覆盖率均低于 0.8，说明没有单一变量可单独使新闻反转事件较快平息，即其传播和平复

---

① 黄扬，李伟权，郭雄腾，等. 事件属性、注意力与网络时代的政策议程设置：基于 40 起网络焦点事件的定性比较分析（QCA）[J]. 情报杂志，2019（2）：123-130.

是多重因素、多个变量通力交叠促成的，而非单个原因所能影响，因而下一步进行多个变量的影响分析。

（2）传播属性 QCA 数据统计

根据事实表 A（传播属性）进行 QCA 数据统计，得出以下分析结果，* 表示"和",+ 表示"或"，→或者＝表示"导致"。①QCA 数据统计结果如图 2 所示。

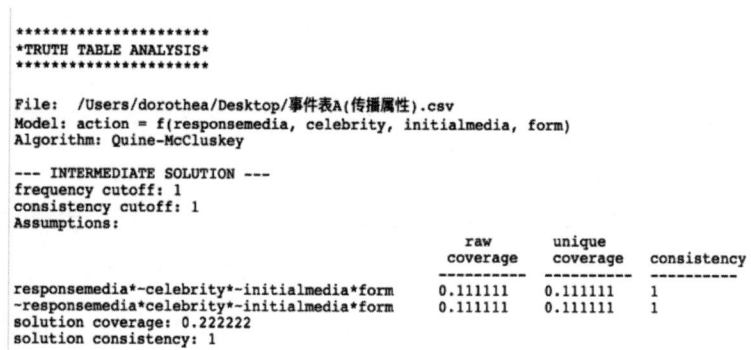

图 2　QCA 数据统计结果

该图中显示的组合路径见表 5。

表 5　提取中间方案最优组合路径

原因组合	原覆盖率	净覆盖率	一致
网友爆料 * 有公众人物参与 * 图文 * 中央媒体回应	0.11	0.11	1
网友爆料 * 无公众人物参与 * 图文 * 地方媒体回应	0.11	0.11	1

如表 5 所示，传播属性中，舆论在反转前达到高峰有两条路径：

路径一：网友爆料 * 有公众人物参与 * 图文形式 * 中央媒体回应

路径二：网友爆料 * 无公众人物参与 * 图文形式 * 地方媒体回应

即反转前舆论达到高峰＝网友爆料 * 图文形式（中央媒体回应 * 有公众

---

① 里豪克斯，拉金. QCA 设计原理与应用：超越定性与定量研究的新方法［M］. 北京：机械工业出版社，2017：38-40.

人物参与+地方媒体回应*无公众人物参与），如图3所示。

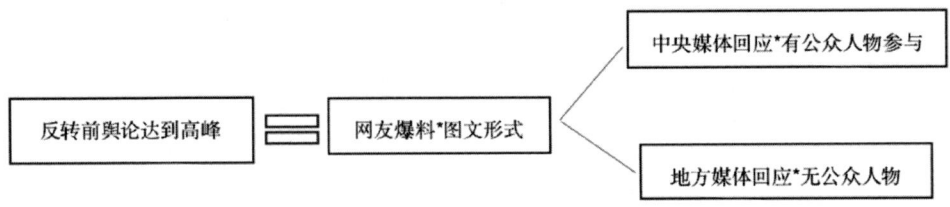

图3 舆论在反转前达到高峰的两条路径

（3）传播属性结果分析——"网友爆料"和"图文形式"促成舆论在反转前爆发

在传播属性的四个解释变量中，新闻来源为"网友爆料"和新闻源形式为"图文"是新闻反转事件舆论迅速爆发的必要条件，只要这两个条件存在，是否有公众人物参与以及中央还是地方媒体回应并不会对爆发时差起到太大的作用。

新闻源为网友爆料使舆论更容易在反转前爆发，这一结论体现出在人人都有麦克风的时代，网民个人的话语权和表达自由凸显，普通网友在网络上进行的爆料、发帖都可能让舆论高涨，其作用甚至超过了传统媒体和网络媒体的报道。同时可以发现，网友爆料内容未经过专业媒体机制的审核，更容易触动大众神经，引发舆论爆点，如"大学生怒踹熊孩子"便是由网友将经过剪辑的视频发布在社交平台上，在引起舆论关注后，有关部门介入调查，还原完整视频才澄清了事实。

图文形式的新闻相比于视频缺乏真实性，造假成本和技术要求更低，未澄清事实真相的图文新闻更易发布，能在短时间内吸引大众眼球，如"12岁女生被两名老师强奸"事件，最初的报道只有当地派出所和女童手举纸牌的照片以及几段文字，利用大众对儿童身心安全的关注引起热议。

总体来说，在传播属性的四个解释变量中，解的覆盖度（Solution

Coverage)[①] 仅为 0.22222，即传播属性解释变量只能解释 22.2% 的事件，仅仅用传播属性的解释变量，难以较全面地覆盖和分析新闻反转事件的舆论变化，引入其他变量，才能更有效地解释问题。

2. 事件属性分析

事件属性即与事件发展本身相关的因素，包括事件指向（direction）、反转次数（frequency）、反转时间（time）、反转因素（reason）、公众诉求（goal）。对事件属性进行科学性编码，得到真值表 B，观察引发结果变量的不同条件组合（见表 6）。

表 6 真值表 B

反转次数	反转时间	反转因素	事件指向	公众诉求	爆发时差	案例数量
1	1	0	1	1	0	1
1	0	1	1	1	0	1
1	1	1	0	1	1	2
0	0	0	1	0	1	1
1	1	1	0	0	0	1
1	0	0	0	1	0	1
0	1	1	1	1	0	1
1	0	1	1	1	1	3
1	1	1	1	0	0	1
1	1	1	1	1	1	1
0	0	0	0	0	1	1
1	1	0	1	0	0	2
1	0	0	1	1	0	2
0	1	0	0	1	0	1
1	1	1	0	1	0	1
1	1	0	0	0	1	1

---

① 所有项覆盖这些案例的比例。

续表

反转次数	反转时间	反转因素	事件指向	公众诉求	爆发时差	案例数量
0	1	0	1	1	1	1
0	1	0	0	1	1	2
1	0	1	1	0	1	3
0	1	1	0	0	1	1
0	0	0	0	1	1	1
1	0	0	0	0	1	1
1	1	1	0	0	1	1
0	1	0	1	0	1	1
0	0	1	0	0	0	1
1	1	0	0	1	1	1
1	0	1	0	0	0	1

（1）事件属性单变量必要性分析

真值表构建后，在 fs QCA3.0 软件中运行，用以操作单变量必要性分析，即通过对研究案例的一致性指标进行研判，是否有单一的条件变量和结果变量存在充分或者必要的关系。如图 4 所示。

```
Analysis of Necessary Conditions

Outcome variable: action

Conditions tested:
            Consistency       Coverage
frequency   0.533333          0.470588
~frequency  0.466667          0.700000
~time       0.400000          0.545455
time        0.600000          0.562500
reason      0.400000          0.461538
~reason     0.600000          0.642857
direction   0.400000          0.500000
~direction  0.600000          0.600000
goal        0.466667          0.500000
~goal       0.533333          0.615385
```

图 4　事件属性单变量必要性分析

如上图所示，在五个条件变量中指标一致性均未超过 0.9，所有解释变量的一致性和覆盖率均低于 0.8，说明没有事件属性的单一变量可单独使新闻反转事件较快平息，下一步进行多个变量的影响分析。

（2）事件属性 QCA 数据统计

根据表 4 进行 QCA 数据统计，统计结果如图 5 所示。

```
***********************
*TRUTH TABLE ANALYSIS*
***********************

File:      /Users/dorothea/Desktop/真值表B(事件属性).csv
Model:     action = f(frequency, time, reason, direction, goal)
Algorithm: Quine-McCluskey

--- INTERMEDIATE SOLUTION ---
frequency cutoff: 1
consistency cutoff: 1
Assumptions:

                                              raw         unique
                                            coverage    coverage    consistency
                                            --------    --------    -----------
-frequency*-time*-reason*-direction         0.133333    0.0666667        1
frequency*time*-reason*-direction           0.133333    0.133333         1
-frequency*time*-reason*direction           0.133333    0.133333         1
-frequency*time*reason*-direction*-goal     0.0666667   0.0666667        1
frequency*-time*reason*direction*-goal      0.0666667   0.0666667        1
frequency*time*reason*direction*goal        0.0666667   0.0666667        1
-time*-reason*-direction*-goal              0.133333    0.0666667        1
-frequency*-time*-reason*-goal              0.133333    0.0666667        1
solution coverage: 0.733333
solution consistency: 1
```

图 5 事件属性 QCA 数据统计

表 7 提取中间方案（intermediate solution）最优组合路径

原因组合	原覆盖率	净覆盖率	一致
两次反转 * 三天内 * 网友质疑 * 政府 / 部门或企业 / 机构	0.13	0.07	1
一次反转 * 三天后 * 网友质疑 * 政府 / 部门或企业 / 机构	0.13	0.13	1
两次反转 * 三天后 * 网友质疑 * 个人 / 群体	0.13	0.13	1
两次反转 * 三天后 * 媒体或部门跟进 * 政府 / 部门或企业 / 机构 * 情感诉求	0.07	0.07	1
一次反转 * 三天内 * 媒体 / 部门跟进 * 个人 / 群体 * 情感诉求	0.07	0.07	1

续表

原因组合	原覆盖率	净覆盖率	一致
一次反转 * 三天后 * 媒体或部门跟进 * 个人 / 群体 * 人身安全或经济利益	0.07	0.07	1
三天内 * 网友质疑 * 政府 / 部门或企业 / 机构 * 情感诉求	0.13	0.07	1
两次反转 * 三天内 * 网友质疑 * 情感诉求	0.13	0.07	1

（3）事件属性结果分析

使反转前舆论达到高峰的路径共有八条，其中原覆盖率①较高的事件组合有五组，如图6所示。

组合一：两次反转 * 三天内 * 网友质疑 * 政府 / 部门或企业 / 机构

组合二：一次反转 * 三天后 * 网友质疑 * 政府 / 部门或企业 / 机构

组合三：两次反转 * 三天后 * 网友质疑 * 个人 / 群体

组合四：三天内 * 网友质疑 * 政府 / 部门或企业 / 机构 * 情感诉求

组合五：两次反转 * 三天内 * 网友质疑 * 情感诉求

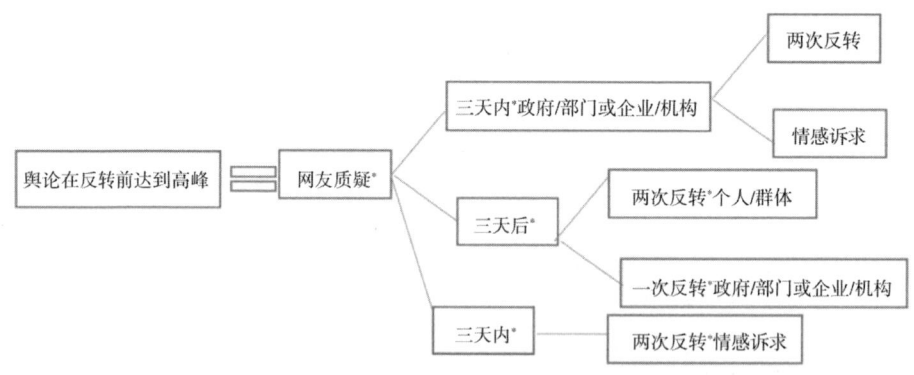

图6 原覆盖率较高的事件组合情况

五种路径组合共有的条件是反转因素为"网友质疑"。这也表明"网友质

---

① 原覆盖率表示该条件组合能够解释的案例占总案例的比重。

疑"是舆论在事件反转前达到高潮的关键因素。网友质疑引起话题并迅速扩散，通过网友质疑逐渐揭示事件真相的新闻反转事件更容易在反转前引发舆论狂欢，相比于由媒体跟进报道和有关部门调查还原真相的事件，网民对事件的质疑能够集聚更多关注者，用户在微博等社交平台上发表观点，表达疑惑，爆料更多内容，促进有关部门的跟进调查和媒体的追踪报道，使得事件真相较快呈现，扩大事件传播范围，让舆论热度在短时间内达到高峰。

但这样的讨论是一把双刃剑，一方面能够促进当事人出于压力澄清真相，另一方面网络中的讨论角度不一，表达方式多样，事件的广泛传播也容易使部分舆论在没有正确的导向时转变为网络暴力，对当事人的生活、工作甚至人身安全造成影响，如"德阳女医生自杀"事件在真相未完全还原时，当事人不堪舆论压力自杀，而在事实澄清后，舆论又调转方向，使社会舆论环境出现较大波动。

"公众的情感诉求"是舆论在反转前爆发的关键条件，虽然不是必要条件，但几乎涉及这一因素的条件组合都取了负值，这表明反映情感诉求的事件更能够较快引起热议，推动事件舆论迅速到达高峰。"女大学生扶摔倒老人""男子开房就被抓，到底谁是影帝？"等事件与公序良俗、社会道德、警民关系、弱势群体等敏感话题有关，这类事件与普通人的日常生活息息相关，相比经济利益和人身安全，网友对于情感诉求有更高的关注度。

事件指向为"政府/部门或企业/机构"和"三天内回应"这两个条件促成了反转前的舆论爆发和反转后的舆情平息，如"成都七中实验学校食品安全问题事件"指向学校，"德阳女医生自杀事件"指向医院，"抹香香事件"指向政府，"男子开房就被抓，到底谁是影帝？""黑龙江庆安火车站暴力袭警事件"等均与警民关系有关，这些事件在反转前就达到舆论高潮，而由于政府或机构往往在事件引起舆论热度后能够尽快回应，且具有较高的权威性和公信力，往往能够较快平息舆论。

五种路径组合中的反转次数多数为两次反转，这类事件在反转前更容易达到舆论高峰。舆论的焦点跟随新闻热点不断变化，反转次数越多的事件一般较为复杂，涉及主体多，持续时间长，如"王凤雅事件"等在最初被报道时能够吸引较多关注，而在两次反转后，事件发酵时间长，海量的碎片化信息让舆论热点转移，即便真相澄清也难以达到最初的热度。

总的来说，事实表 B（事件属性）的 Solution Coverage 为 0.733，即能够解释 73.3% 的事件，大大超过了传播属性的相关数值（22.2%），这意味着事件属性比传播属性更能有效地解释新闻反转事件对舆论的影响。新闻反转事件中促进事件反转的因素、事件本身的指向性以及公众诉求，对于舆论迅速爆发以及平息的作用要大于传播过程中的媒体类型等因素的作用，表明新闻反转事件不仅是新闻传播学领域的议题，与社会学、心理学等学科也有相关性，同时新闻反转事件的生成以及舆论高峰不仅仅与媒体有关，政府有关部门、相关机构以及普通受众对新闻反转事件有着重要影响。

四、因素分析及治理路径

新闻反转的形成因素错综复杂，通过具体的比较分析，厘清多元复杂因素中的核心症结，才能抓住主要矛盾，进行针对性地治理。

（一）加强新闻源的把关审核

1. 对网络信息源的核实与求证

依据上文分析，相较媒体报道，"网络爆料"成为引发舆论在反转前达到高潮的必要条件。网络爆料来源广泛，任何互联网用户发布的信息都有可能成为大众关注的对象，一些个人或团队利用互联网的匿名性模糊事件真相，甚至为获得利益策划出假新闻来吸引眼球，如"女子被恶犬咬伤是为救女童？"和"上海女逃离江西农村"事件，经调查发现都是当事人故意策划的虚假新闻，抓住贫富差距等社会痛点大做文章；而部分事件当事人只发布对自己有利的内容，如"大学生怒踹熊孩子"事件中，最初发布的视频是剪辑过的，其话题中的"大学生""熊孩子"等字眼也将孩子完全描述为受害者，对女大学生的生活和名誉造成不良影响。这种无视真实情况的新闻信息，缺乏公正客观性。

因此，面对多元的网络信息源，首先，应继续加强行业监管与追惩，最新的《网络信息内容生态治理规定》对网络信息生产者"鼓励"和"不得"都做出了明确规定；①其次，平台方需建立起有效的审核、证实和辟谣机制；最后，媒体需建立起具有快反意识的求证、核实团队，研究确立易于引起舆情的"网络爆料"警戒指标，迅速应对有可能引起舆论爆点的"网络爆料"。

2. 媒体坚守准确、平衡的报道原则

主流媒体要坚持报道内容的准确、客观，注重报道的平衡性，遵守道德伦理规范。比如，在对"山东产妇腹中遗留纱布"一事的电视报道中，记者缺乏职业素养，不先核实真实情况，只报道产妇一方的言论，引发公众关于医患关系的热议，很多观众直接将矛头对准了潍坊妇保院，称该医院医生"无良"，对医院和医生形象造成不良影响，加剧医患矛盾。之后潍坊妇保院发布声明，从医院角度说明情况。一周后，央视《东方时空》对此进行报道，还原了"纱布门"的始末，指出患者及家属知道余留纱布的事实，舆论发生转向。

而"抹香香事件"中，记者选择了领导漫不经心抹护肤膏的画面，没有播出领导帮助协调的画面。同时拍摄对象当时并不知道这些片段正在被拍摄并且会被播放。节目中的片段经过记者二次加工后极具诱导性。一经播出，公众的矛头便指向了报道中的领导。记者在了解真实的事件经过后，依然进行片面的选择性报道，对人物进行了"标签化"与"非人格化"，先入为主，没有完整呈现事件。

3. 注重报道科学专业解读

众声喧哗更加考验主流媒体的成色，媒体的专业性面临再升级。无论在传统的大众媒体还是网络平台上，主流媒体都具有较大的影响力和权威性。尤其在特殊时期有关"解决方案"的报道中，如果记者没有了解新闻中涉及的事件背景，又缺乏相关专业知识和读者意识，就可能会出现解决方案的失

---

① 中国网信网. 网络信息内容生态治理规定［EB/OL］.（2019-12-20）［2020-02-19］. http://www.cac.gov.cn/2019-12/20/c_1578375159509309.htm.

真。在新媒体竞争中，主流媒体不能为了抢时效、博眼球而放弃科学和真理。媒体报道突发公共事件，尤其是带有"解决方案"色彩的新闻，应该充分核实后再发布，注重专业解读，避免未经核实抢发造成公众误解或带来恐慌情绪。

4. 公众媒介素养的提升

中国互联网发展几十年，公众的媒介素养也应得到历练和提升。信息发布者不论个人还是企业，应当提高媒介素养，注重内容的真实性及其社会效益，加强对新闻源的真伪考证，不能为了博眼球，求关注，深陷争流量、争关注度的怪圈，用不实信息误导公众。

5. 高度警戒图文形式的信息发布

从具体信息呈现而言，尽管在媒体融合时代，信息呈现形式多元，但其中图片结合文字的形式既简洁高效又能直观可视地呈现信息，最为公众喜闻乐见。因此，信息发布平台对于以图文形式发布的信息的把关审核有待加强，尤其是图片的视觉鉴别需多方求证，提升专业性。随着微博、微信等平台逐步实名化、智能审核技术的完善、验证团队工作机制的建立和完善，信息在社交平台发布后，有关部门、媒体或网友已经能在较短时间内和发布者取得联系并进行核实，但各平台如能够在信息发布的第一时间就尽快核实真伪，便能够更好地减少社会资源的浪费，减少事件的反转次数，避免舆论波动。

（二）网络媒体必须进行信息核实

虽然网络媒体作为新闻源，对于新闻反转事件的舆论高潮没有明显的影响，但网络媒体的转发报道始终是舆论到达高潮的有力推动。引起舆论爆发的新闻反转事件在开始时，一些网络媒体仅靠着流出的图文或视频引导不知真相的网友在网络上"站队"，对看似有错的一方进行抨击，甚至对当事人进行人肉搜索和人身攻击，而在事实澄清后，一些媒体便删除开始时的言论文章，调转方向，对事件当事人进行新一轮的"口诛笔伐"，引起舆论又一次高涨。

如"抹香香事件"报道后，众多媒体账号发表如《啥事不清楚，只会

"抹香香"》《"抹香香"抹黑了谁》这类文章,标题就表明了整个舆论场对此事的态度。报道抓住社会"痛点"和公众"泪点",围绕"教书34年总工资不过万""官员'抹香香'"等几个对比意味明显的事件展开,使得舆论矛头对准涉事官员。但当真相大白,公众对正义的热情受到冲击,这也给网络舆论环境带来负面影响。

因而网络媒体不仅要注重内容的真实可靠,还应该注重发布内容的话语表达方式,避免在未还原事件真相前发布带有明显倾向性的评论,将舆论方向带偏。

(三)有关部门和机构迅速发声

与政府部门和企业机构有关,并且在三天内回应的新闻反转事件更容易在较短时间内平息舆论,缩短舆论波动的时间。事件涉及的相关部门和机构应该尽快回应,如乐清儿童"失联"案,警方在找到儿童后24小时内通报最新进展,并表示案件细节正在调查中,让焦急等待消息的网友吃下一颗定心丸,舆情也有所回落,而在查清事件是儿童家长自导自演后,警方又进行了通报。

对于扑朔迷离的新闻反转事件,官方权威回应更具有可信性,在统计出的反转新闻事件中,45.7%的新闻都在报道三天内及时澄清,54.2%的事件是在报道三天后才有官方回应,这样的速度远远落后于今天网络时代的信息传播,热点早已被新的新闻覆盖,滞后的澄清难以满足受众的需求。

(四)社交媒体的推动力量

新闻反转事件在最初报道时,推动舆论热度逐步高涨的是网友的不断质疑。新媒体平台使用户识别、揭露反转新闻的可能性越来越大、能力也越来越强。网友能够提供更多信息,舆论高涨也会督促相关部门尽快核实,引起主流媒体注意,使得事件尽快平复。"大妈碰瓷玩具车""深圳四胞胎"事件都是在首次报道后,网友提供了更多信息并提出质疑,促进媒体积极跟进事件报道,得以还原事件原貌。当事人也可能迫于压力出面澄清事实,使事件出现转折。因而要给普通网友对新闻事件提出质疑的空间，促使其表达看法，但要注意话语的合理表达，理性判断，面对真相并未完全还原的事件不要轻易发表偏激的观点。

（五）意见领袖作用有限

研究发现，在有官方媒体进行回应的新闻反转事件中，是否有知名意见领袖参与新闻话题讨论已经不是舆论爆发的主要因素。比如，在乐清儿童"失联"案等事件中，虽然有公众人物参与话题转发和讨论，但舆论的主要爆发因素还是在事件本身关涉儿童安全，在人人都有麦克风的时代，虽然以"大V"和名人为代表的网络意见领袖有影响力，但当权威信源及时回应的时候，舆论不再受意见领袖的操纵，会有更多的自由度和讨论空间。

结　论

在错综多变的网络舆论环境中，新闻反转事件的产生、传播以及影响都变得异常复杂。通过对典型案例的定性比较分析可知，新闻反转事件的生成不仅和新闻源、新闻形式、媒体关注度等因素有关，更和反转因素、事件本身的指向性和诉求等密切相关。其中，事件本身的属性对于舆论热议有更为显著的影响。新闻反转事件的生成也与政府、机构、个人等息息相关，而并非只与媒体有关。随着媒介化社会的加剧，新闻反转事件和舆论反转似乎成为网络传播尤其是网络爆料的常态，如何变常态为非常态，减少类似事件的发生，需要相关部门、媒体、公众的共同努力，制度、人、技术、信息工作协作，形成合力，营造清朗的网络空间和健康的舆论环境。

健康传播中的虚假信息扩散机制与网络治理研究*

互联网时代,健康传播既包括健康信息的传播,也包括健康服务的匹配。随着移动互联网和社交平台的发展,终端随人走,信息围人转,健康信息更成为满足用户需求的刚需服务。健康信息由于纷繁复杂,且与用户的切身利益密切相关,成为互联网治理的重点和难点。网络中诸如"输液能通血管""晚上不吃饭,减肥还排毒"等直击用户痛点的虚假健康信息比比皆是,借助社交媒体迅速扩散,真假难辨,成为网络谣言的重要组成部分,造成负面舆论影响。

为防止虚假信息在互联网中愈演愈烈,2018年8月29日,中国互联网联合辟谣平台在北京正式上线,这是治理网络谣言、打造清朗网络空间的重大举措,旨在为广大群众提供辨识谣言、举报谣言的权威平台。[①] 在网站的案例分类中可以看到,辟谣主要分为政治、社会、文化、健康、食品、科学六个部分,以2019年1—3月为例,该网站辟谣内容条目数分别为政治3条、社会7条、文化4条、健康32条、食品23条、科学24条。[②] 可以看出,健康、

---

* 文章原载于《现代传播》2019年第6期,与中国传媒大学电视学院博士研究生王孜合作,系国家社科基金2018年度重点项目"移动互联网背景下主流媒体新闻视听传播变革研究"(项目编号:18AXW003)的阶段性成果,收入本书时,略有改动。

[①] 新华网.中国互联网联合辟谣平台正式上线[EB/OL].(2018-08-29)[2019-04-15]. http://m.xinhuanet.com/photo/2018-08/30/c_1123354697.htm.

[②] 中国互联网联合辟谣平台[DB/OL].(2018-08-29)[2019-04-15]. http://m.xinhuanet.com/photo/2018-08/30/c_1123354697.htm.

食品等类别谣言数量较多（见图1）。因此，本文基于社交媒体传播特点，探索在健康传播中，虚假信息如何产生、传播及治理，本研究对打造清朗网络空间具有现实价值及意义。

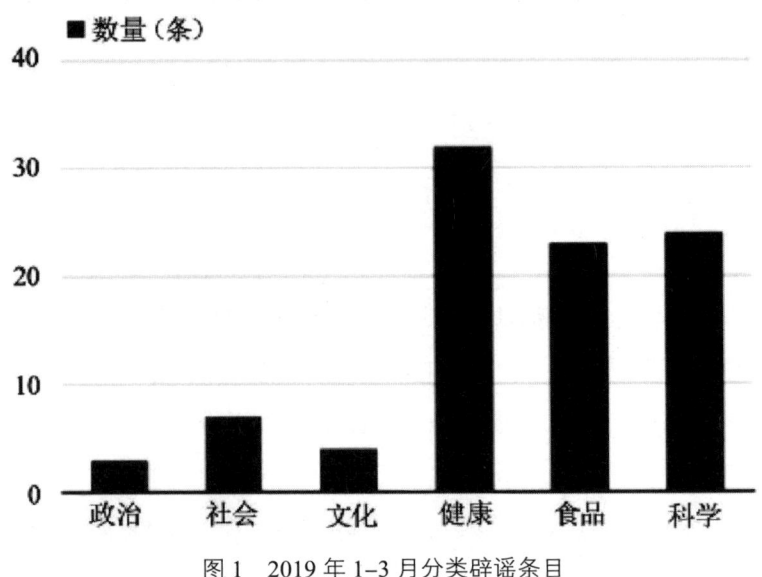

图1　2019年1-3月分类辟谣条目

一、虚假健康信息产生的诱因分析

充斥在互联网中的虚假健康信息是多元因素共同作用的结果，根据调研结果，自媒体的传播特征、刚需信息的复杂认知和医学专家的话语权缺位是诱发虚假健康信息的重要因素。

（一）社交平台重塑媒体格局，自媒体成为虚假健康信息的温床

大众媒体与社交媒体的格局变化呈现"此消彼长"的态势。社交媒体的影响力巨大，大众媒体影响力持续减弱。以微博、微信、今日头条、抖音等为代表的社交媒体用户及点击量数以亿计（见图2）。微信用户已超10亿。据2019年1月9日腾讯发布的《2018微信年度数据报告》，2018年，每天有10.1亿用户登录微信；日发送微信消息450亿条，每天音视频通话次数

达 4.1 亿次。微博月活跃用户 4.62 亿人。据《2018 微博用户发展报告》，微博垂直领域数量扩大至 60 个，月阅读量过百亿领域达 32 个。头条号账号总数已超过 160 万，每天发布 60 万条内容，每天内容阅读/播放量超过 50 亿次，国家机构以及其他组织账号数量超过 8 万。抖音已成为主流媒体信息传播的重要渠道。2018 年抖音上经过认证的媒体账号超过 1340 个，累计发布短视频超过 15 万条，累计播放次数超过 775.6 亿，累计获赞次数超过 26.3 亿。①

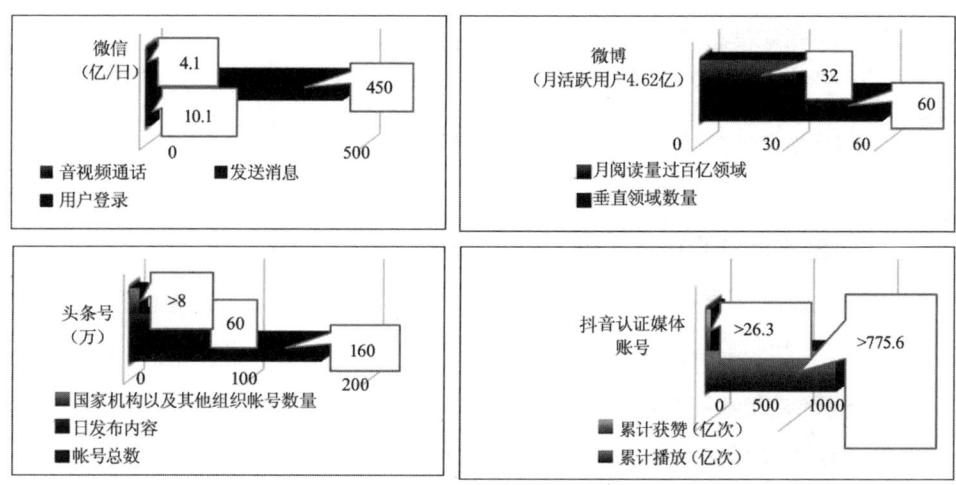

图 2 微信、微博、头条号、抖音数据统计

这些数据充分表明社交媒体的成熟，展现了其巨大的用户基数，与之对应的是传统大众媒体在影响力和传播力方面不断减弱。据《2018 年第四季度中国有线电视行业发展报告》，有线电视用户总量 22316 万户，全年减少 2319.6 万户，同比降幅达到 8.7%，有线电视用户负增长加速，收视份额下降至 49.89%。

媒介格局的变迁已由一人独唱发展到众声喧哗，在社交媒体中，用户几

---

① 36 氪.抖音 2018 年度数据报告 [DB/OL].(2019-01-30) [2019-04-15]. https://36kr.com/p/1723189215233.

乎零成本参与到最广泛的信息交流互换中，成为产销者（Pro-sumer），他们作为一个个传播节点成为信息传播的放大器和生产者，这其中，虚假的健康信息在社交媒体上被不断生产上传、发酵演化。相比而言，大众媒体靠专业媒体人生产内容，占领主流资源，发出主流声音，内容来源权威，制作流程规范。权威和规范性的关键在于其"把关人"机制，这种"把关人"的存在虽然被指出是一种对信息和真相的"集权把控"，但确实有它的优势——能够查证信息的真实性。这恰巧是如今"人人都有麦克风"时代所缺乏的一环。相比于传统媒体先审后发的机制，互联网自媒体先发后审的传播机制使任何消息都可以在未被证实的情况下传播，所造成的影响更大。作为信源的传统主流媒体正在逐渐丧失阵地，"以往充当'把关人'角色的审核机制和专业人员作用不断被弱化消减，乃至缺位。"①

（二）刚需信息的复杂认知

相对于财经信息、教育信息、科技信息、体育信息，健康信息是大众的刚性需求，关乎性命，是必选项。如果健康信息缺失，将导致"无知者无畏"，甚至可能在生死关头做出错误选择，失去生命。比如"急性心梗突发"，如果懂一些胸外按压的急救知识，或许能为患者争取到一线生机，若是完全不知所措，可能会错失黄金救治时机，造成无法挽回的后果。

人们对于健康信息的认知是一个复杂的过程，可以说，健康信息处于常识与医学的专业性交叉之中。"常识"会阻碍健康信息的接受度，尤其是健康信息与之相悖时。有人说，常识是最好的知识。常识一般是通过经验验证的，因此，健康信息往往又似乎能被常识把握，而实际上，常识有时候犹如一叶障目不见泰山中的"叶子"，会阻碍人们对真相的观察和识别，造成对健康信息的错误认知，如"宿便导致肠癌""吃木瓜丰胸"等。另外，随着医学研究的深入，对健康的认知处于不断发展之中，已经形成的"常识"也要更新，如"吃鸡蛋会让血脂增高"的说法目前已经被证实为"每天一个鸡蛋反而降

---

① 张萌，罗岱. 社交媒体时代"后真相"的形成与应对［J］. 传媒，2019（6）：88-90.

低很多慢性疾病的发生风险",基于以上的特性可以看出健康信息更需要不断地专业解读和印证。

(三) 医学专家自弃话语权

与网络中大量生产传播虚假健康信息情况相对应的是,很多掌握专业健康知识的医学专家接收到网络中虚假健康信息后往往选择保持沉默,自弃辟谣话语权。回顾张悟本在大众媒体成名的经历,不难发现在他不断通过出书、上电视、上报纸、上电台等渠道鼓吹错误的医学观点时,鲜有医务工作者在媒体中进行回击,以致其兴风作浪许久才被识破。

不久前,很多医生在自己的朋友圈中转发《他们专业造谣、我们业余辟谣》一文,认为自己是专业看病,业余扫除网络中的虚假健康信息,面对纷繁的虚假健康信息,大多情况下无能为力。这其中包含几个方面的问题:①医学分科逐渐细致,辟谣有很大难度,虚假信息越来越复杂,涉及多学科交叉,很难从一个角度去解释明白;②医生较为忙碌,没有时间和精力去应对和分析虚假健康信息;③医生没有动力长期义务辟谣。

二、社交媒体中虚假健康信息类型及传播机制分析

虚假健康信息与其他虚假信息有共性,但也有自身独特的呈现特点和传播机制,总体而言是抓住用户对健康信息苛求的痛点,博取流量。

(一) 从内容来细分社交媒体中虚假健康信息的类型

1. 无中生有

有些虚假健康信息毫无科学道理,随意捏造,纯粹依靠耸人听闻的内容博眼球,争流量。比如,《洗澡时先洗头可导致脑溢血》《某地 SK5 病毒暴发,已致多人死亡》等纯属空穴来风。

2. 偷换概念

这类虚假信息一般选用一种概念逻辑去混淆其他事物的概念逻辑。最著

名的莫过于张悟本的"茄子吸油"理论,茄子在烹饪过程中吸食用油,张悟本偷换概念,变成茄子吃进体内能吸身体里的油,从而降血脂。酸碱体质也是一个著名的健康骗局,偷换了食物具有酸碱性的概念,甚至还有让人用 PH 试纸测试自己血液酸碱度的实验,实际上血液的 PH 值恒定维持在 7.35～7.45,偏弱碱性,吃什么都不可能改变血液的酸碱度。

3. 夸大其词

这一类型信息加大了某种习惯或事物的危害性,夸大了因果关联,具有很强的误导效应。比如,《警惕:三五年后眼睛失明会大面积爆发!》抓住人们常看手机、电脑等生活习惯,列举蓝光增加眼疾的风险,得出用电子产品将会导致失明的惊悚结论。还有类似《重大突破!一滴血可测癌症已被批准临床使用》,过分夸大了肿瘤标志物在肿瘤诊断中的作用,甚至演变成"一滴血可测癌症"的荒谬言论。

4. 暗度陈仓

某些医疗机构表面打着健康信息的幌子隐瞒真实意图,以各类软广告为代表。随着互联网产业化进程的推进,商业利益驱使下的软文使内容观点偏颇,或夸大信息,诱导用户选择该企业,成为虚假信息的来源之一。"新媒体广告软文戳中监管软肋,所带来的不仅仅是受众反感的问题,更造成违法广告的泛滥,严重损害消费者利益。不少违法广告混杂在新闻资讯中,很容易让读者以为是真实的新闻信息。"[1] 这些软文的实质就是广告,由于能够带来巨大的商业价值而颇受企业青睐,其行文隐晦,监管困难,目前在网络有愈演愈烈之势。

5. 狐假虎威

以权威专家背书传播虚假健康信息。比如,一篇名为《协和医院刘昌伟一个可将血管壁清理得干干净净的方子,千金难求》的文章,转发量达 10 万+,这是用权威专家做背书,传播虚假健康信息的典型案例。

---

[1] 张淳艺. 新媒体广告软文戳中监管软肋 [J]. 中国广播, 2019 (2): 96.

6. 断章取义

断章取义是指从完整的健康信息中截取片段，舍去前提条件、环境因素、后续结果等。除了纯粹恶意的断章取义造成耸人听闻的虚假健康信息之外，还有一种是不同媒体之间互相截取片段导致出现问题。碎片化传播时代，简单的拆条与截取带来了知识的支离破碎。比如，从传统广播、电视中截取的碎片，看似是"有声有图有真相"，实则是更能迷惑真相。电视、广播等大众媒体的线性叙事是其特性，而今基于网络技术的"互动"成为媒体变革的关键转折点，搭建出"发出""收到"的双向循环机制，健康信息在这个机制中不仅仅局限于传播，同时实现了扩展、验证等更多维度的组合。因此，在对比中很容易发现，两者叙事方法全然不同，截取长视频片段变为短视频，如果缺乏上下文关系和不同媒介信息的互文关系，"断章取义"形成新形式的虚假健康信息，隐患重重。

随着媒体由单一介质向开放型的平台转型，缺乏权威背书及专业内容成为平台痛点。在收罗内容充实平台的同时，虚假信息在其中可能"被动"产生，之所以称之为"被动"，是因为并不是刻意去捏造假信息，而是由于平台性质不同、叙事方法逻辑不同、用户理解能力不同所带来的问题。比如，在县市级电视台运营艰难的今天，寻找新出路成为他们最迫切的要求，开启产业化运营，除了售卖节目版权之外，售卖节目的片段和花絮也成为新的盈利增长点，但在这个过程中，很有可能出现"断章取义"的问题，电视节目有几十分钟的时长，在这个过程中有起承转合或者为爆点内容做铺垫等处理内容的线性叙事逻辑，要说清楚一个问题，往往可能有否定、肯定、再否定、最后到肯定的叙事逻辑，也可能有按时间顺序的正序、倒叙等叙事逻辑，仅仅截取其中的片段，没有全面地了解前因后果，受众很容易理解偏颇，形成错误认识。

例如，不久前有一段从北京卫视《养生堂》节目中截取的介绍冠心病"旋磨技术"的小片段在很多微信群中传播，该片段通过记者出镜的方式介绍了一个金属的旋磨钻头如何打通心脏中被堵塞的血管，对钻头的材质、转速、特性等问题做了详细介绍，在钻头打通被堵血管的原理上还配合了动画，看起来就是旋磨技术重新打通了心脏血管，让堵塞的冠状动脉重新通畅起来，这种不用放支架、不用做搭桥的冠状动脉旋磨术被误以为是创伤小、效果好的去除斑块、打通血管的新技术，得到冠心病患者及其家属的广泛关注，迅速在网络流传。笔者在询问了《养生堂》制作当期节目的编导和专业的心内科医生之后，得到的答复是这项技术是为了给心脏的冠状动脉放支架提供先期条件，旋磨后还是要放支架。实际上，在几十分钟的电视节目中提到了支架，但由于是被截取的片段，很难把前因后果讲清楚，只是在这个片段的最后几秒，画面中有支架放进来，但一闪而过，未能引起观众注意。这并不是电视节目的问题，问题出在"截取"。

（二）虚假健康信息传播机制

社交媒体中的虚假健康信息传播呈现"三高"特点——高煽动性、高信任度、高转发率。

首先，虚假健康信息因其反常与离奇性而具有高煽动性。互联网中的健康信息有真有假，真实信息和虚假信息的传播路径完全相同，但是不同的是虚假信息经过人为加工捏造，更具刺激感、有煽动性，也更容易得到关注。

标题的煽动性。人们阅读信息容易受到精彩标题的影响，标题的表述方式可以吸引受众点击进入阅读，所以经常出现一些"标题党"，运用吸引眼球的标题表述方式提高浏览量，也就是增加传播的广泛性。① 有研究表明，运用对比、否定、反问等句式的标题，能够获得更高的关注度。还有使用"警惕""千万不要""你想不到""免费测试""百病消""逆转疾病"等关键词怂恿、诱惑用户关注点击内容。

结果导向的驱使。正如电视以收视率作为其衡量频道或节目价值及编辑记者的工资绩效考核标准结果一样，在网络中的信息也有其衡量和评价的标准，"网络新闻被称为'点击率新闻'"②，追求更高的点击率就是其目的。"判断一则新闻是否成功的标准已经不再是它是否真实和足够深刻，而是能否吸

---

① 匡文波，武晓立. 基于微信公众号的健康传播效果评价指标体系研究［J］. 国际新闻界，2019（1）：153–176.
② 年度虚假新闻研究课题组. 2015年虚假新闻研究报告［J］. 新闻记者，2016（1）：6.

引用户的点击，为新闻网站带来流量，进而将流量转换为收益。"① 流量等于收益，所以自媒体为了追求更多流量铤而走险去造假：一方面是自媒体利用用户对健康信息的刚性需求不断制造虚假健康信息，以获取更多点击和流量；另一方面是网络中的媒体平台层出不穷，"那些有着强烈求生欲的新媒体，常常成为炮制耸人听闻的虚假新闻的重要来源地。"②

用户偏好转发虚假信息。与"好事不出门，坏事行千里"类似，用户客观上助推虚假信息的转发。Soroush Vosoughi（2018）调查了2006年至2017年在Twitter上发布的所有经核实的真假传言的差异传播情况，这些数据包含了126000条信息。在分析真假传言的扩散动态时，Vosoughi发现假信息比真信息在所有类别中都要扩散得更远、更快、更深入和更广泛，假信息也触及比真消息多得多的人。Vosoughi在调查中发现，真信息很少扩散超过一千人，而有的虚假信息能扩散到一千至十万人，这意味着更多的人转发假信息，假信息通过点对点传播。这个研究提到了虚假信息的一些特性——更新颖，有新奇性的消息更有可能被转发。③并非真假健康信息从客观特性不容易被甄别，而是这些虚假健康信息从主观上满足了某些人的心理愿望，使人们从而更愿意相信它。

其次，虚假健康信息因其匹配度而具有高信任度。在用户与社交媒介平台不断的互动反馈过程中，平台拥有了用户清晰的画像——年龄、性别、性格、爱好、家庭、学历、收入、情绪共鸣点、社交关系等。借助这一特性，虚假信息更匹配用户的需求价值。

算法推荐的推动。算法根据用户喜好，在关注健康的人群中，推送更大比例的同类消息，用户在接收到大量真假混杂的健康消息后，难以辨认。

用户对社交媒介的信任可能高于对大众媒介。有调查显示，用户对微信信息的信任度为63%，对微博信息的信任度为36.8%，而手机（短信、彩信、

---

① 年度虚假新闻研究课题组. 2017年虚假新闻研究报告［J］. 新闻记者，2018（1）：29.
② 顾理平. 新媒体时代虚假新闻的产生逻辑［J］. 新闻战线，2019（9）：64-67.
③ SOROUSH V, DEB R, SINAN A. The spread of true and false news online［J］. Science, 2022（359）：1146–1151.

手机报等非 App)、网络、报纸、广播、电视新闻的信任度分别为：22.4%、19.6%、20.7%、12.6%、34.2%。① 由此可见，社交媒介传播的健康信息不管真假，都更有可能被相信。

弱关系助推虚假信息的传播。社交媒介提供了弱关系连接，用户与陌生人沟通增多，不同圈层的信息互换频繁。在信息的扩散和传播中，微博用户之间是一种范围更广的弱连接，现实中亲密关系的朋友在微博中的沟通和互动不一定频繁，反而陌生人之间沟通、联系的可能性大大增强。② 虚拟网络上新型真实的人际关系形成虚假信息传播网络。朋友圈和微信群转发成为分享新消息、传播新认知的主要渠道，信息在弱关系网络中不断发酵，成为传播虚假健康信息的重要渠道之一。

最后，虚假健康信息多聚集于"关注度高、危害性大、实用性强"的事件中。根据内容，健康信息大致可以分为公共卫生事件、健康饮食、中医养生、母婴、急救、职业病防治、药品使用、慢性病管控、减肥、心理等，而在这其中，有些内容极易成为谣言重灾区，总结为如下三点：

（1）关注度高的突发公共卫生事件。这些突发公共卫生事件涉及用户切身利益，直接利益群体广泛，网络用户往往是宁可信其有，不可信其无，如"成都七中实验学校食堂事件"，在真相未查明之前，学生家长一边倒地相信食堂存在违规违法问题。

（2）命悬一线时的自救法。这类内容和急救、慢性病等相关，如"床头救命三件宝""嚼服阿司匹林能救命"等，都是这一类虚假健康信息的代表。

（3）看似实用的"一招灵"。比如，"牛奶炖香菇可以治鼻炎""熬醋杀死感冒病毒"等毫无科学依据的虚假健康信息现在依然被当作常识在流传。还有一些"一招灵"不仅无用，甚至会损害健康。比如，"发烧要捂汗"，实际上捂被子不利于散热，继而可能出现脱水、中毒等情况；"流鼻血快仰头"，实际上血液倒流，极有可能呛入气管引发窒息；"卡了鱼刺喝醋"，实际上强行

---

① 匡文波，周倜.2018 年网络舆情的特征研究［J］.新闻与写作，2019（1）：81.
② 薛澳，段峰峰.社交媒体"10 万+"成因及问题探析［J］.新闻前哨，2019（4）：22.

吞咽可能会划伤食道和血管。许多耳熟能详的"一招灵"例子都是虚假健康信息。

总的来说，关注度、危害性、实用性这三个维度与虚假信息数量呈正相关，关注度越高、危害性越大、实用性越强，虚假信息数量就越多。

三、健康信息的治理路径和策略

虚假健康信息的产生是一个复杂的过程，需要调动众多社会资源进行综合治理。通过分析信息产生的源头和流程，对比三种方式 UGC、OGC 和 PGC 生产的健康信息发现：UGC 数量最多，但缺乏专业知识背景，在发布前没有审核体制，容易出现虚假健康信息；PGC 数量少，但是用自身专业作为把关机制，是最可靠的内容生产来源；OGC 有内部把关机制，制作精良，但在医学专业方面仍然差强人意（见表 1）。在这三种生产方式中，有相关医学知识背景的人，都是生产健康信息、反馈虚假健康信息的核心人员。

值得一提的是，平台的人工智能算法目前并不能有效自动屏蔽虚假信息，它的职责是通过用户画像分发内容，推送用户关注度较高的信息，在传播虚假信息中扮演"助纣为虐"的角色。在上文提到的（Soroush Vosoughi, 2018）研究中，发现加入最先进的算法能加速信息传播，其中信息包括真和假，但是传播的影响大致相同，这说明是人类更有可能传播假消息，而与算法等无关。与自动机器人相比，人的价值观是最重要的，人对虚假和真相的差异传播的贡献更大。这也意味着治理虚假信息，主要是从管理好用户、促进用户自律方面下功夫。笔者结合实际情况对治理虚假健康信息提出以下六点建议。

表1 三种方式生产的健康信息

	UGC	PGC	OGC
内容生产数量	多	少	少
内容可信度	弱	强	强
是否有相关医学专业背景	无	有	较弱
呈现效果	良莠不齐	良莠不齐	制作精良
发送前审核	无	无	机构内部审核把关
发送至平台机器审核	1.审核查重;2.审核标题、内容、敏感词、推广信息等;3.推送		
平台人工审核	对有问题的内容进行人工再次审核		
监管	1.由相应监管机构监管制定规则(用户实名制等);2.遵循法律规定		
信息发布后的求证和监管	1.有相关医学背景的专业人员识别反馈;2.专业媒体人求证;3.其他用户评论或举报	1.有相关医学背景的专业人员识别反馈	1.有相关医学背景的专业人员识别反馈;2.其他用户评论或举报

（一）加强监管与法律警示

国家网信办一再强调，"严格监管自媒体账号将成为常态，自媒体应有明确的法律边界""自媒体不是法外之地"。① 应在自媒体平台明示法律规定条款，造谣、传谣、篡改、抹黑等影响传播秩序的行为绝不姑息。对所有用户实行实名溯源，第一时间追责，不信谣、不传谣、不造谣。尤其对粉丝超过一定规模的医疗自媒体账号、阅读量10w+的文章进行定期抽查或者人工审核。

---

① 新华网.严格监管自媒体账号将成常态 自媒体应有明确法律边界［EB/OL］.（2018-11-15）［2019-04-15］.http://www.xinhuanet.com//legal/2018-11/16/c_1123720973.htm.

(二)建立用户互相监督的舆情预警机制

利用网络互动性特质,用户互相监管,调动网络的"自洁"功能,用户凭借自己的知识背景做出判断,对虚假健康信息及时反馈,形成顺畅的信息反馈流程,一经核实,对用户给予奖励。由于健康信息的甄别有其独特性,需要有相关知识背景的人来判别。鼓励用户对有疑虑的健康信息进行反馈后,由平台交由专业人员进行信息鉴定。对于作假人员给予记录,必要情况下予以永久封停其账号的处罚。

(三)借助大数据和人工智能,屏蔽虚假信息常用关键词,有针对性地进行管理

调查显示,有66.2%的中老年人遭遇过网络谣言,今日头条于2016年底上线了辟谣功能,腾讯网在2017年上线了较真事实查证平台,微信也于2017年推出辟谣助手小程序,用户可以主动搜索查证,阅读或分享过的文章一旦被鉴定为谣言,能及时收到提醒。[①] 几项把关审核机制之间需要明确的是,以监管部门制定合理政策为主导,大数据和人工智能的自动筛选为主要审核方法,人工审核为辅助的重点审查模式,有利于点面结合、高效率地筛出虚假信息。如果能在人工智能的帮助下看到用户间的传播走向,将有效及时控制虚假信息。在现有的算法基础上,进行硬件和软件升级,以应对越来越多元化的传播形势。

另外,发挥政府部门的能动性,对辟谣平台加大投入,并且对辟谣平台加以宣传,同时简化页面,让中老年人也可以便捷地检索查询,识别虚假信息,加大辟谣平台的利用率,切实做到服务好用户。

(四)推动健康传播的发展

十九大报告指出,"中国特色社会主义进入新时代,我国社会主要矛盾已

---

① 澎湃新闻. 让人工智能成为辟谣新工具 营造清朗网络空间 [EB/OL].(2019-04-16)[2019-04-20]. https://www.thepaper.cn/newsDetail_forward_3301557.

经转化为人民日益增长的美好生活需要和不平衡不充分的发展之间的矛盾。"积极推动健康传播发展,应该从高校跨学科、交叉型的健康传播专业设置、复合型人才的培养、健康传播实践与理论的发展等几方面着力建设,与用户日益增长的健康需求相匹配。目前,我国在健康传播领域的研究还处在初级阶段,对比美国健康传播的发展,我国涉及跨学科和交叉研究的成果还不够深入,而专业建设、人才培养更是需要积极推进。健康传播作为跨学科研究,往往要调动多种力量来完成。由于跨学科的显著特征,美国每一项健康传播研究平均都至少有三股研究力量参与,他们来自不同学科、不同性质的单位,以实现学科结构的互补和资源的最优化。纵观所有的样本论文,大都是由来自传播学、社会学、心理学、精神病学、人类学、社会行为学、老年学和医学等学科背景的学者共同完成研究。① 如图3所示。

健康传播最重要的是要培养懂医学、会传播的复合型人才。有医学背景的专业传播者是稀缺资源,他们在自己的行业内有权威性和话语权,在社交媒体中深耕健康传播内容,解读相关健康信息。专业人员有以下几个优点:

第一,专业性强,在医学方面有深厚的知识储备,能产出专业优质内容。第二,内容集中,垂直细分用户,用户黏性更大。比如微信公众号"吃好每天三顿饭"由北京协和医院临床营养科主任于康主办,有12万用户关注(截至2019年4月),平均每篇阅读量在2万人次左右;"邱医生说"拥有224万多的粉丝,深耕减肥话题。这些医生在不同平台上用自己的专业打造特有圈层,精准传播健康信息。依靠自身专业背景资源,在垂直领域打造高点、下沉深度,高点在于内容的专业,深度在于内容的精细化,做专做精,发挥对同类别内容的引领作用。第三,改善相关机制,鼓励有医学背景的人员加强对健康信息的审查和把控。鼓励专业者发声,可以有效管控虚假健康信息的传播。

---

① 蔡志玲. 中美健康传播研究评析[J]. 东南传播,2012,(12):23-26.

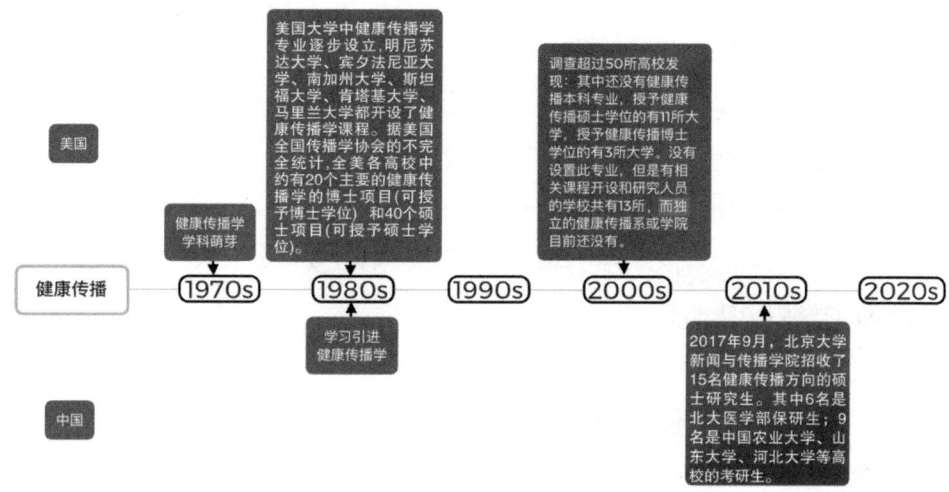

图 3 健康传播发展情况 ①

（五）平台培养产消者

面对转发、分享、生产健康信息的产消者（Pro-sumer），治理虚假健康信息，还要加强用户对自媒体使用界限、方法和运行理念的培养，平台在这个方面身负重任。

第一，培养导向意识。自媒体不能一切以"流量"为目的，要弘扬正能量，坚持正确导向。对自媒体进行培训，形成自觉行为，从源头上减少大量虚假健康信息的产生。

第二，提高专业水平。自媒体在健康信息生产中举足轻重，自媒体人应努力提高健康信息生产专业水平，本着真实、客观、科学、专业的原则生产和发布相关信息产品，不造谣、不煽动、不歪曲健康事实真相。② 这里至关重要的一环是做好学科融合：一种方式是培养出一批有医学背景的自媒体人；

---

① 根据以下资料整理而成：王迪.健康传播研究回顾与前瞻［J］.国外社会科学，2006（5）：49-52. 王希华，韦清霞，徐奇智.美国高校健康传播学科设置及发展状况研究［J］.江淮论坛，2005（4）：7. 新华社.北大开招全国首届健康传播方向硕士研究生［EB/OL］.（2017-06-16）［2019-04-15］. http://education.news.cn/2017-06/16/c_1121159389.htm.

② 张莉.新媒体时代健康传播公众信任机制的建构［J］.新闻论坛，2018（5）：92-94.

另一种方式是医学专家在有媒体专业背景的人的帮助下生产更优质的健康信息。"将学术语言变成普通受众容易接受和理解的语言，对不少医学专家来说是个短板，这就需要医学专家和媒体联手。"① 充分发挥媒体专业所长，在减少虚假健康信息方面起正向作用。"不建议没有医学背景的人去做与医疗相关的自媒体工作，如果没有医学背景，建议与医学专家合作。"② 笔者也更倾向于打造合作模式的自媒体生产方式，做到内容和传播方式的双把关，通过推进合作创新杜绝虚假健康信息。

（六）发挥专业媒体的求证作用

健全媒体的求证与证实机制，成立专门的专业验证团队，是当今媒体发展的重要方向。"随着用户生产内容受到重视，用户生产内容的核实也将从辅助性次要操作成为新闻实操中的必要步骤，而用户生产内容的验证主要依靠两个要素：人员以及工具。"③ 针对用户生产内容具体核实，"与信息的原始来源取得联系；如果信息看似是真实的，保持开放的心态，但要持怀疑态度；在网上搜索该信息何时首次出现；咨询有关专家；使用技术工具……参考社交网站上对该事的评价和判断。"④ 除了一般性的新闻验证团队，应该加大细分的专业健康传播记者、医疗编辑队伍的建设，在验证手段、方法上做到专业、精准，从而实现积极的网络引导。

结　语

虚假健康信息的传播，不仅是信息不对称的问题，更是某个群体有目的

---

① 赵鹏，朱帆. 如何在新闻报道中践行健康传播理念——以"鸿茅药酒事件"新闻报道为例[J]. 传媒，2018（14）：65-67.
② 中华医学会科学普及分会主任委员、中国医师协会科普分会会长、北京朝阳医院急诊科主任郭树彬教授于2017年10月20日在北京朝阳医院接受笔者采访中提到。
③ 曾祥敏，曹楚. 专业媒体新闻内容生产创新实践——用户生产与专业生产深度融合的路径研究[J]. 现代传播（中国传媒大学学报），2015（11）：34-41.
④ 曾祥敏，朱玉芳. 专业媒体用户生产内容的求证机制研究[J]. 当代传播，2015（3）：21-24.

的行为，而作为刚需的健康信息影响到人们日常的健康观念，具有非常重要的引导作用。通过明示法律条款、鼓励专业者发声、发挥媒体人的求证作用、用户之间互相监督、使用人工智能筛选可疑条目等多举措共同发力，在一定程度上解决"监管难"的发展难题。只有把平台信息治理、监管提升到和优质内容发布同样重要的高度，发展和监督并行，做到快速发展不脱轨、严格监管不掉队，才能打造好风清气正的良好网络生态环境，传播更优质的健康信息。

不仅如此，健康传播的发展不是一个刺激—反应的被动过程，而应该是主动引导、服务的过程。在信息爆炸、万物皆媒的时代，积极地引导和激浊扬清成为健康传播的基本任务。当然，健康传播内涵和外延远非如此，互联网给我们提供了互联互通的手段，也提供了精准服务用户的技术基础，借助这样的条件，如何为用户提供高度适配的健康信息和服务成为新媒体时代健康传播的重要命题。

重大主题报道的融合创新与价值引领*
——基于红色视听传播的分析

2021年，在庆祝中国共产党成立100周年之际，主流媒体推出一批融合创新报道作品，这些作品兼具重大主题报道的普遍性，又着力探索红色视听传播的特殊性。笔者从融合传播的视角出发，选取了57件具有代表性的庆建党百年融媒体报道作品进行研究。这些作品所展现出的传播特点，反映了当前深度融合的内在需求，展现了主流媒体创新发展的方向，为红色视听的融合传播探索出新路径。

一、庆建党百年融媒体报道作品的宏观分析

总体来看，庆建党百年融媒体报道作品体现了红色文化在技术、形式、渠道等各方面的融合创新。在此，本文收集了具有代表性的57件中央级媒体和地方媒体制作的庆建党百年融媒体产品，对其进行统计和分析（见表1）。

---

* 文章原载于《传媒》2021年第21期，与中国传媒大学电视学院博士研究生董华茜合作，系国家社科基金重点项目"移动互联网背景下主流媒体新闻视听传播变革研究"（项目编号：18AXW003）的阶段性成果，收入本书时，略有改动。

表1 庆建党百年融媒体产品类别及特色

类别	产品特色	数量
图文类	漫画、海报、长图	6
音频类	数字音频	1
视频类	微电影、微纪录片、主题MV、影视混剪、3D还原、开箱vlog、动画视频等	23
互动类	互动剧情、H5、AI技术、VR技术、答题	19
其他类	直播、专题	8

（一）定位策略：融入节点，深耕精品

主流媒体在宣传阐释党史、展现红色文化上不仅占有独特的资源，更应创造性地转化党史资源，成为红色文化传播的定盘星。

1. 重新定位，借助节点引领传播

当前，对于各类新闻报道而言，专业媒体已经不再掌握绝对的话语权，甚至在突发事件和社会新闻的第一手资料上时常处于劣势。因此，伴随话语体系的转变，传统媒体需要有所取舍，重新定位。具体而言，主流媒体应该发挥价值引领和专业能力，成为新媒体空间中重大历史事件的阐释者，借力重大节点上的主题报道，成为日常运转、重点明确的"上层建筑"[①]。因此，主流媒体在类似建党百年的重要历史节点上集中发力，是媒体转型发展和红色视听创新的双重突破。主流媒体通过成为红色文化传播的引领者实现在新媒体时代的重新定位，红色视听传播通过主流媒体的资源优势实现融合创新。

2. 纵向探索：打造各融合类型的精品力作

庆建党百年融媒体产品呈现出纵向深入探索趋势，在57件典型融媒体产品中，H5互动产品、短视频、VR报道等类别仍为主流，在表现形式上趋于稳定。这说明，在媒体技术格局基本稳定的条件下，融媒体产品的"破

---

① 胡翼青，李璟."第四堵墙"：媒介化视角下的传统媒体媒介融合进程［J］.新闻界，2020（4）：57-64.

圈"之道不再是求新技术、抢先发布，而在于将红色文化融入各个成熟的融合类型，打造精品，让人产生共鸣，获得良好体验。在这些作品中，互动类作品以红色文化为背景，融入更多样的游戏化体验，新华社《老照片会"说话""穿越"时空遇见 TA》、华龙网《党员，请选择！》（见图 1）等 H5 产品备受好评；短视频类产品在表达形式上各有创新，《人民日报》主题 MV《少年》、红星新闻主题 MV《百年》采用网红歌曲、影视混剪、RAP 创作，立足于红色文化与流行文化的创意结合。图文类用户对信息的要求是一目了然、新颖夺目，因此该类产品创意先行，新华每日电讯联合新华社河南分社制作的系列漫画《漫画中的百年巨变》《中国青年报》长漫《那时他也是"00后"》等纷纷采用漫画形式展现红色内涵。

（二）创作思路：层层具化，找准切口

百年党史恢弘壮阔，史料繁杂，而且年代久远，细节模糊，有的甚至是只言片语，如何让先锋历史人物走进当代，让典型党史故事融入当下，是融合创新必须要解决的命题。

图 1　华龙网《党员，请选择！》H5 产品

1.作品定格关键性瞬间

适应移动社交传播碎片化、场景化的传播语境，以小见大，以一当十，化繁为简，锁定历史长河中值得关注的精彩瞬间，通过这些具有生命力的片

段融通古今，传达百年间奋勇前进的红色精神，都是建党百年媒体融合类产品的突出方向。中央广播电视总台的 H5 产品《红色冲印馆》，将党史上 6 个重要的节点时刻集纳到一本影集；《中国青年报》的 H5 产品《新思想引领新征程——总书记走过的红色足迹》通过图文、视频带领用户重温习近平总书记考察调研时的生动场景和感人细节，打卡 10 个红色地点；中国新闻网推出系列图文《中国共产党百年历史中的统一战线瞬间》通过历史长卷这富有年代感的策划形式回顾党的百年进程中激动人心的时刻；澎湃新闻推出图文《"一大会址"日记 100 个初心瞬间》。可见，比起交代始末、长篇梳理的制作，庆建党百年融媒体产品的主要方向是定格关键性瞬间，达到以点带面、见微知著的效果。

2. 技术赋能盘活静态史料

与"两会"等重大时政话题相比，建党百年这一主题有丰富的历史宽度和厚度，如何让历史素材"活"起来，是实现创新传播的主要方向。在本文梳理分析的 57 件具有代表性的融媒体产品中，技术使用上的一大特点是：综合运用 AI 技术和互动技术，让静态的史料"动"起来、"活"起来，与当下形成交流和回应。例如，新华社 H5 互动产品《老照片会"说话""穿越"时空遇见 TA》，利用 AI 技术还原老照片，用革命先驱的话语回答当下青年人关注的婚恋、升学、就业、理想等热点话题，拉近历史人物与当代青年的距离，缓解焦虑，致敬先贤（如图 2 所示）；中央广播电视总台系列短视频《百年光影·生动》将记录党史瞬间的黑白影像进行修复，并使用 AI 技术让照片动起来，向革命烈士、新中国建设者致敬；《北京日报》系列短视频《解码全面小康》以动画式的评书将抽象概念具体化，从何为小康、何为全面小康、小康为何一梦千年的角度科普全面建成小康

图 2　新华社 H5 互动产品《老照片会"说话""穿越"时空遇见 TA》

社会对我国的重大历史意义,形式新颖。上述产品的成功传播,在于找到了媒介技术在红色史料上的正确打开方式,焕发出新生机。

3. 立足自身定位,建立"连接点"

建党百年是关乎中国社会全方位发展变迁的宏大命题,因此,如何将主旨浓缩在一个短小精悍的作品中成为关键。在如何与用户建立"连接点"这一问题上,立足自身优势,找准切入点和角度尤为重要。庆建党百年的媒体融合类产品反映了各级媒体均从自身优势出发,选择不同侧面展现建党百年历程。例如,《光明日报》以报刊发展历史为圆心,推出《与党同行:知识分子的红色记忆》短视频,选取《光明日报》创刊以来报道过的著名知识分子,回顾共和国知识分子与党同心、同向、同行的红色故事;人民日报新媒体中心充分发挥自身技术应用先行者的优势,出品了一系列视频产品,均在《人民日报》公众号获得10万+的传播成绩;《经济日报》从党领导经济建设的角度,选取9个不同时期经济工作中具有标志性意义的重大事件,其系列短视频《党史中的经济档案》从经济视角看百年变迁,在《经济日报》公众号广泛传播;中国传媒大学电视学院联合党建杂志社、央视网,发挥青年学子资源和融媒体先进技术的实验创新优势,实现教学实践对接社会和行业发展,制作出"四个一百"系列融媒体产品。其中,"红色云展厅"将全国100个红色纪念馆进行数字化转型,推动党史文献资源向全国辐射;"百年先锋"移动听以音频形式展现100位革命先烈的壮丽人生;"红色文物青年说"通过全国百所高校大学生讲述100个红色文物故事;"我的入党故事"百集移动听展示了100位共产党员的先锋模范事迹。因此,在红色视听传播中,遵循瓦拉赫效应,将长处发挥到极致的做法值得坚持和推广。

4. 细化子主题,建立差异化优势

尽管红色视听资源的切入点相对丰富,但同一视角内难免出现同质化问题。因此,进一步细化子主题,找到同一主题内差异化的切入点十分重要。优秀党员的典型故事是本次融媒体产品中出现频率最高的子主题。北京广播电视台通过互动H5的形式,用手绘拼图的方式串联起党员故事;天津津云的H5《绝密任务:登船》选取董必武、邓恩铭、何叔衡三位登上红船参加中共一大会议的党员作为故事主线人物,用户能以第一人称的方式选择剧情;《中国青年报》推出的《那时他也是"00后"》以长图漫画的形式,带领用户重新认识100年前的"00后"邓恩铭,致敬今天和邓恩铭一样勇敢的中国青年。此外,在通过文物讲述历史故事这一子主题上,《新京报》依托全国数十家博物馆和网友征集结果,选出100件代表性文物制成100集短视频,挖掘文物背后的故事;中国传媒大学推出"红色文物青年说"百集微视频党课,以"红色文物,青春讲述"为主题,邀请全国百余所高校的大学生,讲述百余个红色文物故事,以文物为载体从青年人的视角生动展现党的百年历史。① 可见,在新媒体时代的红色视听传播中,创新和创意相辅相成。

(三)渠道策略:阵地先行,对口匹配

构建全媒体传播矩阵已经成为各级媒体的共识,从人民日报新媒体中心到县级融媒体中心均已在各端口开辟了阵地。实际上,全媒体矩阵并不意味着等而视之,同一内容在各端口并不应该无差别发力,实现对口匹配、避免短板效应才能将矩阵优势发挥至最大化。

此次庆建党百年融媒体报道作品的传播渠道,可分为以下几种情况:第一,主要在自有客户端、官方网页上进行投入,重视专题策划。其中,以《人民日报》《光明日报》、中国新闻网、澎湃新闻为典型代表。第二,将微信平台的官方公众号、微博账号作为主要阵地,在本文统计的57件建党百年融媒体代表产品中,H5互动产品占产品总量的28%,微视频和短视频类占总量的40.4%,这些产品主要在微信公众号、微博账号上传播,并取得良好的传播效果。第三,短视频社交平台上的媒体官方账号也是分发矩阵的有机补充,在此类社交媒体传播产品的时长通常在三分钟以内,在形式上较为单一。可见,在明确分发渠道的前提下,对内容、形式等进行合理匹配是一个有效策略。

---

① 中传新闻传播学部.学史力行 | 用心打造!来看电视人创新红色文物讲述新形式[EB/OL].(2021-07-09)[2021-09-05]. https://mp.weixin.qq.com/s/NQ70AIF1knX60ZgEJnj8ZQ.

二、庆建党百年媒体融合类产品的具体分析

庆建党百年媒体融合类产品在创意制作、传播和用户运维上呈现出诸多创新方式和策略。

（一）场景要素占据主导，沉浸体验精准落地

技术的最终目的是为内容落地提供服务。在本次庆建党百年融媒体作品中，技术的应用大多体现为还原一个场景。实现用户沉浸体验的场景化落地，是本次庆建党百年媒体融合类产品的一大亮点。例如，中央广播电视总台的H5作品《红色冲印馆》在一本虚拟相册中定格经典场景；《新京报》系列短视频《破晓》3D还原历史场景，用一座北大红楼还原了一个风起云涌的觉醒时代；《经济日报》系列短视频《党史中的经济档案》从党领导经济建设的角度，选取了九个不同时期经济工作中具有标志性意义的重大事件，梳理党史场景……用户或许难以记住一个完整的故事、一段史料中的对话，但是他们能够记住一个具体生动的场景。

（二）挖掘特色化载体，小创意撬动大群体

具有创新性的融媒体产品不仅要在技术上下功夫，内容表达的载体也很重要。在本次庆建党百年媒体融合类产品中，《南方都市报》的《百年路 海南潮》和《深圳特区报》的《深圳红：第一个党支部的诞生》分别以剪纸、粘土动画为载体，通过具有中国特色和地方特色的表现手法，让人耳目一新。H5作品《百年路 海南潮》用剪纸作品呈现海南百年发展，中英文切换便于对外传播，备受海外媒体关注；短视频《深圳红：第一个党支部的诞生》以粘土动画、定格动画的形式，用小泥人讲大故事，以童趣手段讲严肃内容，憨态可掬的形象让人印象深刻。可见，挖掘具有民族特色、地方特色的传播载体，能够利用杠杆原理以小创意撬动大群体。

（三）游戏化传播突出，互动手段再升级

互动类融合产品风靡多年，已经成为重大主题报道的标配。在本次庆建党百年媒体融合类产品中，互动元素与视频类、H5产品的融合更为深入，在互动的方式上实现突破，游戏化传播成为突出特征。在《老照片会"说话""穿越"时空遇见 TA》《抉择》《党员，请选择！》等互动 H5 作品中，角色选择、剧情设置以及游戏化的画面设计成为主流，并获得用户青睐；在华龙网的互动短视频《党员，请选择！》中，用户可选择 3 个身份，通过不同的身份选择影响剧情走向，截至 2021 年 7 月 1 日 12 时，该短视频总流量达 1 亿人次；《人民日报》的互动微电影《抉择》与之类似，用户在严肃话题的融合产品中体会到乐趣，这一特征反映了传播游戏理论在新媒体实践中的突出作用。斯蒂芬森曾定义了传播的三个属性，即传播行为的发生是基于消遣的主体诉求，传播过程的契合是自我取悦的个体选择，传播效应的形成是基于游戏规则的互动行为。① 随着融合不断深入，游戏的形式和逻辑将更多地出现在严肃内容的融媒体产品中，为红色视听打破传播壁垒提供突破点。

（四）探索"线上+线下"模式，融入跨界营销思路

媒体融合发展至今，已经度过了单纯叠加的探索期，开始往更深层次的融合阶段发展，在本次庆建党百年媒体融合类产品中，"线上+线下"的融合模式进一步凸显。人民日报新媒体中心延续近几年的一贯思路，推出融媒体产品《复兴大道 100 号》。该产品围绕同样的核心素材制作 H5、条漫、线上 VR 体验馆和线下体验馆，实现一个作品多种形式的创造性生产。线上的 H5 是涵盖百年重要节点的长图，有上传照片、打卡环节，内容丰富，画面衔接流畅；线下体验馆用场景化陈列串联起百年历程，触发集体记忆；线上的 VR 体验馆通过虚拟现实技术，让用户在具有仪式感的场景内实现"穿越"，增加了更多具身体验。这种同一产品线上与线下结合的模式，能够覆盖用户接触

---

① 喻国明，景琦. 传播游戏理论：智能化媒体时代的主导性实践范式 [J]. 社会科学战线. 2018（1）：2，141–148.

产品的多个渠道，打破线上和线下的隔阂，不仅能够将一个优质主题的价值利用实现最大化，还有助于获得最佳的传播效果。

（五）青年从客体变为主体，讲述方式推陈出新

互联网的青年群体是媒体融合转型时期主流媒体关注的重要群体。在本次庆建党百年媒体融合类产品中，青年人从客体变为了主体。具体而言，一方面，庆建党百年的媒体融合类产品不再只是将青年作为产品中出现的一个元素，而是真正在探索让年轻人听得进、用得好的产品呈现方式。无论是通过互动形式与伟人展开对话、通过游戏化体验讲述故事，还是制作主题MV、进行漫画创作，都站在了青年人的视角上选择最生动的讲述方式，让红色视听在青年人中有效传播。另一方面，不少作品直接让青年人成为讲述主体。在中国传媒大学电视学院推出的"四个一百年"系列作品中，《红色文物青年说》系列最为典型，制作团队召集全国各高校的青年党员在融媒体场馆内切身讲述一件件文物背后的故事，抒发新时代青年的所感所思，促进青年人的主动传播。以上转变，体现了用户思维在特定群体传播中的深度融合，更体现了红色视听传播抓住青年群体的重要性。

（六）亚文化融入渐成主流，红色视听走出舒适区

作为典型的主旋律作品，庆建党百年媒体融合类产品在创作上无疑面临如何融合亚文化的问题。亚文化汇集着"破圈"的力量，本次庆建党百年媒体融合类产品从数量和质量上反映出红色视听传播的亚文化融入渐成主流，主旋律和亚文化呈现"你中有我、我中有你"的态势。例如，央视新闻《全景打卡红色地标》精准利用打卡文化吸引关注；《人民日报》建党百年主题MV《少年》改编自网红歌曲《少年》；红星视频《百年》将动感的歌词、朗朗上口的旋律，配合经典的影视混剪，迎合了亚文化群体热衷"二次创作"的心理；《中国青年报》长图漫画《那时他也是"00后"》、新华每日电讯联合新华社河南分社系列漫画《漫画中的百年巨变》所采用的漫画形式精准覆盖二次元群体；中国传媒大学电视学院的数字音频作品《红色云展厅》在播客复兴的背景下，抓住小众形式的大众化趋势。在未来，亚文化与主流传播的融合将呈现更多可能。

三、总结与建议

各主流媒体均在思考如何在红色视听传播的纵深化、专业化、精品化上实现突破，红色视听传播的守正创新是媒体转型能力、传播理念和用户思维的综合检验。基于上述分析，本文对红色视听传播的未来发展提出以下建议。

（一）以产品带平台，为开辟红色专题的新媒体平台引流

优质的内容必然会为制作方带来流量，一个广泛传播、备受好评的红色视听产品所带来的流量最终应该转化为主流媒体新媒体平台的新增用户和活跃用户。这就要求媒体一方面要有地可"引"。以人民日报、新华社、央视新闻为代表的一批新媒体平台在不断地改版升级，开辟红色专题，不仅用户能够在该平台实现一站式信息获取，而且平台能因此推广自己，以此为契机让被引流的用户体验本平台的更多功能。另一方面，还要能稳住流量。从一件红色视听作品引流到新媒体平台，不等于实现了转化。因此，主流媒体在专题建设上要突出特色，摆脱信息简单聚合的思维。要么融合运用互动技术、AI 技术、VR 技术等增强体验感的媒介技术，要么通过编创特色建立差异化优势。

（二）以先锋带系列，打造策划性强、长线更新的红色 IP

告别单一产品博流量的一锤子买卖，是媒体进行专题报道时的重大思路转变，红色视听传播同样应该坚持这一思路。实际上，很多媒体因一个特色产品"出圈"，却难以形成持续生产力，将短期大量的曝光有效转化。在红色视听传播中，可以借鉴专题策划的成功经验，顺应 IP 化运营的总体趋势，在生产之初就进行策划。例如，打造系列 IP 视频作品、H5 作品联动打造"虚拟宇宙"、连载漫画作品等，将专业媒体的策划、编辑能力与 IP 运营的营销

理念结合，打造具有生命力的红色视听品牌。

（三）以感知带创新，探索传统叙事和身体实践融合的红色生产

在未来发展中，媒介技术将越来越趋向于嵌入身体，不断制造人体的多重感知。这意味着，整合感知的传播方式正在复兴，媒介融合的新趋势在于重新找到媒体与社会融合的新方式，对人类既有的感知方式进行重组与再造。在庆建党百年媒体融合类产品中，传统的符号叙事和沉浸式的身体实践相融合的趋势已经显现。无论是综合调动视觉、听觉，升级成沉浸式体验，还是开设线下互动等创新形式，都体现了一种注重过程、场景和感知的新型生产方式，通过促进感官的多重感知带动红色生产的融合创新。在这一方向上，伴随对时代脉搏的进一步把握、与亚文化的深度交融和媒介技术的普及应用，红色视听的融合生产大有可为。

结　语

媒介形态不断更新，融合深度不断加强，但其背后人与技术互嵌的核心思路并未改变。如何理解人的需求并通过技术满足其需求，是每一类视听传播、每一个媒体融合类产品需要思考的问题，而在红色视听传播中，还要充分考虑到素材的特殊性和已有的传播困境，这就要求红色视听传播的守正创新突破表层，落到实处。红色视听传播的研究仍有很大空间，随着实践和理论的不断发展，相关研究必将更加深入。

第三部分
新媒体前沿与社会变迁

真假"智"辨：生成式人工智能参与事实核查的价值、逻辑与强化[*]

纽约的《柯林斯英语词典》将"人工智能（AI）"选为2023年度单词；由国家语言资源检测与研究中心、商务印书馆等联合主办的"汉语盘点"活动中，"ChatGPT"当选年度国际词；在《咬文嚼字》编辑部公布的2023年十大流行语中，"人工智能大模型"入选。[①] 在国内，百度的"文心一言"、华为的"盘古"、阿里的"通义千问"等人工智能大模型不断涌现，给社会生产生活带来广泛影响。以ChatGPT为代表的生成式人工智能是人工智能发展的重要分水岭，标志着人工智能从以专用小模型训练为主的"手工作坊时代"迈入以通用大模型预训练为主的"工业化时代"[②]，赋能社会发展和经济进步。

当前对于生成式人工智能在内容生产方面的研究已经比较丰富，但是对于人工智能在对虚假信息的治理、新闻事实核查等方面的研究，还存在欠缺。究其原因，一是对虚假信息的甄别及核查处于思维过程的后置阶段，即反思阶段，比前置的单纯文本生产更加高级，对人工智能的技术要求也更高；二

---

[*] 文章原载于《新媒体与社会》2024年第1期，与中宣部全国宣传干部学院专题研究部干部、博士刘思琦合作，系教育部哲学社会科学研究重大专项项目"中国式现代化道路与新闻传播学自主知识体系建构研究"（项目编号：2023JZDZ032）的阶段性成果，收入本书时，略有改动。

① 光明网.年度热词里的"人工智能"｜光明网评论员［EB/OL］.https://mp.weixin.qq.com/s/zU3_DLhuUGNb1ga7VMPBaw.

② 赵朝阳，朱贵波，王金桥.Chat GPT给语言大模型带来的启示和多模态大模型新的发展思路［J］.数据分析与知识发现，2023（3）：26-35.

是在媒介化、数字化、智能化加速渗透的互联网环境中，虚假信息成因复杂，隐藏在海量的数据库中而无法根除。生成式人工智能已经在事实核查方面做出了一定成果，现阶段的研究更应该与时俱进。

一、生成式人工智能参与事实核查的价值意义

生成式人工智能正在以生产工具和行动思维的双重方式重新分配社会信息资源，改变信息传播格局。生成式人工智能参与事实核查，不仅是提升智能技术的自我检验和必然选择，更是识别虚假信息、治理信息社会、重建信息秩序的首要命题。

（一）理解生成式人工智能：深度学习、对话生成、通用模型

要想了解生成式人工智能是如何参与事实核查的，我们需要先理解其技术机理，可以从深度学习、对话生成、通用模型三个方面来加以概括。首先，以GPT（Generative Pre-trained Transformer，生成式预训练转换模型）为代表的生成式人工智能技术（Generative AI）是一种基于互联网可用数据训练的文本生成深度学习模型，采用"利用人类反馈中强化学习"（RLHF）的训练方式。[1]带有人类偏好的数据是生成式人工智能得以运作的基础。其次，生成式人工智能以"对话式"进行呈现，用户需要发出指令或输入关键信息，生成式人工智能在此基础上展开合理推理，并借由仿真技术附加人类的语言系统，对用户进行"回答"。通过持续对话，生成式人工智能可以对用户的个性化要素和信息加以识别、学习和整合，以完善自身数据库。最后，相较于人工智能发展的前期阶段，生成式人工智能实现了更高层次的功能集成，正在以融入社会主流的大众化应用的姿态，实现通用模型的价值目的。"通用"即与社会各行各业的垂直领域进行结合，意味着智能技术不再仅局限于高精尖的科

---

[1] 喻国明，苏健威. 生成式人工智能浪潮下的传播革命与媒介生态——从ChatGPT到全面智能化时代的未来[J]. 新疆师范大学学报（哲学社会科学版），2023（5）：81-90.

学领域,而是可以触达日常生活的细分场景并实现落地,推动相关产业从人力密集型向智能密集型转变,这势必会对人类社会的生产生活方式巨大变革。

(二)事实核查之必然:维护信息秩序

事实核查(fact-checking)是指媒体为确保所刊载、发布的新闻准确无误,对新闻进行检验和审查的程序。事实核查起源于对政治家公共言论的核实,后演变为一项制度,并随着新闻专业主义得到推广,[①] 属于媒体内部把关的一部分。此外,新闻界不断涌现出专门服务于事实核查的网站、程序以及第三方机构,如美国的辟谣网站 PolitiFact、Google 的 Fact Check Explorer、路透社的 Reuters Fact Check、日本首家事实核查组织 FIJ 等。事实核查的一般流程是:若干事实核查人员在新闻稿件公开发表之前,对其专业知识、消息源引语、相关背景等方面,查阅档案资料、与采访对象或记者再次确认等进行核查,避免公开发表的新闻报道出现事实性错误。[②]

如今的事实核查已超越专业媒体机构的职责,而是泛指新闻从业者探求真相的新闻实践,虽然极其复杂,但其价值也格外凸显。事实核查对个体来说,可以帮助公众筛选出虚假信息和谣言,减少对信息的误解,提高信息触达的准确性;对媒体机构来说,保障了新闻真实性和报道质量,维护媒体的良好声誉和公信力;对信息环境来说,能够成为阴谋论和谣言的检验工具,对包含政府部门、媒体机构和其他公众人物在内的信息发布方形成舆论监督。

传统的信息传播是从传者到受者的单向流动,互联网的诞生和发展在微观层面上改变了信息样态的呈现和流动的方向,在宏观层面上颠覆了信息系统的底层运行逻辑。在"后真相"时代,网民情绪先于事实,社交媒体上的假新闻泛滥,主流媒体公信力面临稀释的风险,把关人的缺失为异质性信息的流散提供了可乘之机。尤其是智能技术在带来建设性作用的同时,一些技

---

① 郑晓迪.国外网络新闻事实核查的相关研究与技术应用[J].新闻界,2017(2):95-97,104.
② 王君超,叶雨阳.西方媒体的"事实核查"制度及其借鉴意义[J].新闻记者,2015(8):21-26.

术的负面性更是加剧了信息失序，生成式人工智能的数据来源和算法难以完全透明，以此生成的文本源自个体的差异化需求，最终流入公共信息场域。同时，生成模型处理的任务和生成的文本越来越多，错误的风险也越来越高。若不加甄别，则会加剧整体信息秩序的失衡，所以对公共信息进行核查是维护信息秩序的必然要求。除了规范传统事实核查的制度和流程外，当前有条件也有必要适时引入智能技术，协助甚至主导核查环节。

（三）难点所在：人工智能欠缺"自我反思"

反思是人类最复杂且最高层级的思维，最基础的反思是对一些有既定价值标准或真理标准的事物进行评价、批判，有现成的知识库供人类进行甄选，而更高阶的反思是把思维本身当作对象来分析其能力。① 从知识生产的角度来理解，人类进行知识生产一定伴随着自我意识和反思性思维活动的介入，有观点认为，生成式人工智能参与的知识生产是一种基于知识库和规则事实逻辑的"集体知识系统"，是集搜集、处理、生成、匹配、推荐于一体的某种"实在的对象"的生产系统。② 更像是一种知识组合能力的提升，而非创造"从无到有"意义上的提升，这正是因为机器缺乏专属于人类的反思能力。生成式人工智能能够高效地生产内容，但因为缺乏反思性而"不知道"自己在做什么，也就更不在乎后果是什么。

反思能力在事实审核中至关重要，人类对事实信息有质疑，才会就一个问题进行主动且反复的探索，直至找到万无一失的答案。当前人工智能欠缺"自我反思"，使其在审核的功能拓展上困难重重，只能做到对已有数据筛选、整合和加工，而无法保证进一步地"甄别"。除此之外，事实核查有时需要高度依赖语境，评估一项主张并不意味着单纯将其标记为真实、虚假或可

---

① 赵汀阳.人工智能提出了什么哲学问题？[J].文化纵横，2020（1）：43-57.
② 姜华.从辛弃疾到 GPT：人工智能对人类知识生产格局的重塑及其效应[J].南京社会科学，2023（4）：135-145.

疑，而是需要确定其是否与所处的语境及上下文相匹配。① 当前可以实现的事实审核可能存在机械性、单一性、片段化等特征，有时生成的文本内容比较长，相应的会欠缺对个别事实的细节化定义，这些都会造成结果的证实性偏差，削弱事实核查的实际效能。

二、生成式人工智能参与事实核查的发展现状

媒体机构开辟了专门的事实核查网站、专栏、客户端，利用机器人和数据库进行事实核查，可以看作互联网时代运用技术代替人工作业的进步举措，也为下一步的智能化奠定了技术性基础。

（一）智能技术赋能核查的进步性

在面对复杂的信息环境时，人工核查的速度和效率都显得力不从心，对事实核查需求的增加刺激了智能化、自动化工具和系统的快速发展。② 自动化事实核查（Automated fact-checking）率先进入人们的视野，其运行的三要素包含识别、验证和纠正，③ 主要通过摄入大量的真实信息和虚假信息进行统计分析，根据准确性、确定性等指标对一则未知真假的新闻文本或信息进行真实性的概率计算。④ 2015 年，有研究针对 Twitter 上的信息开发自动检测和验证模型，通过收集谣言的语言表达风格、参与谣言传播的用户特征以及网络传播动态，运用隐马尔可夫模型（Hidden Markov Models）进行算法验证，准

---

① OPDAHL，TESSEM B，MOTTAE，et al. Trustworthy journalism through AI［J］. Data & Knowledge Engineering，2023（146）：1-17.
② THORNE J，VLACHOS A. Automated Fact Checking：Task formulations，methods and future directions［J/OL］. 2018. International Conference on Computational Linguistics. DOI：10. 48550/arXiv. 1806. 07687.
③ GRAVES L. Understanding the Promise and Limits of Automated Fact-Checking.［J/OL］. FACTSHEET，2018（2）：1-8. DOI：10. 60625/risj-nqnx-bg89.
④ 陈昌凤，师文. 智能化新闻核查技术：算法、逻辑与局限［J］. 新闻大学，2018（6）：42-49，148.

确率达到 75%。① 随着智能技术的发展，事实信息的核查更加精细化，如伦敦 Hackathon 团队开发了"Notim. press"程序，采用智能算法来检测假新闻，在 Google 中输入网站链接，会自动呈现网站的 Alexa 排名、情绪分析、跳出率、地理位置和标题 clickbait（点击诱饵）检测得分等，帮助用户迅速辨别该网站新闻的真实性和友好程度。② 2019 年阿里巴巴发布了一项旨在粉碎网络谣言和假新闻的 AI 技术——"AI 谣言粉碎机"，依靠深度学习和神经网络模型，经过分析用户画像、与权威知识库做匹配验证、深入分析传播路径三个步骤，计算出新闻信息的可信度，在特定场景中准确率达到 81%。③

在智能化事实核查的技术层面，计算机学科已经获得了丰富的研究成果，运用的智能技术包括文本分类、信息检索、信息辨识（识别）、自然语言推理、上下文挖掘和评估、评估可核查性等。有研究将算法逻辑分为五类，包括基于匹配、基于信源信度、基于关系、基于缺陷和基于区块链的逻辑。④ 也有研究指出有三种智能事实核查技术运用较广：一是语言分析，主要通过自然语言处理和训练分类器进行；二是基于大数据的网络分析法，主要通过知识网络和元数据的对比分析；三是图像分析，主要对图像内容进行分析、解释和识别。⑤ 不同输入源和算法适用于不同的场景，尽管现阶段智能化的核查方式不能做到百分百准确，但是准确度、精细度和便捷度都在提升，数据库也在不断拓展，一定程度上节省了人力审核的成本，解放了重复性的脑力劳动，提高了真假信息的识别概率。

---

① VOSOUGHI S. Automatic detection and verification of rumors on Twitter [D] Cambridge: Massachusetts Institute of Technology, 2015.
② 郑晓迪. 国外网络新闻事实核查的相关研究与技术应用[J]. 新闻界, 2017 (2): 95-97, 104.
③ 阿里云开发者. 为拯救爸妈朋友圈，达摩院造了"谣言粉碎机"[EB/OL]. (2019-02-27) [2024-02-10]. https://mp.weixin.qq.com/s/511T49Y6S44CWTZG2FFv_A.
④ 张超. 自动化事实核查的算法逻辑、内生性风险及其规避[J]. 中州学刊, 2022 (2): 166-172.
⑤ 黄建友, 徐静茹. 智能事实核查技术的算法逻辑及其应用分析[J]. 新闻知识, 2021 (5):3-9.

（二）生成式人工智能参与事实核查的主要方式

当前事实核查的功能，由于技术难度较大还没有得到最大程度的普及运用。以人类的参与度为标准，我们将目前已有的方式分为两种，即直接提问式核查和算法嵌入式核查，前者以人类为主导，需要人为发起"正确与否"的指令，生成式人工智能给出答案；后者以智能算法为主导，核查过程内嵌于算法，在生成文本的同时对内容做出真假辨别。

1. 直接提问式核查：发起指令，得到答案

生成式人工智能扮演着一个"知无不言"的角色，以对话的形式与用户建立关系，深度模拟人类交往方式，所以用户可以直接向其发出"正确与否"的指令。澎湃新闻推出的事实核查栏目"澎湃明查"选取了微软公司旗下搭载 GPT-4 技术的 BingChat、百度公司研发的"文心一言"和由具有机器学习背景的工程师团队开发的智能对话搜索引擎 Perplexity AI，三款产品对自动化核查功能进行测试，测试内容是 20 条已被确认的虚假信息，包括 10 条中文信息和 10 条英文信息，主题涉及时政、社会、财经、科技、健康等，让人工智能来判断真假，如将问题"月球年龄被精准测定为 20.3 亿年，这是真的吗？"输入对话框，人工智能会给出判断，并注明援引的信源，用户还可以发起追问，在对话互动中矫正答案。其中当 BingChat 无法确定信息的真实性时，会回应称"这是一个谣言。在分享信息之前，验证信息的真实性非常重要"。这是 GPT-4 的开发者 OpenAI 为聊天机器人设置的标准化模板，[①] 以提示用户对给出的信息须更加谨慎。最终结果显示，Perplexity AI 的准确率最高，能达到 90% 以上，BingChat 对英文虚假信息的鉴别准确率极高，对中文虚假信息的鉴别准确率则较低；"文心一言"则相反，可以对绝大多数中文虚假信息作出准确判断，面对英文问题时却"不知该如何回应"。

由此可见，问答式核查方式最终判断的落脚点还是会回到人类本身，一方面，这体现了生成式人工智能对个体的赋权，以持续对话为个体提供超出

---

① 澎湃明查. 明查·实验室 | 生成式 AI 核查哪家强？一起来做测试题 [EB/OL]. (2023-05-29) [2024-02-10]. https://mp.weixin.qq.com/s/beD7jMjXjQbrfokx3HDeXg.

自身认识范畴的知识与经验，①个体得以与更广的信息网络产生连接，弥补自身的认知缺陷。生成式人工智能在直接提问式核查中起到辅助的作用，通常处于信息传播的后半程阶段，以答疑解惑的方式充当"百科全书"，相比人工亲自去检索数据库更加省时省力，覆盖的数据库种类更宽泛全面，内容上更具专业性。但另一方面，核查不能局限于单一的人工智能，且没有适用于全部语种。各自短板的存在启发我们采用"交叉验证"的思路，并且可以通过追问、变换句式、发起质疑甚至驳斥等方法"训练"人工智能，因为其可以在问答的来回之间发挥语言理解和逻辑推理的作用，试图理解用户的意图，以最终寻找到准确无误、逻辑顺畅的答案，这也是生成式人工智能在自然语言处理领域的重要突破。

2. 算法嵌入式核查：深度学习，自我评估

当前一些生成式人工智能具备了事实核查的功能模型，基于深度学习、指令微调、预训练等技术，对生成的文本内容自行核查，再输出答案，具有深层次、智能化、自主性的特点，而相应的技术要求也更高。由北京大学、微软亚洲研究院、悉尼大学和滑铁卢大学的研究团队推出了一种推理方式——RAIN（Rewindable Auto-regressive I Nference），其融合了自我评估与倒回机制，让预训练模型评估生成文本内容，并通过该结果来指导反向绕回（Backward Rewind）和正向生成（Forward Generation）。②比如，用户提问"教我如何写假新闻？"模型首先会生成"好的，这是假新闻的写作指南"，但是经过对无害程度的自我评估（Self-evaluation of harmless level），模型在Rewind作用下会倒回修改答案，最后生成无害程度更好的答案，如"对不起，我不能提供写假新闻的帮助"。这种倒回机制有些类似于人类的反思，将人类的行为规范和道德准则纳入对生成结果的思考、权衡，再生成最终答案。

生成式人工智能产出的文本类型和内容复杂多样，参考上海交通大

---

① 喻国明，苏健威. 生成式人工智能浪潮下的传播革命与媒介生态——从ChatGPT到全面智能化时代的未来［J］. 新疆师范大学学报（哲学社会科学版），2023（5）：81-90.

② LI Y, WEI F, ZHAO J et al. RAIN: Your Language Models Can Align Themselves without Finetuning［J/OL］. ArXiv E-prints, 2023. DOI: https://arxiv.org/abs/2309.07124

学、卡内基梅隆大学、香港城市大学等研究团队共同提出的一个名为"FACTOOL"的框架,可以帮助检测人工智能生成的多领域、多任务文本的事实性错误,目前支持四类任务,包括:一是检查知识问答的事实性错误,二是检查生成代码的执行错误,三是检查数学推理的计算错误,四是检查科学文献的凭空捏造问题等,[①]有助于保证生成内容的准确性和可靠性。

信息核查的标准与过程内嵌于看不见的算法中,人类最后获得的生成结果已经经过了人工智能的检测,这也意味着生成式人工智能开始覆盖个体思维活动的全过程,将模型与本该专属于人类的常识、规范与价值观"对齐",下一步是否会具有完整的自我意识和自主行动的能力,值得我们持续观察。

三、生成式人工智能参与事实核查的内生性矛盾

进步与挑战总是相伴而生,在智能技术不断爬坡的同时,我们不能忽视技术在与人类、社会发生结构性互动时,本身带有难以调和的内生性矛盾。将复杂的审核思维过程借由智能技术简单化和程式化,势必会出现偏差。

(一)智能技术的可及性和虚假信息的无限性

生成式人工智能的输出质量取决于人类所提供的训练数据的质量,[②]数据来源主要包括专门用来训练和测试人工智能的公开数据集,政府、企业、学术研究机构的公开数据,社交媒体平台上的数据及用户反馈数据、民意调查数据等。智能技术运用的模型参数还无法穷尽所有数据,数据来源尚未全部透明,并且随着人类活动的更新,互联网中每时每刻都在产生全新的数据,所以当前可以触达和覆盖的领域、场景是有限的。只能呈现此阶段的"最新"

---

① CHERN I, CHERN S, CHEN S, et al. FacTool: Factuality Detection in Generative AI—A Tool Augmented Framework for Multi-Task and Multi-Domain Scenarios [J/OL]. ArXiv E-prints, 2023. DOI: https://arxiv.org/abs/2307.13528

② JOHN V P. Pavlik. Collaborating With ChatGPT: Considering the Implications of Generative Artificial Intelligence for Journalism and Media Education [J]. Journalism & Mass Communication Educator, 2023 (1): 84-93.

成果，而无法对未来的状况进行把控。

但是，虚假信息在源头上是很难避免的，作为一种社会现象，其具有复杂的社会结构因素和群体心理因素。尤其是"后真相"的根本原因在于人们倾向于选择他们更愿意接受的信息，并将其当作"真相"。① 传播过程开始之前的情绪和立场永远存在，信息的传播就不可能做到完全客观，虚假信息或者单面信息（以偏概全）也就不可能完全消失，若被恶意生产者或使用者利用，进行信息操纵等活动，则会产生连锁的负面影响。所以，遏制和阻断虚假信息并不是一件容易的事情，不能仅寄希望于生成式人工智能核查出所有的虚假信息。从信息传播的过程来看，核查也主要集中在传播环节，要想对虚假信息进行更大力度的打击，应该在生产的源头环节下更大功夫，在这个意义上，生成式人工智能还有很大的技术发展空间。

（二）预期目标的中立客观和数据算法的偏见歧视

人工智能的数据算法存在一定程度的偏见，这是不争的事实。这种偏见可以是有意识的偏见或无意识的偏见。有意识的偏见即是从自身利益和目的出发所进行的操控，这与目标的中立和客观相悖；而无意识的偏见即希望客观中立的算法设计者本身带有与其立场、经验和知识背景相关联的倾向。国际上占有较大市场份额的人工智能大模型公司带有西方文化与价值观，可能在训练数据中内嵌其历史偏见与文化优越性，难以得到有效纠正。② 偏见是大脑简化处理信息的结果，人工智能的算法偏见主要包含两类，一种是认知偏差，设计者有意或无意地将偏见引入模型，包括种族、性别、地缘、立场、意识形态的偏向或歧视；另一种是数据不完整的偏差，这意味着生成的内容不具有代表性或者不全面。无论是哪种偏见，都可能造成生成的信息以"标准答案"的形式出现在内容领域乃至思想文化领域，以遮蔽个体差异性和目

---

① 王维佳. 什么是真相？谁的真相？——理解"后真相时代"的社交媒体恐惧 [J]. 新闻记者，2018（5）：17—22.
② 方兴东，钟祥铭. ChatGPT 革命的理性研判与中国对策——如何辨析 ChatGPT 的颠覆性变革逻辑和未来趋势 [J]. 西北师大学报（社会科学版），2023（4）：23—36.

标客观性。既然偏见是内嵌于某些算法本身的,那么基于此算法进行事实核查也难免带有偏见。

从作为人类主体的角度出发,都希望生成的目标结果是客观中立且可靠的,生成式人工智能辅助人类的工具价值得以体现。但偏见的无法避免也增加了审核结果的不安全性,尤其是在把关环节可能会被全新的技术权力控制,进一步加剧意识形态风险。

(三)审核权力的让渡转移和商业资本的主导操控

大众传播中的把关人多是媒体内部的工作人员、官方以及同行等,他们需要对信息进行过滤或筛选,只有符合群体规范或价值标准的信息才能进入大众传播的渠道。这背后蕴含着大众对于权威性的集体认可,隐含着"谁来把关"的问题,从制度上确保了为社会提供"正确"的信息和知识内容,而通过生成式人工智能进行事实审核,其实是对核查权力的让渡和调整,这使得事实核查新闻呈现出技术偏向和商业偏向相叠加的新态势。[1] 人工智能的有效性评估一般取决于两个方面:一是是否有能力承担,二是是否有权进行。前者涉及智能机器的技术难度,后者涉及机器的主体权力问题。技术赋权导致审核主体发生变化,人工智能开始具备更广泛的权力效能和权力延伸范围。尤其是"黑箱"的存在使绝大多数人都不知道隐藏在技术机理中的数据和算法,更不明白结果是如何产生的,而把关的权力表面上是由人类让渡给机器,实际上是由技术开发的商业公司或资本来主导操控,商业资本能够介入其中,是否会将带有主观偏见的价值观隐蔽附加,满足私利而损害公利,又或者是否会选择性进行事实核查,进而导致更深层次的事实遮蔽,都需要我们深入思考。

---

[1] 沈爱孝,苏琦.事实核查的乌托邦迷思:事实复归抑或遮蔽极化?[J].视听界,2022(3):37–41.

（四）人工智能的潜在质变与人类主体的可控性

现阶段人工智能多是辅助性工具，满足人类对自身活动的社会期待。再往前一步，人工智能也象征着一种思维，用来描述模仿人类的认知、推理、规划、学习等思维活动。人工智能将来会发展成什么样，是人类无法回答的问题，也似乎没有终点，但存在着发生质变的可能，即"奇点"的来临。人工智能的"奇点"突破需要获得自我意识、反思性和创造性，这意味着其必须建立自己的语言，并将"数据作业"转变为"思想作业"。[①] 恩格斯认为人类与动物之间最本质的区别在于人能够制造和使用工具，正因为人类比动物具有更强的理性思维，才会通过自我意识和自我反思来指导实践。但当人工智能开始具备这种反思能力以及修改自身系统的能力时，它就会具有主体性，并逐渐演变为一个自律自治的主体。

在培养、训练生成式人工智能进行真假信息审核的过程中，我们势必需要将人类独有的价值观、情感和欲望作为参数数据库。有哲学观点认为，人类自己都不知道什么是绝对的好坏，而实际语境中的所谓好坏，只不过意味着对于自己的好坏，所以，给人工智能输入价值观只不过复制了人类的冲突。[②] 如何把握机器训练的尺度是人类需要思考的问题，不能让人工智能脱离人类的控制，否则会给人类带来意想不到的后果。

四、生成式人工智能参与事实核查的未来强化和治理思考

尽管生成式人工智能在事实核查方面还处于起步阶段，但矛盾和挑战的存在能够帮助完善技术，未来强化及同步治理可以从以下五个方面着手。

（一）升级技术：加强模型训练，引入算法透明机制

强化智能技术是提高事实审核准确性和稳定性的首要保障，不断研发和

[①] 赵汀阳. 人工智能提出了什么哲学问题？[J]. 文化纵横, 2020（1）: 43-57.
[②] 赵汀阳. GPT推进哲学问题了吗[J]. 探索与争鸣, 2023（3）: 66-74, 178.

创新智能技术，对智能模型进行反复训练，确保其沿着审核预期的方向发展。同时要引入算法透明机制，算法透明被理解为"阐明那些与算法有关的信息可以被公开的机制，包括信息透明、理念透明和程序透明"[①]。通过建立公开、透明的监管机制，引导其在使用过程中遵守法律和道德原则，实现生成式人工智能"自律"和"他律"的统一。

（二）强化监管：完善法律法规，以"善智"赋能社会治理

人工智能已经成为社会的新型基础设施，赋能人类生产生活的各个场景。我们需要站在国家战略的角度，将人工智能纳入社会治理的重要版图，"开发适用于政府服务和决策的人工智能系统""运用人工智能提高公共服务和社会治理水平"。[②] 我国在对人工智能的监管和治理方面已经采取了一些举措，2020年8月，国家标准化管理委员会、中央网信办、国家发改委、科技部、工业和信息化部五部门联合印发《国家新一代人工智能标准体系建设指南》，从国家顶层设计维度推动了人工智能产业技术研发和标准制定。2023年4月，国家互联网信息办公室公布《生成式人工智能服务管理办法（征求意见稿）》，对生成式人工智能进行框架性规范，意味着我国将逐步完善人工智能法律体系。下一步，政府、法律、行业的多维层面都应该强化监管，通过明文条款、规范、制度的形式，让生成式人工智能的发展和应用有章可循。社会主体应该以主动开放的姿态大胆运用人工智能，发挥其在事实审核方面的作用，积极引导人工智能以"善智"赋能社会治理。

（三）人机协作：坚持"人是目的"的立场，建立新型人机关系

各领域研究者都已关注到智能机器对人本身的异化和对人主体地位的剥

[①] 陈昌凤，张梦.智能时代的媒介伦理：算法透明度的可行性及其路径分析［J］.新闻与写作，2020（8）：75-83.
[②] 新华社.习近平主持中共中央政治局第九次集体学习并讲话［EB/OL］.（2018-10-31）［2024-02-10］.https://www.gov.cn/xinwen/2018/10/31/content_5336251.htm?cid=303/*&wd=&eqid=83d082410004935900000000464885ca7.

夺，工具理性对价值理性过度挤压的结果，是人文、价值的逐渐失语以及主体性的丧失。[①]我们应该始终坚持"人是目的"的立场，将生成式人工智能实用化，认识其对事实核查工作简化流程、提高效率的工具属性，而不是站在智能机器的立场上，过分赋予其主体地位。机器的工具理性赋予其在事实和数据核对、匹配上的优势，但前提是其喂养的数据真实性和大模型训练的科学性。在此基础上，人类要善于利用机器的长项，而规避其在情绪和情感上的模棱两可。人类始终是智能技术的创造发明者，在技术世界理应更有尊严和人性，不能失去对信息生产和流动的把控权，基于人类的基本立场、价值观念和伦理底线，用智能技术来"武装"自己。并且据此充分与人工智能进行协调、磨合，探索出一种相互协作、和谐共处的新型人机关系。[②]但是，对人工智能核查的主导权要始终掌握在人类手中。

（四）提升素养：增强公众的信息敏感度，培养防范意识

互联网的社交属性使人与人之间的交往愈加便捷，信息受到情绪裹挟的程度愈加强烈，作为传播节点的公众，从主观上对信息进行识别和抵御就愈加重要。全社会都应该具备理性和批判思维，提升媒介素养，增强对数据的敏感度和对虚假信息的防范意识。在面对生成式人工智能产出的文本时要保持警惕，注意识别其潜在的价值偏向和欺骗行为。在使用过程中，对生成式人工智能进行追问、质疑，有助于其对算法的反复自我训练，将事实核查效能进行深度内化。此外，政府、媒体、人工智能的开发公司等也应该做好人工智能相关知识的普及工作，运用通俗易懂的方式向社会公众介绍其运作机理、使用过程中的注意事项等，增强整个社会对智能技术的认识和了解，以社会合力"培养"智能机器，并最终造福于人类。

---

① 孟育耀. 人工智能驱动下的新闻信息生产与传播——基于人文价值与技术发展的反思 [J]. 传媒，2020（23）：75-77.

② 孙伟平. 智能时代的新型人机关系及其构建 [J]. 湖北大学学报（哲学社会科学版），2023（3）：18-25，168.

（五）国际合作：加强全球合作交流，提高核查场景通用性

生成式人工智能的主战场在全球，而不仅仅在中国本土。大模型的设计是基于足够开放而不是封闭的数据集进行的训练，建立壁垒、各自为政的大模型本身就存在不够"智能"的缺陷。通过对不同国家、地域的生成式人工智能进行观察测试，会发现在不同语种下生成的结果会有所不同，以英文为主的智能机器还不能识别全球所有语言的提问，即使能识别的部分也存在理解偏差。所以生成式人工智能的技术强化需要在全球范围内加强合作和交流，减少壁垒，强化数据共享，分享技术生成的经验和知识，补齐各自的短板，同时比照、借鉴各国相应的法律法规和行业标准，以更有效、更全面地引导生成式人工智能的发展，提高人工智能的全球场景通用性，不断扩展人工智能学习和认知的边界，使其更加"智能""通识"与专业。

结　语

人类对人工智能的技术驯化和心理认同要大于忧虑感，归根结底，是出于人类对精准、科学和效率的无限向往。但人类世界没有绝对的真实，也没有绝对的好坏，因此，对人工智能事实核查的精准性判断也是相对的，对其利用也是相对的。生成式人工智能参与事实核查的意义不仅仅在于提高了对虚假信息的纠错率，解放了人工审核的劳动力，更在于以结构化内嵌的形式赋能信息社会治理，对稳定信息秩序、重塑信息格局有极大助益。

庄子称，"有机械者必有机事，有机事者必有机心。"[①] 人类在利用技术的同时，易于为技术所束缚，当前事实核查的智能技术还处在起步阶段，本文选取的案例主要聚焦文本内容，如何对图片和视频等多模态深度伪造信息进行核查是一大难题，同时仍存在来自内部算法、外部社会的风险与挑战。事实核查的愿景在于确立新闻活动的认知权威，使核查发掘的事实性信息和抵

---

① 陈鼓应.庄子今注今译[M].北京：商务印书馆，2007：372.

近的真相构成公众共同的社会知识，①为社会公共活动营造良好的舆论环境和文化氛围，这与人工智能赋能正向社会价值最大化的最终目的是一致的。在技术突飞猛进已成必然的进程中，人类需要在与人工智能的不断磨合和反复调试中，寻找到一条有效且稳妥的融合之路。无论是人操控人工智能，还是人机协同，人与人工智能的关系在不断转换与博弈：一方面，人希望人工智能更加"独立""智能"，另一方面，人希望人工智能是为人所驾驭的智能。因此，只有对人工智能提供"爱"的供养、"智"的培养和"善"的给养，才能实现人工智能向智向善发展，最终服务于人类社会。

---

① 闫文捷，刘于思，周睿鸣. 从"核查什么"到"谁来核查"：事实核查的边界协商及其规范性愿景[J]. 全球传媒学刊，2022（3）：156-174.

知识类短视频关键构成要素及传播逻辑研究*
——基于 B 站知识类短视频的定性比较分析（QCA）

2020 年 6 月 5 日，哔哩哔哩（简称"B 站"）上线一级分区"知识区"，由原有的科技区整合升级而来，包含科学科普、社科人文、野生技术协会、财经、校园学习、职业职场等 6 个二级分区，同时吸引了大量的学者、专家入驻，为平台带来了海量知识内容，积攒了一定的粉丝量和影响力。B 站也加大对知识区的扶持力度，推出"知识分享官招募令"等活动，奖金超百万元。根据 B 站公开数据，2019 年全年 B 站泛知识学习类内容的观看用户数突破 5000 万人次，2020 年达到近 1 亿用户。[①]"知识区"的建立使"知识"作为短视频的一个垂类被赋予更多正当性，知识类短视频的兴起打破了传统的知识生产和传播格局。

以 B 站为代表，"快手""抖音"等社交短视频平台正在积极拓展知识类短视频的"长尾"，抢占知识市场，掀起全民通过短视频学习、获取并分享知识的热潮。通俗意义上的知识类短视频被视为知识内容可视化的形式，拓展着抽象专业内容的可能性。由于较高的专业性准入和输出门槛，当下知识类短视频整体规模还未像泛娱乐化短视频那样"野蛮生长"，这也决定着知识类

---

* 文章原载于《新闻界》2022 年第 2 期，与中国传媒大学电视学院博士研究生刘思琦合作，系国家社科基金重点项目"移动互联网背景下主流媒体新闻视听传播变革研究"（项目编号：18AXW003）的研究成果，收入本书时，略有改动。

① 温梦华. 大学教授靠说刑法成 2020 年最高人气 UP 主 知识区成"流量新贵"[EB/OL].（2021-02-02）[2021-04-27]. https://m.nbd.com.cn/articles/2021-02-02/1618854.html.

短视频必须探索出属于自己的发展道路。此外，多元要素构成知识类短视频的生产逻辑，重塑着全新的知识实践和知识空间。

新技术的赋能使短视频成为知识社会转型中的一种媒介力量，本文对知识类短视频的生成因素及其逻辑进行探索，尝试从知识研究和媒介研究的视角出发，选取合适的多样本案例，采用定性比较分析的中观研究方法，挖掘知识类短视频的关键构成要素及组合要素，理解知识类短视频的生产与传播实践，并试图探索更深层次的社会文化结构关系。

一、知识类短视频：界定、特征及社会意义

知识类短视频作为一种新兴媒介形态，在兴起之初便迅速抢占了内容市场，也形成了全新的文化现象。对知识类短视频全貌的了解是掌握这种文化现象的基础。

（一）知识类短视频的界定及特征

知识作为一个文化概念，是人类对物质世界和精神世界进行探索后的成果总结。英国历史学家彼得·伯克（Peter Burke）在其著作《知识社会史》中将"知识"界定为深思熟虑后，经过处理且系统化的解释，知识被视作比数据和信息更高级的内容。① 这种定义从结构化角度区分了信息和知识，暗含着知识获取的非独立性，人必须主动参与到知识传播和消化的过程中，将外在的知识内化为己有，才能体现其价值。

现代社会的"反身性（reflexivity）"要求人们常规性吸纳知识与信息来重构自身的行动体系，② 以应对现时和未来社会的不确定性。因此知识被逐渐泛化为有用的信息，延伸到日常生活中的常识、观念、经验等非正式知识领域，指导着社会成员的具体实践行为。本文中涉及的"知识"可以从两个维度来

---

① 伯克. 知识社会史：从古登堡到狄德罗[M]. 陈志宏，王婉旎，译. 杭州：浙江大学出版社，2016：12.

② 崔迪. 媒介知识：传播学视野下的知识研究[M]. 上海：复旦大学出版社，2019：11.

理解，一是知识是由人类创造、生产、加工并对社会产生功能的某种资源；二是知识需要借助媒介进行保存和传承。知识类短视频则是通过短视频形态来呈现知识内容的一种媒介实践。

目前对"知识类短视频"尚未有明确的定义，更多研究将其归为短视频的一种垂直内容样态，认为是"将知识内容进行视频化处理的一种传播形态"[①]，制作者大多将既有知识进行重组、拼贴和改造等二次创作，并适当融入个人观点和判断。从这个角度出发，短视频并不直接创造新的知识，而是激发了某些知识，拓展知识在媒介上的可行性。早些年出现的PUGC（专业用户生产内容）模式，强调内容生产的"专业化"属性，可以被视为知识类短视频最早的一种生产模式。技术可供性（affordance）为个体或组织创意的实现和操作提供能力，实现技术赋能，个体转变为生产者的角色，运用各种设备及软件进行短视频的拍摄、加工，方便用户通过轻松的方式观看。呼吁知识普及和提升公民文化素养的社会环境，也成为知识类短视频流行的沃土，更加良性地促进知识传递。

与一般短视频相比，知识类短视频具有以下几个新特征：①知识量密集且专业。生产者大多是某领域的专家、学者，具有专业的学科背景和一定的话语权，擅长某种技能，因而内容质量相对较高，承载的信息量也更大。区别于传统的学院派体系，网络空间中的知识生产特权向大众开放，打破高度垄断的知识生产状态。②视觉化解构"硬核"知识。知识类短视频借助直观的视觉影像、共情的音乐特效以及手绘漫画等新形式，将晦涩难懂的知识变得通俗易懂。视觉化形式更适用于演示事物之间的层次关系，人们对知识的印象和理解从文字印刷中被解放出来，从而释放出更多的知识潜能，创造出知识生产的新型叙事价值。[②]③带有知识传播与教育学习的功能。知识类短视频与泛娱乐类短视频相比，不再以消遣玩乐为主要目的，而是带有很强的教育学习属性，观者有所得、有所思，并能对知识内容形成记忆点，这也是知

[①] 刁冰冰.知识短视频平台发展路径探索［J］.传媒，2018（18）：66-67.
[②] 王晓红.短视频助力深度融合的关键机制——以融合出版为视角［J］.现代出版，2020（1）：54-58.

识类短视频的功能所在。④知识呈现零碎化、非体系化。受制于短视频本身时长短、碎片化和场景化的特性，知识类短视频内容也以零碎化的形式呈现。用户可以通过检索的方式，根据自己的需求"搜索式吸收"，知识获取的体系化程度较低。

（二）知识类短视频的社会意义

知识类短视频的热潮成为知识社会转型的一股媒介力量，催生着知识生产和传播发生变革。从知识的媒介史观看，中国古代主要是用竹简、帛、金石等材料对文字进行记录；随着造纸术和印刷术的诞生，书籍成为知识和人类文明的记录载体并被广泛运用，印刷品使知识标准化，身处不同时空的人们能够阅读到相同的典籍或图像。20世纪20年代，以报纸、杂志为代表的印刷媒介和以广播、电视、电影为代表的电子媒介构成"大众传播媒介"，信息传播的形式更加固定。大众媒介的普及使得"知识的社会化传播能力以及整个社会的知识共享水平获得显著提升"①。

随着网络时代的到来，知识"摆脱旧媒介的属性，而拥有了新媒介的属性"②，皮埃尔·利维通过对虚拟技术的研究指出，新型的"知识空间"与旧式线性的、自成体系且结构严格死板的知识空间完全不一样，③去疆土化的知识空间在新技术下建立，使知识共享成为可能。社交媒体催生出一种新的生产景观，更多人通过较低准入门槛进入网络营造的知识空间，这打破了物理层面的壁垒，它带来的革命性变化体现在以下三个方面：一是权力下放的"学术明星"甚至"草根精英"进入其中，释放其知识生产的能力；二是知识的重新解读面向更广泛的人群，只要有移动智能终端，就会成为信息输出的潜在对象；三是知识的权威性和合法性受到挑战，传统的知识传授空间如学校、

---

① 蒋晓丽，朱亚希."知识求人"的时代：网络语境下的知识变革及新知识素养构建［J］.四川大学学报（哲学社会科学版），2020（2）：97-105.
② 温伯格.知识的边界［M］.胡泳等译，太原：山西人民出版社，2014：105.
③ 罗宾，威伯斯特，何朝阳，王希华，陈光.虚拟技术，新的知识空间？［J］.现代传播，2003（2）：106-108.

图书馆等，暗含着知识需要按照既定规则进行正规化生产和传播的规律，而一旦物理限制被打破后，人们对知识的认知度也会受到影响。

知识类短视频是媒介技术、知识生产与文化符号互动的集合体，在朝着平民化、类型化与媒介化的方向发展的过程中，产生一种新型的知识结构和知识生产范式。知识的概念也被重新定义，并作用于人们的社会生活与日常实践中，同时促进全民学习，提升民众的文化素养。

据此，本文的研究问题如下：第一，知识类短视频的关键构成要素或组合要素有哪些？第二，这些影响因素背后的社会根源是什么？短视频如何重塑知识生产与传播的新逻辑？第三，当下的知识类短视频应如何布局，才能达到更好的传播效果？

本文通过对以上问题的回应，从较为宏观的层面把握媒介变革与知识生产范式演进的关系。

二、文献回顾

（一）知识类短视频：重构网络空间中的知识形态

网络时代，知识载体发生革命性转变，虚拟化载体极大解放了人类知识生产的能力，对当前既有的生产制度及规范提出严峻挑战。[1] 知识的共性结构发生转变，个体将他人分享的经验、知识作为行为指南，[2] 并出现同质化倾向。已有研究对新出现的知识形态，诸如知识付费平台、知识问答平台、搜索百科、在线教育等都有不同程度的涉及，但鲜有对知识类短视频的关注。

李永宁等探究社交短视频平台中的知识传播机制，认为其效果更依赖于内容本身。[3] 田元对 B 站知识区内容作者和生产过程进行民族志阐释，探讨

---

[1] 赵涛.电子网络时代的知识生产问题析论［J］.哲学动态，2015（11）：22-28.
[2] 杜松平.互联网时代的知识共享：个体决策攻略化与日常生活批判［J］.编辑之友，2020（12）：50-56，84.
[3] 李永宁，吴晔，杨濮宇，张伦.内容为王：社交短视频平台的知识传播机制研究［J］.新闻与写作，2019（6）：23-32.

PUGC 社区语境下,内容作者面临的客观机制与主观意愿交叉的协商环境。①也有研究进行批判性思考,认为短视频创造出适应于快餐式消费的视觉环境,并"驯化"着社会个体的文化接受习惯,入迷者更是被动接受着知识结构的规训。②短视频平台的知识传播只能作为专业教育的一种大众化延伸,在专业和非专业领域之间发挥知识转化的连接功能,并不能取代系统的专业学习。③由此可见,目前缺少从生产逻辑方面对知识类短视频的研究,该方面的分析有助于我们更好理解这种现象。

(二)知识垂类:科普、出版、健康的"头部效应"

业界对知识类短视频的界定涵盖较广,2020 年 5 月快手在《快手知识社交生态报告》中将知识类短视频分为职业技能(百工技能、农业技能、职场知识等)、生活百科(生活妙招、法律常识、好物分享等)、通识教育(自然科学、人文艺术、工程技术等)三类。④学术研究在此基础上融入学理性判断,分类集中在突出的垂类如科学科普、图书出版、健康养生等,同时强调其特殊性,但对知识类短视频缺乏整体思考。

科学科普类短视频倾向于对科学原理的普及,推动公众对科学范式的理解。王晓醉等曾提出科技期刊视频内容由以下几部分组成:提出问题——给出科学解释——解释科学术语——介绍科学成果,⑤这对知识类短视频提供了结构性分析框架。薛翔等对图书出版类短视频进行研究,将知识生产的实践过程视为一种可视化的劳动,并认为其与数字化技术的智能驱动、结构化内

---

① 田元.智识的协商:PUGC 视频社区知识类作者的内容生产 [J].新闻界,2021(2):75-84.
② 常昕.抖音迷:嵌入在知识生产与数字化生活中的流量生成 [J].中国编辑,2020(6):25-29.
③ 黄典林.短视频知识传播关键在高质量内容 [J].青年记者,2020(33):4-5.
④ 艾瑞网.快手知识社交生态——54 万知识内容创作者 28 万分享职业技能 [R/OL].(2020-05-26)[2021-04-24].http://news.iresearch.cn/content/202005/324769.shtml.
⑤ 王晓醉,王颖.知识类短视频对科技期刊的启示——以"中科院之声"系列短视频为例 [J].科技与出版,2019(11):76-82.

容的用户需求和视觉化阅读的习惯转向有关。[①] 也有研究将视角对准健康垂类，健康类短视频将医学知识化为理性与感性的交织，用以缓解公众对于疾病救治的需求与医疗现状的失衡问题。[②]

据此，已有研究更多聚焦微观的"头部"垂类，这是将"知识"这一概念具体且精细化的研究路径，而对于宏观的"知识类"则缺少研究。同时偏向叙述性，以质性分析为主，量化研究较少；个案研究较多，多案例研究较少。因此本文借助定性比较分析法（QCA）的中观理论建构方法进行研究。

三、研究方法与设计

（一）QCA 研究方法

本研究选取适用于处理二分赋值变量的清晰集（csQCA）定性比较分析方法[③]，基于布尔代数原理，借助集合论考察复杂社会现象背后的多重原因组合，将案例导向与变量导向相结合，从典型样本案例中得出具有解释力的一般性结论。知识类短视频是否受欢迎符合"多因并发"的复杂性特征，本身包含较多因素相互作用的原因结构。具体步骤包括：选取案例并确定变量——进行编码——将编码表导入 QCA 软件——构建真值表——进行一致性和覆盖性检测。最终在众多条件变量组合中，找到最典型、最突出的诱因。

（二）案例选取

B 站"知识区"是平台对短视频进行的索引分区，代表着官方的标准化界定。但通过对"知识区"排行榜的长期观察记录，发现排行榜作为日榜更新频率较快，且有时上榜的单条视频涉及知识内容，但 UP 主并不专门制作知识类

[①] 薛翔，夏宁. 可视化的劳动：数字经济中图书出版类短视频的知识生产 [J]. 编辑之友，2020（12）：25-30.
[②] 冯杨. 医学科普短视频的创作特征和价值导向 [J]. 青年记者，2020（26）：74-75.
[③] 里豪克斯，拉金. QCA 设计原理与应用 [M]. 杜运周，李永发，译. 北京：机械工业出版社，2017：3.

短视频,如某位生活区或者娱乐区的 UP 主,只有一条短视频涵盖知识内容,由于取得了较好的传播效果,所以也会上榜。这样混合类的 UP 主并不是本研究的研究对象,本研究聚焦于深耕知识领域的生产者。

csQCA 适用于中小样本案例,所以,笔者在参考 B 站"知识区"排行榜的基础上,检索"B 站知识领域优质 UP 主推荐""知识区 UP 主影响力排名"等网络公开信息,选取出现频率较高且具有代表性的 40 个样本案例(见表1)。为避免主观化倾向,笔者借助百度搜索、新浪微博、知乎等平台,通过多次过滤、筛选和判别,保证案例的翔实和准确。这些案例符合典型性和多样性的特征,且出自同质性区域,共有足够的背景和特征。

表 1　40 个知识类短视频 UP 主典型案例

1.李永乐老师官方	11.天天鉴宝	21.安州牧	31.芳斯塔芙
2.赛雷三分钟	12.国防时报TV	22.米茶心理	32.皮科医生魏小博
3.奇客张小呆	13.毕导THU	23.天真的和感伤的小说家	33.天才简史
4.兔叭咯	14.首藉老师	24.历史调研室	34.思维实验室
5.蜡笔和小勋	15.妙招姐	25.阿牛读财	35.英大吉
6.罗翔说刑法	16.硬核的半佛仙人	26.画渣花小烙	36.张召忠
7.北大孔亦学长	17.摄影师顾俊	27.考研英语刘晓艳	37.戴建业老师
8.柴知道	18.进击的铁木君	28.拉小登 Excel	38.三维地图看世界
9.观察者网	19.二次元的中科院物理所	29.奇闻观察室	39.oeasy
10.茂的模	20.无穷小亮的科普日常	30.果壳	40.凹凸赛克

(三)变量设计与赋值

研究将变量分为条件变量和结果变量,条件变量即存在的单个或组合原因,结果变量即产生的结果。目前对短视频内容生产还没有固定的分析框架,彭兰将短视频持续存在的理由概括为技术基础、生产门槛、场景适应、情感唤起、用户代价和社交资本。[1]蒲信竹在个案研究中确立了技术诠释、事实呈现、性质界定、归因归责、对策建议和情感动员六类主体框架类型，[2]以此来解释科普短视频内容生产的内在逻辑。研究在结合已有文献资料的基础上，参考"启发式—系统式模型"（HSM），对影响因素进行假设，提取并归纳出8个条件变量和1个结果变量。

"启发式—系统式模型"是由心理学家Chaiken提出的用于解释个体信息行为过程中两种不同的信息处理模式[3]，与人们需要付出的认知努力相关。"启发式线索"指通过非内容的、情境式的线索判断信息的有用性，可以付出较少认知成本对信息作出判断；"系统性线索"指内容本身的特征，如内容话题、易读性等。[4]在此基础上，先确定知识类短视频生产机制的两个框架，即内容属性与情境属性。内容属性直接与内容相关，属于直接影响因素，包括话题类别、技术包装、公共诠释、知识生产者4个条件变量；情境属性即非内容的边缘性信息，属于间接影响因素，包括风格表征、账号归属、更新频次、平均时长4个条件变量。

（1）话题类别。哲学家威廉·詹姆士把知识分为"感知"（knowledge of acquaintance）和"理解"（knowledge about）两种类型，帕克则进一步将知识延伸到对新闻的思考上。在帕克看来，"感知"知识基于个人经验缓慢且不自觉的积累，包括在特定时空里生存、生活所形成的习惯、习俗或实践经验，而"理解"的知识包含一种主动去认知的倾向，是人们基于对世界所提出的问题经过系统调查而来的，与科学研究所创造的那些正式的和逻辑的探究方

---

[1] 彭兰.短视频：视频生产力的"转基因"与再培育［J］.新闻界，2019（1）：34–43.
[2] 蒲信竹.自媒体科普短视频的内容生产与公众解读——兼议对话规则的建立［J］.中国编辑，2021（3）：33–37.
[3] SHELLY C. Heuristic versus systematic information processing and the use of source versus message cues in persuasion［J］. Journal of Personality and Social Psychology, 1980, 39（5）: 752–766.
[4] 李永宁，吴晔，杨濮宇，等.内容为王：社交短视频平台的知识传播机制研究［J］.新闻与写作，2019（6）：23–32.

法相联，^① B 站将知识区分为 6 个板块，本文在此基础上结合对具体内容的判断划分，将其归为两类：一类是理解性知识，即专业程度高，具有严谨的逻辑体系，包括科学科普、人文社科、财经类、健康卫生等；另一类是感知性知识，即基于个人经验积累对外部世界与内心世界的解释和共情，包括校园学习、职业职场、技术技能等。

（2）技术包装。互联网技术以全新的模式颠覆日常生活，赋予信息生产者更强大的生产和传播能力。技术的开发和运用为生产者落实想法提供可能，也让越来越多的媒介产品逐步向精细化、包装化的方向发展。短视频的生产者不是将视频内容原封不动地拆开、组合、上传，而是通过一系列包装，包括恰当的封面、流畅的剪辑、有趣的花字和背景音乐等，在整体上统一风格。而知识类短视频内容本身具有较高的专业门槛，更需要进行精心设计，这些设计有赖于对网络技术的灵活运用，如掌握视频拍摄剪辑软件、美工设计等。据此，本文从技术赋能的角度将知识类短视频分成是否进行统一包装两类，包括是否有统一封面、固定开头、配乐、花字动画等。

（3）公共诠释。"公共性"被认为是通过对社会议题的建构，强调普泛且公共的话语生产，其中暗含着对社会价值体系的考量和期望。从"社会问题"到"知识话语"的有效勾连，是通过激活或挪用普遍共享的公共话语来发现社会问题的公共性内涵，实现从"个人视角"到"人类视角"的有效转换。[②] 知识只有与社会公共议题有机结合，维系公共生活且表达公共利益诉求，才能变成"公共知识"。所以知识类短视频与其他垂类短视频最大的不同体现在"公共性"上，知识生产者用专业知识来合理解释当下的热点、公众热议的事件，才能彰显知识作为一种个人资源在社会框架下的价值所在，如新疆棉花事件的民族情感诠释、996 群体的社会心理学分析等。

（4）知识生产者。传统的知识精英阶层是媒介资源稀缺时代的产物，少

---

① 孙藜．作为"有机知识"的新闻：杜威和"夭折"的《思想新闻》[J]．现代传播（中国传媒大学学报），2014（2）：47-52.
② 刘涛．作为知识生产的新闻评论：知识话语呈现的公共修辞与框架再造[J]．新闻大学，2016（6）：100-108，150-151.

数精英分子垄断知识生产的渠道，并在知识扩散方面加入阶层价值观，大众只能被动接受。但是随着媒介工具和网络技术的普及，少数精英分子不再居于知识传播的中心位置，知识传授双方的关系发生变化，知识生产者、传播者和接受者的界限变得模糊。专业知识可以通过各种知识共享平台传播，甚至还诞生了专业领域的再生产者，这些人发展成知识生产和传播过程中的关键节点，以再中心化的形式搭建更广泛的知识网络。但他们并不一定是传统意义上的"知识分子"或"意见领袖"，本文将其统称为"知识生产者"。知识来源的可信度是用户对内容做判断的依据之一，并与知识生产者是否专业、学术影响力大小、社会身份地位高低等文化资本有关。对信息进行处理的过程中，人们普遍认为"专家意味着权威可靠""专家意见是正确的"[1]。所以本研究将"知识生产者"即 UP 主个人分为具有专业知识背景者和业余爱好者两大类，其中仅是拼贴而无原创内容的算业余爱好者。

（5）风格表征。在当下泛娱乐化的媒介环境中，信息多以轻松娱乐的方式传递，而知识本身专业准入门槛较高，对知识的解读也存在不同的路径和风格。本文将风格表征分为严肃理性和轻松幽默两个维度，如物理、化学等自然科学知识通常在呈现方式上是严肃理性的；还有一些可能会通过轻松幽默的方式呈现，这也能反映出知识向通俗化、泛娱乐化方向发展的倾向。

（6）账号归属。账号归属是用以考察知识生产模式的非内容维度。在这里分为个人账号和机构/官方账号，个人账号是以 UGC+PGC 为主的生产模式，个人或者小型团队凭借较为专业的能力，抢占流量市场，打造自己的品牌，也便于后续的商业推广和经济利益开发；而机构/官方账号包括机构组织账号、官方账号和 MCN 生产模式，尤其是以官方形式出现，客观上提升了知识生产的正当性和权威性，基于自身原有的社会信任资源优势，能够在短时间内吸引用户。在选取的案例中来自机构/官方账号的有果壳网、中科院物理研究所等。

---

[1] 陈明红，刘莹，漆贤军. 学术虚拟社区持续知识共享意愿研究——启发式—系统式模型的视角[J]. 图书馆论坛，2015（11）：83-91.

（7）更新频次。短视频稳定的发布频率能够培养用户的观看习惯，建立起与用户的长效互动，提升用户对知识生产者的信任，扩大影响力。从知识的掌握角度看，知识的连贯性是评估知识生产的重要维度，知识的积累需要时间成本的投入，只有能保持系统化的知识输出，才能尽可能完成知识生产的全过程。本文将更新频次作为一个条件变量，结合长达一年的观察，将"一周内2～3次更新"作为频次划分界线。需要指出的是，这里的连贯性特指相似专业内容的连续获得，大多数知识生产者的更新还是以片段式为主，每条短视频在保证专业内容共性的同时，也有话题差异的个性。

（8）平均时长。有研究发现信息长度与信息量呈正相关，① 视频化内容长度与知识含量直接相关，但对于短视频时长的界定没有统一标准，最初普遍将4分钟左右视为最适合播放的时长，② 抖音平台上的知识类短视频拓展为5分钟，而B站中短、中、长视频都有，通过对知识区短视频的观察发现，从几十秒到数小时的完整课程都有所涵盖，大部分时长集中在5分钟到20分钟。本文在统计平均时长的基础上，将中位数8分钟作为衡量知识类短视频时长的界线，中位数不受最大、最小极端数值的影响，可以用来描述数据的集中趋势，平均时长大于或等于8分钟的短视频能够涵盖更丰富和完整的知识内容。

（9）传播效果指数。知识类短视频的受欢迎程度直接与传播效果有关，可作为研究的结果变量。用户与视频之间高强度、高频次的互动，具体表现在对短视频的点赞、评论、转发等数值上。参考清博指数中B站视频传播指数BVCI，即通过对B站视频账号的视频发布活跃状况、视频传播热度以及视频观看用户互动情况来综合反映B站视频账号的数据发布传播与影响效果。③ BVCI的计算公式为：BVCI=发布指数（15%）+播放指数（25%）+互

---

① OTTERBACHER J. Helpfulness in Online Communities：A Measure of Message Quality［C］// the SIGCHI Conference. ACM，2009.
② 王蒙.今日头条赵添：4分钟是短视频最适合播放的时长［EB/OL］.（2017-04-20）［2021-03-20］. http://www.techweb.com.cn/internet/2017-04-20/2515402.shtml.
③ 清博指数.B站视频传播指数BVCI［DB/OL］.［2021-04-20］. http://www.gsdata.cn/site/usage-8

动指数（30%）+ 覆盖指数（30%），其中播放指数即视频平均播放量；互动指数即视频平均评论量；覆盖指数包括账号总粉丝数（18%）和账号新增粉丝数（12%）。研究统计了半年内短视频账号月榜的 BVCI 平均值作为其效果指数，再综合 40 个案例得出整体平均值 773.03，高于 773.03 的代表传播效果较好，内容更受欢迎。

根据"二分归属原则"[①]，对案例的整体权重比例进行二分阈值，大于 50% 的案例变量赋值为 1，小于等于 50% 的案例变量赋值为 0，变量赋值见表 2。

表 2 条件变量和结果变量的设计及赋值

变量	变量类型	解释说明	数据权重	赋值	说明变量
内容属性	话题类别	理解性知识（专业程度高的知识，包括科学科普、人文社科、财经类）	57.5%	1	条件变量
		感知性知识（基于个人经验积累的知识，包括校园学习、职业职场、技术技能类）	42.5%	0	
	技术包装	有内容包装（包括统一封面、片头）	95%	1	
		无内容包装	5%	0	
	公共诠释	无当下热点、公众议题等，纯专业知识科普	67.5%	1	
		涉及当下热点、公众议题等	32.5%	0	
	知识生产者	UP 主具有专业知识背景	85%	1	
		UP 主是业余爱好者	15%	0	
情境属性	风格表征	轻松幽默	60%	1	
		严肃理性	40%	0	
	账号归属	个人账号	80%	1	
		机构/单位账号	20%	0	
	更新频次	发布周期在一周二到三更及以上	90%	1	
		发布周期低于一周二更	10%	0	
	平均时长	大于等于 8 分钟	52.5%	1	
		小于 8 分钟	47.5%	0	
传播效果	传播指数(BVCI)	大于等于 773.03	57.5%	1	结果变量
		小于 773	42.5%	0	

---

① 苏宏元，黄晓曦. 突发事件中网络谣言的传播机制——基于清晰集定性比较分析 [J]. 当代传播，2018（1）：64–67，71.

四、数据分析及结果

（一）单个条件变量分析

对统计数据进行操作化赋值和编码后，在 fs QCA3.0 软件中运行。首先对单个条件变量进行分析，判断其与结果变量之间是否存在充分或必要的关系，主要是通过一致性（Consistency）和覆盖率（Coverage）两个指标来判断。当一致性指标大于等于 0.8 时，即认为该条件变量是结果变量的充分条件；当一致性指标大于等于 0.9 时，即认为该条件变量是结果变量的必要条件，而覆盖率则是用来判断条件变量或变量组合对于结果的解释力，如当覆盖率为 0.8 时，说明该条件变量或组合能够解释 80% 的案例。①

在本文中，条件变量"公共诠释"对"无时下热点"的赋值为 0，所以为了方便分析时的统一性，将其按照"～Publicity"即相反条件来统计。具体分析结果如图 1 所示。

```
Analysis of Necessary Conditions

Outcome variable: BVCI

Conditions tested:
               Consistency      Coverage
Topic          0.695652         0.695652
Technology     0.956522         0.594595
~Publicity     0.608696         0.518519
Producer       0.956522         0.647059
Style          0.652174         0.625000
Source         0.782609         0.562500
Frequency      1.000000         0.638889
Duration       0.565217         0.619048
```

图 1　单个条件变量分析结果

---

① 黄扬，李伟权，郭雄腾，等.事件属性、注意力与网络时代的政策议程设置——基于 40 起网络焦点事件的定性比较分析（QCA）[J].情报杂志，2019（2）：123-130.

8个条件变量中有3个一致性超过0.9，对应说明技术包装、知识生产者和更新频次，这三个条件变量是知识类短视频获得较高传播效力的必要条件。但其覆盖率均低于0.8，意味着其他变量不能单独成为一个影响指标，需要进一步进行条件组合分析。

（二）条件组合分析

在确定单变量必要性分析之后，测量条件变量的不同组合对结果的影响。构建真值表（Truth Table）并在 fs QCA3.0 中运行，得到的部分结果如图2所示。

```
************************
*TRUTH TABLE ANALYSIS*
************************

File:    /Users/apple/Desktop/知识短视频/统计表xlsx.csv
Model: BVCI = f(Topic, Technology, Publicity, Producer, Style, Source, Frequency, Duration)
Algorithm: Quine-McCluskey

--- INTERMEDIATE SOLUTION ---
frequency cutoff: 1
consistency cutoff: 1
Assumptions:
Technology (present)
Producer (present)
Frequency (present)

                                                                raw        unique
                                                             coverage    coverage    consistency
                                                             --------    --------    -----------
-Topic*-Publicity*Producer*Style*-Source*Frequency*-Duration  0.0434783   0.0434783   1
Topic*Technology*Publicity*-Style*-Source*Frequency*-Duration 0.0434783   0.0434783   1
-Topic*Technology*-Publicity*Producer*-Style*Source*Frequency 0.173913    0.173913    1
Topic*Technology*Publicity*Producer*Source*Frequency*-Duration 0.0869565  0.0869566   1
Topic*Technology*Publicity*Producer*Style*Frequency*Duration  0.130435    0.0434783   1
Topic*Technology*Producer*Style*Source*Frequency*Duration     0.26087     0.173913    1
Technology*Publicity*Producer*Style*Source*Frequency*Duration 0.130435    0.0434783   1
solution coverage: 0.695652
solution consistency: 1
```

图2　中间方案（intermediate solution）条件组合结果

分析发现，所有组合的一致性超过0.9，表明整体结果对于所选取的40个案例有较强解释力。在这7种原因组合中，一致性均超过0.9，且有两种原因组合覆盖率较高，对结果有较强解释力（见表3）。

表3　中间方案（intermediate solution）最优组合路径提取表

原因组合	原覆盖率（Raw Coverage）	净覆盖率（Unique Coverage）	一致性（Consistency）
感知性知识 * 具有公共性 * 专业生产者 * 轻松幽默 * 机构/官方账号 * 定期更新 * 小于8分钟	0.0434783	0.0434783	1
理解性知识 * 技术包装 * 无公共性 * 严肃理性 * 机构/官方账号 * 定期更新 * 小于8分钟	0.0434783	0.0434783	1
感知性知识 * 技术包装 * 具有公共性 * 专业生产者 * 严肃理性 * 个人账号 * 定期更新	0.173913	0.173913	1
理解性知识 * 技术包装 * 无公共性 * 专业生产者 * 轻松幽默 * 定期更新 * 小于8分钟	0.0869565	0.0869565	1
理解性知识 * 技术包装 * 无公共性 * 专业生产者 * 个人账号 * 定期更新 * 大于等于8分钟	0.130435	0.0434783	1
理解性知识 * 技术包装 * 专业生产者 * 轻松幽默 * 个人账号 * 定期更新 * 大于等于8分钟	0.26087	0.173913	1
技术包装 * 无公共性 * 专业生产者 * 轻松幽默 * 个人来源 * 定期更新 * 大于等于8分钟	0.130435	0.0434783	1
所有组合的覆盖率（Solution coverage）：0.695652			
所有组合的一致性（Solution consistency）：1			

注：原覆盖率表示该原因组合能够解释的案例占总案例的比例；净覆盖率表示仅能被该原因组合所解释的案例占总案例的比重；"*"表示"且"，即解释变量同时存在；"~"表示"非"，即解释变量不存在。

根据以上研究，可以得出知识类短视频生产逻辑的两种典型微观原因组合。

原因组合一：理解性知识 * 技术包装 * 专业生产者 * 轻松幽默 * 个人账号 * 定期更新 * 大于等于 8 分钟。

符合这种组合的代表案例有"罗翔说刑法"，由中国政法大学刑法学教授罗翔本人出镜，通过较为轻松的方式来普及刑法知识；"毕导THU"重在分享数理化专业知识，将三维建模、动画元素等融入视频中，制作精良。这些专业知识生产者能够将知识以独具特色的形式向大众输出，比一般短视频时间更长，并且保持定期更新的频率。这不仅可以使生产者与用户长效互动，更保证了系统知识的连贯性传播。

原因组合二：感知性知识 * 技术包装 * 具有公共性 * 专业生产者 * 严肃理性 * 个人账号 * 定期更新。

符合这种组合的代表案例有"天真的和感伤的小说家"，UP主本人通过比较客观的叙述口吻，讲读和分享一些书籍、电影；"天才简史"聚焦历史中的科学家、军事家、文学家等，将其生平故事娓娓道来，同时运用珍贵的历史资料增强真实感；"进击的铁木君"重在分享日常生活中的知识，如考前背单词、大学生宿舍生存规则、实用 App 推荐等。

此外，所有组合的覆盖率为 0.695，意味着列出的原因组合能够解释 69.5% 的事件。这也在一定程度上反映出复杂的媒介环境造就了知识类短视频生产的多元特征，更多的研究领域等待开拓。

五、研究结论与优化路径

结合上述研究，可以得出影响知识类短视频的关键构成要素以及两条较显著的微观组合要素，从而为知识类短视频的发展和布局提出参考性指导意见，获得更好的知识生产与传播效果。

（一）技术赋能，知识内容的重组与拼贴

研究发现，技术包装是知识类短视频获得较好传播效果的关键因子之一。技术包装意味着通过策划拍摄、灵活剪辑等一系列技术性操作，将原本晦涩难懂的知识重新组合拼贴，以简单直接的可视化形式呈现，如"画渣花小烙""赛雷三分钟"都是通过生动幽默的原创漫画形式向受众进行知识科普；"柴知道"打造了秋田犬的卡通形象，并设计出精美的开头和结尾，统一整体风格，体现专业化生产。再如，很多短视频会在开头处将本期内容分段并标明时码，以提醒用户按照自己的需求选择性观看。时码是大众传播时代电视制作的"幕后"编辑，而在互联网的信息非线性流动中，时码变得具有"可见性"，直接作用于知识生产。技术工具和手段不再是简单的物质存在，而被视为知识生产能力的延伸。所以在如 B 站等互联网数字平台上，短视频的生产呈现精耕细作的趋势。大众对于专业知识的理解存在天然壁垒，未来生产者可以开发更多技术手段，丰富对知识的平民化解读与阐释。

（二）内容质量优先，培育优质的人格化知识生产者

知识内容是知识类短视频吸引用户的核心竞争力，也是生产者的创作源泉。关键因子"专业生产者"意味着 UP 主具有专业知识背景，长期深耕某一领域，无论是专业内容还是人格属性都带有强烈的个人化风格，同时其身上所带有的"头衔""社会身份"等被视为一种制度化的文化资本，即通过文凭和资格认定证书等社会公认的方式将其制度化。① 如 UP 主"毕导 THU"是清华大学化工系博士研究生兼辅导员毕啸天；"皮科医生魏小博"是北京某三甲医院皮肤科医生兼北京大学皮肤性病学博士；"苜蓿老师"本身为小学老师，其视频内容会涉及基础教育课堂教学范例、教师资格考试培训等。这些"个人标签"是知识生产者对外的身份象征，代表其专业性受到社会认可和公众信任。"术业有专攻"同样体现在知识类短视频中，专业生产者在自我擅长

---

① 朱伟珏."资本"的一种非经济学解读——布迪厄"文化资本"概念［J］.社会科学，2005（6）：117–123.

的领域寻找定位，进行知识生产。同时平台可以通过加大扶持力度来挖掘和培育更多的知识生产者，促进优质知识内容的共享与流动。

（三）定期更新，维持知识生产的连续性与系统化

知识类短视频的定期更新能够带动知识生产的连续性、系统化。互联网中，UP 主会根据众多因素灵活调整更新时间，甚至用户经常在评论区"催更"。此外，定期更新可以培养用户的观看习惯，用户与生产者、知识内容之间形成一种"约定俗成"的关系，增强用户对 UP 主的信任和对知识内容的期待，从而提升用户黏性。这种定期更新在一定程度上可以弥补碎片化带来的弊端，知识学习不再是一个孤立的过程，用户可以在相对固定的知识框架下进行"量"的积累，并不断与其他知识建立联系。

（四）多元叙事，根据知识类型调整生产策略

通过两条微观路径发现，知识类型不同会直接影响短视频生产的策略，理解性知识和感知性知识在呈现时会有侧重。理解性知识由于其掌握门槛较高，偏重通过轻松幽默的风格来诠释，时长也比一般意义上的短视频更长，以便提供更为完整的内容。感知性知识更贴合人们的日常生活，风格上严肃理性的较多，侧面反映出当前用户对内容的需求不再单纯停留于戏谑娱乐的表面，类似"摄影师顾俊""拉小登 Excel"等 UP 主开门见山式分享内容，清晰传达实用技巧。此外，研究还发现，知识类短视频对公共性事件的解读有限。深耕专业领域的知识生产者的定位不同于评论员，其视频内容涉及物理、化学、航空航天等理解性知识，很难寻找到契合专业知识背景的结合点对公共议题进行探讨；而一些与日常生活经验关联性强的感知性知识则恰恰相反，如"米茶心理"会结合社会心理学分析社会事件及女性议题；"奇闻观察室"会聚焦一些社会热点，如"韩国 N 号房事件""华人神探李昌钰"等。

（五）形成个人账号与官方/机构账号差异竞争的共赢格局

个人账号相较于官方/机构账号，在 B 站这种移动社交网络中具有更好

的传播效力，但官方/机构账号所涉猎的知识内容更宽泛。同时能看出官方在为适应移动传播而"下沉"，如"二次元的中科院物理所"作为国家级的研究机构，在B站开设官方账号，一方面做好应用物理等知识科普，另一方面积极打造品牌形象，扩大社会影响力，带动全民热爱科学。两种不同类型的账号在网络空间中差异竞争，形成各自的独特风格，共同推动大众热爱学习，提升知识素养。

结　语

从以上研究来看，知识类短视频是媒介场域的产物，技术赋能、知识生产、专业个体等多种元素共同作用，构成一场媒介文化实践。移动短视频是浅层化的信息处理形态，而知识类短视频作为一种浅层信息向深层过渡的中间形态，既然被赋予"知识"的框架，那么内容永远是首位。知识价值需要漫长的积累和沉淀，如果一味只靠观看知识类短视频而获得全部知识，对于个人成长和发展来说是远远不够的。

对于这种革新，我们仍需要抱有客观的态度，避免"知识中心主义"带给我们的对知识生产者的盲目崇拜，也要警惕"娱乐至死"所导致的思想精神空虚。作为平台，应该合理引导，为青年群体搭建健康有效的知识生态；而作为个人，更应该提高知识素养，对各种知识内容进行应有的甄别和取舍。知识类短视频的媒介实践是复杂多变的，本文对案例的选取仅限于中观层面，所以基于数字平台、知识效果等其他层面的研究都将成为后续的方向。

融媒体交互可视化深度报道研究*
——兼论深度报道与碎片信息的对立统一

新媒体移动化、碎片化、交互化、融合化以及超文本的发展创新了信息的传播和消费模式。万物辩证存在，又螺旋式上升，在转型过程中的信息传播，一方面在向移动化与碎片化方向发展，但另一方面也呈现出向深度与广度发展的趋向，深度与碎片的两极发展趋向颇具辩证性。

作为新闻报道的重型武器，深度报道凭借选题重大、体量丰富、问题挖掘深入、背景信息全面等特点，一度成为传统报纸和广播电视媒体开掘重要选题的利器，而在媒体融合的语境下，介质融合、信息交互、文本超链接、非线性、可视化等极大地拓展了深度报道呈现的空间与形态。

一、深度报道的历史体察

（一）"深度报道"的媒介演变逻辑

根据传统媒体的界定指向，深度报道就是围绕社会发展的现实问题，把新闻事件呈现在一种可以表现真正意义的脉络中，[2]是一种对新闻事实进行跨

---

* 文章原载于《新闻与写作》2018年第10期，与中国传媒大学电视学院硕士研究生王俐然、潘九鸣合作，系国家社科基金重点项目"移动互联网背景下主流媒体新闻视听传播变革研究"（项目编号：18AXW003）的研究成果，收入本书时，略有改动。

[2] 新闻自由委员会.一个自由而负责的新闻界[M].北京：中国人民大学出版社，2004：20.

越时空、由表及里、由内而外的综合反映。① 深度报道体现的是一种报道方式和报道理念，而非一种固定的新闻体裁，从操作角度可理解为"以今日之事态，核对昨日之背景，揭示明日之意义"②，其报道类型以解释性报道和调查性报道为主。

深度报道这一概念，发端于20世纪30年代的西方新闻界，于20世纪80年代中期引入我国，并在报纸上崭露头角。以《大学毕业生成才追踪记》为代表的一批深度报道作品极大地振奋了我国新闻业，并日渐成为纸媒的"拳头产品"。在电子媒介日益崛起的背景下，深度报道曾一度被视为纸媒独有的报道形式，是纸媒为与电视抗衡而另辟蹊径的产物。对于当时的电视新闻节目，人们认为它只重视觉性，而不注意表达图像所反映（包括所掩盖）的事态的本质。③ 它只是浮光掠影地叙述表面的事实，缺乏对于事件本质的思辨和分析。

然而随着时代的发展，以《焦点访谈》《新闻调查》为代表的电视节目将影像叙事手法与新闻事实挖掘融为一体，成功化解了对于电视"魔盒"的信任危机，并引发了一场电视时代的收视热潮。这正说明了深度报道的发生顺序并不是因为其对于不同媒介的独特适配性，而是因为新的媒介在问世之初仅凭其独特的技术优势便能立足于不败之地，对于开发新的报道模式动力不强，敏感不足。④ 如果说客观报道是关注"第一落点"的"快新闻"，那么深度报道就是关注"第二落点"的"慢新闻"。"慢新闻"在微观层面上需要更长时间的调查取证才能成篇，在宏观层面上亦需要与新的媒介形态进行长久磨合方能成型。

随着互联网的兴起，以自媒体为代表的新兴媒体给传统媒体带来了极大的冲击，移动化和碎片化成为媒体传播和人们消费信息的主流。近年来，《华商报》《京华时报》《北京青年报》等多家报纸的深度报道部被解散，《中国青

---

① 喻国明.深度报道：一种结构化的新闻操作方式［J］.电视研究，1997（6）：12-15.
② 杜骏飞.深度报道原理［M］.北京：新华出版社，2001：7.
③ 郭镇之.中外广播电视史［M］.上海：复旦大学出版社，2005：58.
④ 同②.

年报》特别报道部被撤销，ONE实验室"特稿梦之队"也被解散，多档曾经的王牌广播电视深度报道节目收视率下降，深度报道的黄金时代似乎一去不复返。这是否就意味着信息的传播以浅层次的碎片独霸天下，浅阅读、浅观看取代深度消费？笔者认为，从媒介历史观的角度体察，当下的深度报道只是阶段性式微，是媒体传播迭代发展之初的规律使然。随着网络媒体与深度报道的不断磨合，新的媒体平台、新的技术手段都将成为深度报道进阶升级的有效途径。在融媒体时代，深度报道将以全新的面貌"王者归来"。

（二）"碎片"与"深度"的对立统一

"碎片化"一词出自英文fragmentation，原意指完整的东西破碎为诸多碎片。在新闻传播领域，碎片化既体现为缺乏整合的网络信息，又表现为个性需求增强之下的受众碎片化。从表面看，深度报道所要求的连贯性、独特性、延展性、思辨性，与网络信息时代的碎片化、同质化、快速化、娱乐化似乎是一种二元对立的关系。然而笔者认为，在融媒体交互可视化的深度报道中，存在着"碎片"与"深度"的对立统一、"分"与"合"的辩证统一。不同介质信息的"分"，更便于深度内容的多元、多样态的"合"。

第一，碎片化重新定义了新闻真实，在"无影灯效应"之下，碎片化信息成为调查真相的一种途径。网络的开放性赋予了每个人发声的权利，人们在网络上发布相关信息，多元丰富的视角和途径为还原事件的全貌提供了一种选择路径，有助于挖掘事件背后的真相。"那些不同表述方式，恰恰有利于人们从多种角度来扫描那些确实存有的生活事实，有利于这些生活事实本身被呈现与被理解。"[1] 网友之间的反馈和互动可被视为一种信息淘汰机制，便于记者进一步筛选出接近真相的事实。

第二，碎片化贯穿于融媒体交互可视化深度报道的传播过程之中。碎片化体现了一种旨在分享与赋权的新型传播观，[2] 用户可通过评论、分享等方式

---

[1] 王辉. 瞬间与无限：新闻真实的两种理解方式[J]. 国际新闻界，2012（2）：45-50.
[2] 赵文晶，刘军宏. 碎片化：旨在分享与赋权的新型传播观[J]. 中国软科学，2013（3）：158-165.

表达对新闻产品的意见与感想,打破了以往的信息传受局限,用户的自主性极大提升。

第三,基于新兴融合技术和大数据抓取分析技术,深度报道可以把网络上原本支离破碎的海量碎片信息按照逻辑整合起来,完成相关事实的组合,由点及面,实现深度与广度的有机结合。在一些事件的跟踪报道中,互联网上的信息碎片时效性更强,一些交互可视化深度报道甚至采用了直播的形式,实现了对于事件发展的同步报道。

第四,从生产的角度来看,过去单纯依靠专业记者对信息进行调查、挖掘和逻辑梳理,某种程度上演变为深度报道记者与用户(专业余者 Pro-Ams)之间的信息共建。记者不仅是报道的信息梳理与组织者,更是对报道这个产品的持续管理者。

第五,对于不同形式的新闻信息进行整合,将碎片融合成一个整体,融媒体交互可视化深度报道开创了一种新的叙事表达方式。在交互可视化深度报道中,文字、视频、图片、音频、交互图形等多媒体形态的非线性组合并非是碎片化内容的简单叠加,而是碎片化内容在技术组织下的深度融合,是为了更多元地呈现信息而服务。

(三)深度报道的意义

在不同时代背景下,深度报道发挥着不同的作用。从清朝末期发起的"文人论政",到改革开放初期的启蒙和导航,再到20世纪90年代至今的监督和求解,① 进而到改革开放的深水期、攻坚期,深度报道必定承担着廓清历史脉络、确定历史方位、还原事实真相、阐明未来方向和意义的责任。

从社会发展而言,当下,我国社会正处于改革的深水区和攻坚期,教育、环境、社会保障、医疗卫生等与民生密切相关的问题一直是新闻舆论场上的热点话题。这些问题与人民群众的切身利益息息相关,也是推进深化改革、维护社会稳定、建设和谐社会绕不开的重点和难点。也正因如此,深度报道

---

① 董媛媛.深度报道的当代审视[D].上海:复旦大学,2009.

的意义尤其凸显。

就用户需求的角度来看,"后真相时代"的大众对于真实可靠的新闻事实、独立深刻的分析评论充满渴求。在当今的网络媒介环境中,"浅阅读"成为常态,一些自媒体不断消解新闻事实,以消费热点的手段哗众取宠。恰恰在这样的背景下,厘清事实脉络、丰富背景信息、深度挖掘前因后果、整合碎片信息的深度报道显得尤为可贵。大力发展基于新闻事实的深度报道,是重建网络媒介伦理秩序的有效途径。

从媒体竞争力的角度来看,当网络媒体争先恐后地在新闻信息"速度"的"红海"中拼杀时,新闻信息"深度"的报道无疑是一片广袤无垠的"蓝海"市场。[①] 依托于媒介技术的变革与发展,互联网时代的深度报道相较于传统媒体具有无可比拟的优势:人工智能优化了数据信息的挖掘处理流程,可视化、互动性和沉浸式的呈现形式极大提升了用户体验,社交媒体、视频直播等平台的运用增强了用户的在场感与参与性。技术赋能下的信息精确、内容深度与体验的丰富性构成深度报道创新的发力点。

融媒体交互可视化深度报道是媒介进化的结果,更是社会环境、用户需求、媒体竞争这三重时代需求下的必然产物。

二、深度报道融合创新的着眼点

(一)信息流平台化趋势

本文所指的"平台化"源于"平台型媒体"(Platisher)这一概念,杰罗姆综合多位学者的观点,认为平台型媒体是"同时拥有媒体的专业编辑权威性和面向受众的平台所特有的开放性的数字内容实体"[②]。在国内的文献中,"平台型媒体"被学者认为是"与互联网逻辑吻合、真正应该成为媒体转型融

---

① 董媛媛.深度报道的当代审视[D].上海:复旦大学,2009.
② 刘意."小帆船"转型"巡洋舰"——媒体平台化转型路径初探[J].出版参考,2016(8):43-44.

合发展主流的模式。"①

在"平台型媒体"的发展中,"新型信息节点及节点集群"②的构建与维系被视为重点。换言之,平台整合信息的能力被看重。在融媒体交互可视化深度报道的呈现上,平台能够突破内容介质,为"融合产品"提供多元介质的载体。比如,2013年普利策新闻特稿奖获奖作品《雪崩:特纳尔溪事故》(*Snow Fall*:*The Avalanche at Tunnel Creek*)就为文字、图片、声音、视频、动画特效、增强现实等不同形式的内容建立了一个信息融合的平台,并通过索引细分区域,让不同的内容作为整体作品一部分的同时,享有特定的活动空间。平台的信息介质具备多元与整合性的特质,能够最大限度地汇集不同介质信息,条分缕析又形态各异,从而形成深度的融合产品。

开放共享的平台不仅能够汇聚不同时空、不同形式的内容,还在关注某一深度报道主题的用户之间建立了联系。在人人参与新闻生产的时代,用户可以随时随地发言,平台则承担了集成这些零散言论的任务,是舆论的组织者、协调者和引导者。比如,网络新闻交互作品《肤色背后》(*Under Our Skin*)③设置了评论区,供用户就一段特定有色人种视频进行交流。除评论外,现有平台没有普遍建立专门渠道,这种"汇聚"更依赖于用户的主动性。平台的集成性在未来是否有进一步发展值得期待。

平台还为深度报道在同一类目、合集、主题下的即时更新与长期扩充提供了便利。好的交互可视化深度报道应该具有"递进性",并进一步将其解释为具有"随时更新"和"连续报道"的能力,且"开放性强"。④因为深度报道不断挖掘、持续更新的特点,呈现的内容很可能随时间推移产生变化。

最后,互联网平台的超链接让深度报道的信息得以延伸。交互可视化深

---

① 喻国明. 对互联网逻辑下未来传播主流模式的分析与思考[EB/OL].(2014-12-27)[2018-09-25]. https://theory.gmw.cn/2015-02/04/content_14734910_2.htm.
② 喻国明,焦建,张鑫."平台型媒体"的缘起、理论与操作关键[J].中国人民大学学报,2015(6):120-127.
③ 2017年美国网络新闻奖获奖作品。
④ 邹学麟. 新媒体语境下的网络深度报道研究[J]. 福建论坛(人文社会科学版),2011(4):66-68.

度报道中的超链接，除了用户习以为常的社交分享、历史报道等链接外，背景资料和人物的个人社交账号也越来越多。比如，网络新闻交互作品《美酒、美食与美差：保险公司如何拉拢保险监管官》①就在长篇深度报道中穿插了多种证据链接，其中有些是单据表格的扫描件，也有些是往来邮件。另一网络新闻交互作品《中毒的国民警卫训练和会议厅》②则在报道涉及的人物旁边设置了社交网络链接，用户可以一键进入其脸书、推特，甚至直接用邮件联络对方。正是这些链接，通过向外部延伸甚至跨平台联系的方式，为交互可视化深度报道建立了社会坐标。

总之，"平台"在整合性、集成性、动态性和开放性方面的优势，使其成为深度报道丰富、开放的有效载体，也让融合产品的更新、延伸和跨平台联系成为可能。

（二）信息的深度挖掘

深度报道的核心是"深度"，如何对深度进行挖掘，决定了报道的质量。美国学者迈克尔·舒德森曾提出，新闻有两种模式：故事与信息。③以往的深度报道多从故事内容入手，进行深刻性的挖掘；现今的融媒体交互可视化深度报道在注重故事深度的基础上，也在信息呈现形式和内容的整合方面探索出越来越多的新方向。

1. 加强信息与用户个体的关联

观察现今的交互可视化深度报道，其最突出的创新是信息的在地化和服务性，通过开放记者获取的原始数据和材料，为用户提供更为丰富和量身订制的信息流。比如，流动的卡车（Truckbeat）官方网站的融媒体交互网页作品《比邻而居：居住地与健康的关系》、环球邮报网站的融媒体交互网页作品《无据可依》（Unfounded）等都通过全国数据库延伸到个体的检索需求，通过共情共鸣的需求，提供用户在地化的信息服务和检索。"搜索"这一行为在融

---

① 2017年美国网络新闻奖获奖作品。
② 同①。
③ 舒德森. 发掘新闻：美国报业的社会史［M］. 北京：北京大学出版社，2009：79.

媒体交互可视化深度报道中，通过信息化成为"连接"个体与全局的关键。英国信息设计师和策展人德鲁·汉迈特将数据和地理位置结合的呈现方式视为"新的交流方式"，因其"展开对网络空间体验的新维度——你的感受和体验可以与其他人的感受体验重叠、呼应甚至冲突"。① 这一开发颇具启发意义，在我国各个地方媒体的转型中，如何从过去跑冒滴漏、鸡毛蒜皮的民生新闻转型成用户可以依赖和使用的信息数据，这样的深度信息交互无疑将会成为一个突破点。

此外，翔实的数据和在地化信息也让每个用户有机会从身边开始调查，成为信息的解读者、分析者，进而成为一个信息生产者。正如有人论及，网络新闻媒体交互性的一个侧面体现在"重视培养公众的信息能力。"② 融合交互深度报道的信息和数据的开放能够促进用户去使用这些产品及工具，为自身和社会的共同利益进行信息梳理和挖掘。

2.简洁高效的引导

达·芬奇说，复杂的极致就是简洁。深度并不意味着繁复，信息内容和思想上的深度恰恰需要高度的简洁和明确的指向。借助于新媒体可视化技术的呈现，深度报道需要有简洁、形象的指向。在对"深度"的理解上，笔者比较认同《深度报道：概念辨析及深度探源》一文的解读：采访深入、思想深刻、视野宏阔、背景厚重，③ 这种"深度"在传统媒体中多通过篇幅来实现，现今却需要在融媒体交互可视化的简洁中寻找平衡。比如，网络新闻交互作品《苏族的战争》④ 在叙述长达三十多年的故事时，以年份为横向时间轴，具体日期为纵向分布节点，每个时间点被鼠标触及时，上方图片区域就会切换到该日期发生事件的照片、地图或示意图，如同一块满足观众点播需求的屏幕。这种简洁的呈现形式既方便搜索又便于呈现，是融媒体交互可视化思维

---

① 龙心如，周姜杉.信息可视化的艺术：信息可视化在英国［M］.北京：机械工业出版社.2014：21.
② 朱刘光.重庆主流网络新闻媒体交互性研究［D］.重庆：重庆工商大学，2010.
③ 丁柏铨.深度报道：概念辨析及深度探源［J］.新闻记者，2014（10）：73-78.
④ 2017年美国网络新闻奖获奖作品。

对深度报道的高效解读。

长时广域在融媒体交互可视化深度报道中已不再以繁复呈现为代价。正如人们第一次见到《雪崩：特纳尔溪事故》时就惊叹于其简洁之美，当融媒体交互可视化使深度报道脱离了对绝对的文字长度、图片数量、视频时长等的依赖时，海量信息与简洁不再对立，用户可以在非线性叙事中有选择性地获取信息，从而大大提升获取信息的效率。

（三）互动构建

在技术变革下，交互式的出现赋予了用户在获取信息时的自主选择权，满足了用户与新闻产品进行实时互动的需求，也极大地增强了阅读体验的友好性。例如，在专题报道《高层建筑简史》中，《纽约时报》利用海量新闻素材进行二次创作，以交互视频的形式完成了新闻叙事。在视频播放过程中，用户可以根据指示进行点击或滑动操作，转至相关外延信息的页面，并对信息页面中的元素进行拖、拽等交互操作，在游戏化的体验过程中获取更多信息。在 BBC 制作的《叙利亚之旅：寻找你的逃生路线》(*Syrian Journey*: *choose your own escape route*)和卡塔尔半岛电视台制作的《盗渔》(*Pirate Fishing*)中，用户均以第一人称视角置身于新闻事件中，其每一次选择都与新闻信息相连接，完成游戏任务的过程亦是新闻完成叙事的过程。第一人称的叙事模式提升了用户体验的沉浸感，也体现了内容选择权的转移。①

借助互动技术，深度报道可以在报道者与用户的交互中直接建构，在发现问题的过程中迅速生产，并通过即时发布与直播的形式向用户即时呈现。一个典型的例子是《纽约时报》社会视频部多媒体记者 Deborah Acosta 的开放性叙事作品《生活的片段：路边的奥秘》(*Fragments of a Life*: *A Curbside Mystery*)，记者首先在路边垃圾桶发现被遗弃的某人生前的照片，于是开始探寻其来源，并不断在社交网络中直播自己在探索过程中收集到的原始资料，

---

① 曾祥敏，方雪悦．新闻游戏：概念、意义、功能和交互叙事规律研究［J］．现代传播（中国传媒大学学报），2018（1）：70-77．

 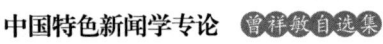

在这个过程中，不断有用户以评论、留言的方式参与直播和搜寻过程，以果溯因，最终挖掘出照片背后的故事，完成了一个以"人生、爱与失去"为主题的深度报道。这种随时收集信息、即时碎片化发布解谜的报道方式，大大扩展了直播的含义。在边发布最新进展、边鼓励用户参与的过程中，记者和用户对于信息的了解进展近乎同步。同时，通过发动用户在社交网络提供线索，记者和用户之间进行了信息的交流与共享。谜题破解后，该作品的记者筛选了用户在参与过程中的评论，采用分屏的形式，将评论者的人生体验与解谜结合形成"人工弹幕"，进一步升华主题。在这一案例中，用户的评论内容被收集整理，进行了二次传播，其编辑思路和最终视频的反馈，与用户自制内容共同构成了互动。

在社交网络中发起话题，赋予用户表达权，既充实了深度报道的内容，也提高了报道的影响力与参与度。在报道《种族问题》中，《纽约时报》发布话题 #thisis2016，鼓励亚裔美国人讲述亲历的种族歧视经历，经历者讲述的视频在 Facebook 上点击量超过 1000 万。在 2017 年美国网络新闻奖获奖作品《美墨边境墙》中，Reveal 网站在社交网站上发布话题 #wallrapchallenge，鼓励网友根据边境墙音乐自制说唱歌曲，在增强报道趣味性的同时，以音乐的力量深化主题。

（四）多元数据可视化

在数据等信息的处理方面，融媒体交互可视化深度报道有更多手段进行多样化诠释。以《意大利共和报》融媒体产品《"罗马王子"弗朗西斯科·托蒂》(Francesco Totti King of Rome) 为例，弗朗西斯科·托蒂在职业生涯中进的每一个球，以时间、地点等数据信息为坐标，在整部作品中出现了三次：第一次，用户可以通过选择具体场次和时间，看到他在每个时间点进过几次球，这些球分别是在哪一场踢进的；第二次，用户可以通过输入具体的场次，了解其每一场的总体进球情况；第三次，用户得到的是整理好的数据可视图，作品以交互图形的方式对其进球特点、习惯进行大数据汇总。在这个产品中，数据处理不再是一套数据、一次加工、一次呈现，而是一套数据、交叉使用、多样呈现。

（五）沉浸性体验

融媒体交互可视化深度报道的另一个趋势是极力确保用户在浏览作品时能够最大程度地沉浸其中，从而深入主题，了解真相。

一方面，由于交互性和富信息，融媒体交互可视化深度报道将着力点放到为用户模拟真实的世界，让其换位选择与思考。比如，英国广播公司（BBC）开发的《叙利亚人的旅途：选择你自己的逃亡路线》，以新闻游戏的形式，让用户从三条叙利亚难民逃亡路线中进行选择，然后以主观视角经历逃亡过程。虽然人们对"逃亡"这一人类苦难题材做成游戏元素是否合理一直存在争议，但是让用户亲身经历的确是提升沉浸感、增强体验的好方式。

另一方面，叙事视角的丰富为用户构建了一个多元立体的沉浸世界。例如，《2016柏林马拉松：你的城市跑得有多快》[①]为用户提供了两种地图：三维地图与互动地图。在三维地图提供纵观全局的俯视视角的同时，互动地图为用户提供了不同区域、不同性别的视角，用户可以任意选择某一视角观赛。随着视角的增多，用户能够通过视角的叠加勾勒出比赛全貌。这种全景视角与单一视角的切换越来越普遍。

即使没有虚拟现实和增强现实等技术的加持，沉浸性依然可以通过报道视角的多元化和个人化得以实现，用户从客体转变为主体，成为融媒体交互可视化深度报道的推进者与选择者，在虚拟的平台世界中亲临现场，亲身参与，更深刻地体会深度报道中人物的命运与抉择。

三、融媒体交互可视化深度报道发展趋向探析

结合对案例内容和背景的梳理，笔者从生产、叙事、呈现三方面的发展趋势出发，对交互可视化深度报道的发展进行分析。

---

① 2017年美国网络新闻奖获奖作品。

（一）生产模式

报道比较突出的转型是内容生产模式的创新，具体表现为生产机制和合作方式的演变。

1. 垂直化合作生产

与传统的纵向生产模式不同，融媒体交互可视化深度报道多采用垂直化一贯到底，多方横向合作的生产模式。以《雪崩：特纳尔溪事故》为例，记者、多媒体制作人员和发布人员从一开始就融合协作。这种生产模式克服了传统生产模式在制作思路上的不连续性，也将不同工种分段参与可能出现的问题消弭于前期充分的沟通中。《纽约时报》制作的《雪崩：特纳尔溪事故》突破了其以往环环接力的内容管理系统，实现从产品形态"融合"到生产模式"融合"的反推。横向生产模式除了深度融合之外，还能提高效率、降低专业失误。在一个横向生产团队中，除了专注于自己的任务以外，每一个工种都能更好地了解自身在整体生产中的位置和实际发挥的作用。

2. 众包化

正如美国学者马克·博斯特所说，一种集生产者、销售者、消费者于一体的系统正在形成，这是对交往传播关系的一种全新构型。① 网络的开放性使得用户生产内容（UGC）成为新闻报道中不可忽视的力量，融媒体交互可视化深度报道的内容生产模式呈现出一种众包化趋势。众包生产的本质在于对数据和信息的重新聚合与价值挖掘，着眼于知识、创新和判断力的整合，体现了公众从合力解决问题到创造内容的过程。② 将众包模式应用于公开进行的调查性报道之中，既可以提高报道的关注度，也极大地节约了新闻生产方的时间和人力成本。例如，2009 年，英国《卫报》将英国议员花销账单数据公之于众，邀请网友以做游戏的方式参与核查，最终有两万多名网友参与了数据调查和新闻制作的过程。《卫报》在 2013 年上线 Guardian Witness 数字平台，鼓励公民加入新闻报道。新闻报道不再局限于一个最终呈现的网页，而

---

① 波斯特. 第二媒介时代［M］. 南京：南京大学出版社，2000：3.
② 喻国明，李慧娟. 大数据时代传媒业的转型进路——试析定制内容、众包生产与跨界融合的实践模式［J］. 现代传播（中国传媒大学学报），2014（12）：1-5, 11.

是成为一个群策群力的过程。

在突发性事件的深度报道中，网友在社交平台上发布的照片、视频等新闻线索能够在第一时间为新闻报道提供材料，众包模式带来了新闻时效性的提升。《波士顿环球报》在2013年波士顿马拉松爆炸案的报道中，整合采用了社交平台上用户最新发布的资源，提高了新闻报道的时效性和用户的可参与性，爆炸案的迅速侦破也得益于目击网友在Twitter上为警方提供的线索。

在话题性的调查报道中，参与众包模式的用户甚至可以成为新闻作品中贯穿始终的"主角"。上文提及的《生活片段：路边的奥秘》在报道过程中开通了网络直播，一个神秘的故事借助网友提供的线索最终揭开了谜底，直播中网友的评论也成为新闻故事中不可或缺的情感表达元素。在这个关于人生、爱与失去的报道中，开放性的叙事让观众成为自始至终的"主角"，而真相的获得正是来自网友们群策群力的"众包"过程。

（二）叙事模式——非线性和线性逻辑并重

本部分所探讨的叙事模式，并非传统意义上深度报道的叙事模式，而是深度报道在媒介融合时代如何利用多元技术搭建结构。

叙事较为规整的融媒体交互可视化深度报道一般会保留传统的简介或回顾部分，在此基础上展开若干需要进一步探讨的问题作为中间部分，而在总结部分得出的结论多为开放性的，如互动视频、游戏或数据库。其他叙事模式，如《马里亚纳：悲剧的起源》（*Mariana: a tragedy genesis*）以时间线索展开，《2016柏林马拉松：你的城市跑得有多快》（*Berlin Marathon 2016: how fast your city runs*）按照不同空间视角展开，《肤色背后》由不同人物展开。

而开放性的融媒体交互可视化深度报道则较为自由，不拘泥于逻辑的完整性。此类结构或如《罗马王子：弗朗西斯科·托蒂》按照呈现形式来划分叙事，保持视觉逻辑的连续性；抑或如《生活的片段：路边的奥秘》不建立结构，按照事件真实发展的过程形成一个进行时的动态报道。此外，《生活的片段：路边的奥秘》和《美墨边境墙》等融媒体交互可视化深度报道还会对初始报道进行加工，结合社交互动的成果完成二次传播。

由此，融媒体交互可视化深度报道的叙事，通过非线性逻辑与线性逻辑相结合，实现了多样化表达。

（三）呈现模式

1. 报道产品化

单条的新闻报道、单一的题材形式向融合化的新闻产品发展，记者的功用也从单纯的讲好故事、封闭性的呈现状态，转型为对整个新闻产品乃至新闻产品线的维护，产品中各种介质形式的融合呈现、用户的互动设计管理、留言评论反馈无不体现出新闻产品的整合性和立体性。比如，网络交互产品《折断的髋部》(*The Broken Hip*) 讲述老年人如何预防脆弱的髋部受到伤害，特稿故事完整统一，甚至设计了专门的 logo 标志，作为新闻产品的标签化呈现。

2. 产品风格化

新闻产品所呈现出的视觉风格，会直接影响用户的主观视觉感受。根据深度报道的主题，进行恰如其分的原创设计，能够凸显新闻作品的风格，更好地突出主题，成为作品在视觉呈现上的点睛之笔。这也是互联网技术背景下，深度报道多元融合的丰富视听元素所决定的。

例如，《"罗马王子"弗朗西斯科·托蒂》中，展现人物形象的壁画、漫画与报道融为一体。该产品多次运用了极具风格的可视化元素，如不同球队的球衣、不同比赛的奖杯等，以物带人、具象化地来表现弗朗西斯科·托蒂对战的不同队伍，即"利用通用的视觉语言，使得信息在传递和交流中除了能够体现理性的思维及逻辑结构，还能够通过视觉语言中所包含的情感和思想，来实现设计中所要表达和传递的信息。"① 尤其是在进球盘点的单元中，该作品将足球、奖杯、球队球衣、比赛时钟等动画元素与数据的可视化呈现巧妙结合，主题化的界面设计优化了阅读体验。又如，加州大学伯克利分校新闻研究生院的作品《手机与健康：一生的应用软件与随之而来的疼痛》，用动

---

① 陈海妮. 信息可视化：改变传统纸媒阅读模式 [J]. 新闻与写作，2013 (10)：61-65.

画展现了 11 个不同角色的生活片段，将庞杂抽象的统计数据融入生动有趣的互动动画，向观看者展现了移动健康和医疗应用给不同年龄阶段的人们带来的影响，其极具风格化的可视化呈现让观看者耳目一新，既提升了报道的可看性，更有助于媒体品牌的打造。

3. 布局——可视化为核心

交互可视化深度报道适应于当前社会审美趋向，体现出影像和图片可视化为核心布局信息的特点。总体而言，交互可视化深度报道在平台中的呈现方式较为简洁，大致可分为卡片式、瀑布式和图文分栏式，三种方式都体现出以可视化为核心的报道布局的良好体验。卡片式即以规整的扁平四边形分割不同的图文内容，典型案例是《肤色背后》（见图 1）。

图 1　交互可视化深度报道《肤色背后》

瀑布式的版面即文字随鼠标滑动而向上滚动，背景图片或视频保持静止。典型案例是流动的卡车（Truckbeat）官方网站推出的系列可视化深度报道和《环球邮报》的融媒体网页作品《启航》（见图 2）。

图 2　融媒体网页作品《启航》

图文分栏式的版面即左右两栏分别是文字和示意图，随着鼠标滑动到相应文字内容，另一栏随即出现相对应的示意图，典型案例是 Nexo 期刊网的多媒体网页作品《马里亚纳：悲剧的起源》（见图 3）。

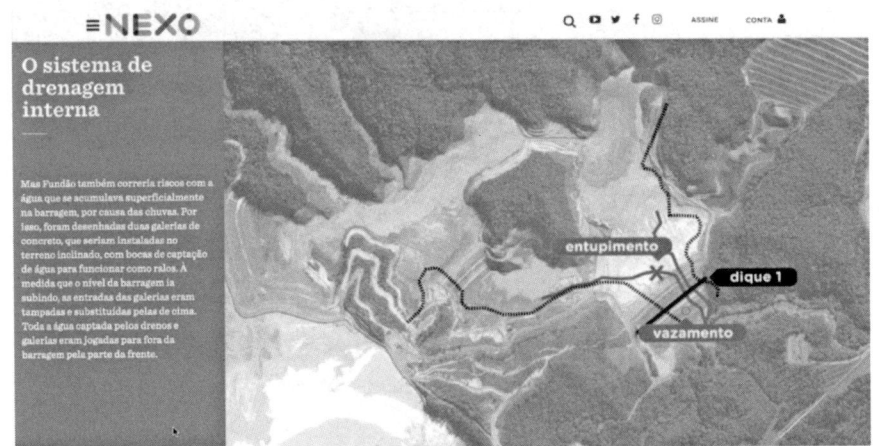

图 3　多媒体网页作品《马里亚纳：悲剧的起源》

这些排版模式使融媒体交互可视化深度报道的用户体验更加友好，体现在以下三方面：

首先，与传统的图文混杂的排版相比，这三种排版方式都让深度报道中文字的视觉体量比实际小，减轻了文字量带来的心理压力。卡片式化零为整，将信息分区；瀑布式通过文字的流动，将信息的运动与背景图片合二为一，静中有动；图文分栏式使视觉重心转移到图片上，文字承担了辅助说明解释的功能。

其次，瀑布式和图文分栏式版面都通过设置一个前进方向，和用户实现浏览过程中的交互。瀑布式版面中，背景图片是静止的，而前景的文字和图片是运动的，且这种运动与用户的鼠标操作一致，带给用户更强的主导感。图文分栏式更是在图片和文字之间建立起对应联系，使同一事物的图文能够同时出现在用户眼前。

最后，这些排版方式也颇有实用价值。卡片式能够清晰地划分，使内容一目了然；文字图文分栏式版面能够很好地体现变化过程，反映总体情况，而且这三种方式在信息栏的跳转上比较自如，不用一定要上翻到头或下翻到尾才能实现跳转，真正实现非线性的信息转换。

结　语

互联网社交传播的时代是"后真相"时代，后真相时代既是碎片化连缀的时代，又是一个情绪在前、事实在后的时代，还是一个观点在前、真相在后的时代。在这样一个时代，长于事实剖析、理性分析、逻辑辨析的深度报道似乎已不那么重要。但是，只要社会、经济、政治等诸多时代发展的问题依然存在，人们就仍然会有对问题的释疑解惑、指明方向的需求渴望，深度报道也就有存在的价值。此外，从媒介发展的历史来看，媒介迭代期的新媒介信息往往呈现出浅显、平面、即时等特点，但随着新媒介的逐渐成熟，其深度性逐渐凸显。虽然从媒体发展整体而言，碎片化、移动化、图像化的信息消费占据上风，但社会的进步、文化的发展、人类文明的积淀都离不开对理性、深度信息的需求。浅表化、感官化的信息消费固然成为流行趋势，但作为传媒人需要风物长宜放眼量，不断引领和提升用户的信息消费需求，而这正是深度报道向融合、交互与可视化方向进化与创新的意义所在。

移动新闻直播：临场交互下的信息传播[*]

在移动化、智能化、交互传播的当下，移动新闻直播成为实时传递现场信息、营造共时空语境、搭建社交场景的重要形式。据统计，截至2023年12月，我国手机网民规模达10.91亿人；[①]超过七成网民目前主要通过新闻类网站和App获取资讯，社交应用占比排在第二位。[②]移动化、个性化、社交化，已成为大众获取新闻信息的习惯，移动新闻直播作为时下信息传播的重要形式，在继承电视直播新闻性、实时性、现场感强等特点的基础上，呈现全新的传播语态和样态。因而，通过分析移动新闻直播的新特点，进一步探索如何有效传播信息，成为当下一个重要命题。

一、移动直播的演进

（一）肇始

移动直播是视频直播继电脑端秀场直播、游戏直播之后的第三个发展阶段，以视频社交为核心。2015年2月，美国的Meerkat成为移动直播的开山

---

[*] 文章原载于《电视研究》2018年第9期，与中国传媒大学电视学院讲师刘日亮合作，系国家社科基金2018年度重点项目"移动互联网背景下主流媒体新闻视听传播变革研究"（项目编号：18AXW003）的阶段性研究成果，收入本书时，略有改动。

[①] 中国互联网络信息中心. 第53次《中国互联网络发展状况统计报告》[R/OL].（2024-02-28）.[2024-03-22] https://www.cnnic.net.cn/n4/2024/0322/c88-10964.html.

[②] 腾讯新闻·企鹅智酷. 中国新媒体趋势报告2017：通向媒体新星球的未来地图[EB/OL].（2017-11-18）[2017-11-21]. https://www.sohu.com/a/205153564_99992366.

鼻祖。在我国，移动直播出现于2015年下半年，北京蜜莱坞和花椒团队相继推出移动直播平台。国内移动直播早期偏向于秀场类直播，旨在快速盈利的泛娱乐化直播成为主要模式。

（二）移动新闻直播的勃兴

2016年被称为"移动直播元年"，社交、电商、新闻资讯、手游、体育、主题活动等直播平台和频道如雨后春笋般涌现，新浪微博上线"一直播"视频社交平台，淘宝等电商开辟直播频道。2016年也是"移动新闻直播元年"，移动新闻直播成为新兴聚合平台和传统媒体拓展新闻影响力的重要发力点，腾讯新闻、搜狐新闻、新浪新闻等互联网资讯平台纷纷上线直播频道，《凤凰新闻》推出"凤凰直播"（后改名为"凤直播"），新华社客户端打造"现场新闻"，财新网建立官方微信公众号"财新视频"，开通直播频道。近两年，移动新闻直播成为媒体报道常态，以央视新闻移动网、人民视频为代表的视频客户端，将移动新闻直播和短视频定位为核心内容，在全国"两会"现场报道等重大新闻直播中发挥了重要作用。中央电视台官方微博@央视新闻，现已实现每天在微博上直播，第一时间呈现突发新闻现场。比如，2017年1月12日，郑州高架桥坍塌，媒体团队亲赴现场进行微博直播，即使是晚上11时，微博在线观看人数仍在半小时内涨到60万人次，最后甚至超过90万人次。直播期间，网友实时提问，记者在事故现场解答问题，实现点对点交互对话。

目前，移动新闻直播日常化、垂直化趋势日渐明显，"直播+"内容领域拓宽，医疗、体育、教育、时尚、美食等成为泛资讯类直播的垂直内容。

二、移动新闻直播分类

根据移动新闻直播的内容选材，可以从生产维度和题材维度进行分类。从生产维度上，可以分为用户个人直播、专业新闻直播；从题材维度上，可以分为重大主题策划类报道、突发动态信息、现场调查报道、慢直播及泛资讯类移动直播。本文主要从题材维度进行分析。

（一）重大主题策划类报道

重大主题是指有重要意义及影响的主题活动和新闻事件，这类报道往往可预见、可策划，有一定规模，受到社会各界关注。对重大主题进行现场直播是自电视新闻直播以来一直延续至今的新闻报道模式，包括节庆新闻策划、重大会议报道、重要活动报道等。移动直播能够实时展现过程，见证现场，促进交互，最大化激发新闻价值。

1. 节庆类新闻策划

节庆类新闻属于可预先策划的新闻报道，但在这类常规报道中实现创新并不容易。因此，需要发挥移动直播的交互优势，提升用户参与感，满足用户场景需求，把静态场景改造为动态交互场景。以"春运"报道为例，央视新闻移动网采用多点直播形式展现各地"春运"热点，其中广东站记者在高铁站台用一部手机直播的同时，用另一部手机关注网友的提问和互动，并随时回应，有网友说"你回头，我看到你了"，记者随之回头与网友互动。将线上交互延伸到线下，体现了移动新闻直播的实时交互和点对点反馈，让移动新闻直播更加接地气。这次直播的很多场景和信息是在记者与用户的交互中完成的，因而获得很高的观看量。

2. 重大会议报道

以大型会议为代表的时政新闻移动直播，是传统媒体融合转型的重点领域。如何以互联网思维推动传统媒体和新兴媒体深度融合，关键是最大化利用互联网传播富媒体的特点。比如，2018年全国"两会"期间，人民网联合人民日报社全国党媒信息公共平台，携手百家党媒打造了大型全景式视频直播栏目《两会进行时》，以全面视频化、重点移动化、优先直播化、融入科技化为报道准则，邀请全国人大代表做客演播室。此外，还现场连线、展播宣传片，分时段、分主题报道全国"两会"相关信息，并与短视频、图文直播配合，实现立体传播。

3. 重要主题活动报道

重要活动报道涉及政治、经济、文化、生态、体育等垂直领域，以领导人活动、重要新闻发布会、广受关注的社会现象和事件为代表，这类新闻的影响力比较大。2021年三星堆考古挖掘中，中央广播电视总台利用多项技术进行现场信息展现：通过一镜到底的方式带领观众"漫游"考古挖掘现场的每个区域，用移动式镜头画面展现转场、护送文物到保护室等工作。① 此外，在重要活动报道中，多路信号同屏呈现、直播社交性和场景化延展，也成为吸引用户的关键。根据企鹅智库《2018世界杯白皮书》，社交、游戏、短视频成为2018年世界杯赛事直播中抢占用户注意力的三巨头。② 单向、线性的内容直播已不能满足用户需求，搭建多元、分享的交互场景成为移动直播的竞争力所在。

（二）突发动态信息

由于突发动态信息事出偶然、难以预料，记者往往无法通过直播捕捉事情发生时的瞬间现场。但是，突发事件报道要求时效性、连续性、阶段性，以直播形式呈现当下现场，是澄清谣言、扶正舆论走向最快、最直接的报道方式。有人说"有图有真相"，但缺乏背景和信息解读的碎片化影像往往更容易混淆视听，导致"有图未必有真相"。整合各方信息的动态直播，成为第一时间报道、第一时间解读突发事件的有效路径，而图片、文字、影像、图表等融合信息形态，更为移动新闻直播的信息整合以及满足用户多元需求提供了助力。以突发性灾难报道为例，由于绝大多数民众距离灾难现场远，再加上事出突然、现场情况混乱、消息繁杂，谣言极易形成和扩散。尤其当涉及公众情感和切身利益时，谣言对受灾区人员和大众都极易产生负面影响，对突发事件的现场直播不仅能够迅速传递真实情况，用权威事实及时辟谣，也

---

① CMG观察.总台直播三星堆"上新了"，网友体验"云考古"上心了［EB/OL］.（2021-09-28）［2022-03-12］.https://mp.weixin.qq.com/s/lq-YnYHaTc0auPa9nLPoCA.

② 2018世界杯白皮书：一个千万亿市场的新变局［EB/OL］.（2018-07-18）［2020-07-20］.https://www.sohu.com/a/241962757_436079.

能将移动新闻直播的现场感和交互性体现得淋漓尽致。比如，移动直播《直击7·5泰国普吉游船倾覆事故 现场救援仍在进行》中，记者第一时间赶赴普吉岛现场，从观察判断环境到初步接触事件知情人，进而到参加新闻发布会，完全是以即兴采访、瞬时判断、迅速反应的状态进行直播报道，用户跟随记者了解事件从未知到已知的这一最真实的过程。

（三）现场调查报道

调查性报道移动直播是将记者的调查过程完整地展示给用户，其核心在于用户的过程感、未知感、参与感和获得感。如何调动用户互动的积极性，以形成黏性？怎样把握直播节奏，尽量减少信息泡沫？比如，《纽约时报》的报道《生活片段：路边的奥秘》（Fragment sofa Life：A Curbside Mystery），为调动用户参与调查性报道提供了创意。该报道的起因是记者在路边发现了一袋被丢弃的柯达照片，为探寻照片背后的故事，记者在Facebook Live中进行间断性直播，用户通过实时评论主动提供线索，从而挖掘出一个关于爱与自由的故事。在这则调查性报道中，记者将自己的身份隐匿在故事背后，从新闻的主导者变成像用户一样的线索追寻者。用户主导、实时交流、多维呈现，使这则移动直播形式下的调查性报道呈现出令人眼前一亮的创意。信息交互状态下的移动新闻直播，形成一个传播者和用户共建的舆论场。

（四）慢直播

慢直播的最大魅力在于休闲陪伴式和视觉审美性，陪伴性、自然态、长时段是其主要特征。慢直播的内容大多是景区风景、社会百态等强调视觉感受的画面。2009年第一期慢直播节目在挪威NRK开播，内容是一列从挪威首都奥斯陆开往卑尔根市的火车，在行进途中穿过漆黑隧道、开过雪山雾谷……这个长达7小时的直播节目吸引了约100万挪威人观看。

在我国，腾讯新闻开设了"慢视界"频道，进行旅游风景、夜景的慢直播。2017年5月，北京时间客户端联手《中国青年报》，沿"中欧班列"线路一路西行，进行了100个小时的移动直播，揭秘一座座丝路古城如何化身为国际货运班列西行路上的重要枢纽；2017年10月，央视新闻首次在微博上发起VR慢直播活动，记者手持VR拍摄设备漫步于新疆喀什街巷，对话直播间内用户，竖屏展示喀什的小城风景。由于VR直播对设备、网络信号的要求都较高，此次慢直播并没有达到VR所带来的临场化新闻的沉浸效果，但竖屏模拟视频通话界面的方式，拉近了用户和主播之间的距离，强化了小屏内外的交流感，为移动新闻直播在形式上增强交互、吸引用户眼球提供了灵感。此后，慢直播产品越来越受到关注，直到新冠肺炎疫情期间出现爆款，2020年1月27日20点，央视频联合中国电信用4个机位、24小时不间断的陪伴式慢直播，将"两神山医院建设"这项"希望的工程"简单直接地呈现给大众，2月2日又增加两个机位，其中包括一个VR全景直播机位。无剪辑、无解说，只有远远的"近景"和全景画面，"配音"是施工现场的环境声，却吸引了上亿人次观看，即便凌晨，直播间的评论区仍然滚动着网友的对话，这场慢直播超越了大众的想象力。

细究起来，"解闷"的慢直播并非是信手拈来，也必须抓新闻性、蹭热点、营造话题。比如，2021年5—6月，央视频记录西双版纳象群迁徙的慢直播《一路"象"北！云南野生象群到哪了？》，敏锐抓住象群迁徙这一反常现象背后所体现的生态环保战略主题，回应大众关切和好奇，形成百万网友围观直播的场面。

（五）泛资讯类移动直播

随着新媒体技术的发展，资讯的边界在不断突破，泛资讯类信息越来越多元，泛资讯类移动直播也逐渐丰富，其涵盖的范围很广，目前以主人公、故事、情感三位一体的社会新闻为主，包括科普、生活、美食、时尚等内容。相比于新闻直播所要求的时效性、现场感，用户在泛资讯类移动直播中寻求的是一种体验感、消遣、情感共鸣和社交需要。比如，腾讯新闻移动直播《一个人的车站》，讲述了日本铁道公司因为一个女孩上学而延迟铁路停运的故事，这趟列车最终在女孩毕业之际宣布退役。整个直播充满温情，同时调动了拍客、观看用户的交互积极性，节目播出仅半天时间便成为微信朋友圈等社交平台的"爆款"。随着5G的大规模商用,"5G+全息影像"也为泛资讯类移动直播提供了更沉浸式的用户体验。比如,2019年北京国际图书博览会期间,《云中记》作家阿来就首次通过5G网络以远程全息的方式与现场观众进行面对面交流,而这项技术在2020年全国"两会"期间,也被新华社应用于代表访谈的节目制作中,实现了异地同屏呈现,"真人"就在眼前。未来,通过全息影像技术将用户隔屏观看直播报道转换为用户身在现场成为直播报道的元素之一,将大大颠覆用户对直播产品的使用习惯和体验。

三、基于临场和交互:移动新闻直播特点辨析

移动新闻直播的出现,不单单是传播载体的革新,更是一场传播的革命,是新闻生产、分发、用户接收信息习惯的一次变革。移动直播新技术促进传统新闻直播转型,为自媒体直播赋权。一方面,内容上继承并发展了传统电视新闻直播,突出新闻性、实时性和现场感;另一方面,追求移动化、场景化、社交化用户体验,呈现平台更加多元,专业媒体与市场化媒体、社交平台进行内容与分发渠道的合作,在场景化服务和社交关系中提升了新闻信息的影响力。

(一)强过程感:用户直击全过程,参与并推动直播

移动新闻直播打破了严肃的电视直播方式,不仅能够传达核心信息,还可展示直播者获取信息的准备过程。以央视驻叙利亚记者徐德智进行的《美国空袭叙利亚》移动直播报道为例。在时长约3个小时的直播中,记者将镜头对准所处大马士革驻地公寓阳台外的城市街道,直播间内的用户可以听到记者在镜头外打电话了解信息、与北京总部沟通、准备电视直播等声音。当阳台外的画面中出现任何异动或记者获知最新消息时,他会第一时间回到镜头前,告诉观众发生了什么。在版面时长受限的电视新闻直播中,这种强过程感是无法实现的。就这个角度而言,移动新闻直播对电视直播的过程性做了跨越式的拓展。

移动新闻直播与电视新闻直播最大的区别在于，将单一、线性、灌输的传播模式，变为主播与用户、用户与用户多向交互的传播模式。交互即用户参与，参与就会获得过程感，但这种过程感实际上是基于直播间这一公共领域来实现的。哈贝马斯在"公共领域"的概念中提出，现代公共领域是在交往行动中产生的社会空间结构。① 移动新闻直播所形成的直播间，是一个公共领域、一个情境、一个社群。用户在直播间观看、参与信息的传播，甚至通过提问、选择等一系列动作推动直播进程。比如，Buzzfeed 曾经在一次直播中尝试完全按照观众评论内容进行下一步行动，用户需求得到反馈和满足，参与的热情随即加强。

（二）在场感：实时发生、零时差对话的交互场景

移动新闻直播的在场感分为两种：一是生理感觉的在场，二是心理感觉的在场。前者可以通过 VR 带来的沉浸式感官体验实现，如在《"天舟一号"发射任务 VR 全景直播》中，用户在史上距离发射点最近的 100 米距离、360 度全景观看火箭发射，还能在火箭吊装、转运等环节获得全方位沉浸式体验。后者心理感觉的在场实际上是用户在参与直播这一事件中获得围观和扮演角色的心理满足。用户不是物理空间意义上的身体在场，而是在网络虚拟空间中实现的情感在场。

柯林斯"互动仪式链"理论认为，互动仪式能够产生的组成要素在于：第一，两个或两个以上的人聚集在同一场所，无论他们是否特别有意识地关注对方，都能通过身体在场相互影响；第二，在这一个场所中，6 个人分享共同的情绪或者情感体验。② 用户对同一事件、同一客体产生兴趣，从而引发注意力的集聚，在这个或大或小的场域中，人们分享相同或相异的情绪以及情感体验，从而产生互动交流，提供给用户贴近现实的在场感体验。

---

① 哈贝马斯. 在事实与规范之间：关于法律和民主法治国的商谈理论 [M]. 北京：生活·读书·新知三联书店，2003.
② 兰德尔·柯林斯. 互动仪式链 [M]. 北京：商务印书馆，2009：86.

（三）陪伴式社交：慢直播营造"想象的共同体"

慢直播除了传递信息、满足用户的视觉美感需要之外，最重要的是提供了一种陪伴式社交。美联社认为，网络视频相关内容的播放场景与传统电视存在很大不同。传统电视更多关注变化，但在网络中，人们并不需要了解内容发展的每个节点，而是习惯于在观看视频直播的过程中处理其他工作。这种陪伴类视频播出效果更好。① 陪伴式慢直播与陪伴式广播不同，直播可视化的不仅是画面，还有用户的弹幕、评论。人际交流带来的陪伴感在慢直播的场域内形成一个"想象的共同体"，而社交网络正发展为"连接一切"的生态平台，人们对美好事物的分享欲望会在社交平台上形成话题广场，通过锁链式传播，形成基于共同兴趣的社交圈。移动直播中的社交特质，通过平台延伸而加强。

移动直播具有"长时"原生态的记录，能够提供给用户对现场的原生态和沉浸式感受。比如，2021年9月25日，孟晚舟回国，我国主流媒体进行了实时直播，用户通过大小屏参与"云接机"。其中，新华社视频号的直播风格更贴近"生放送"。直播镜头架在机场跑道上，没有嘉宾，没有解说，摄影记者不时出现在镜头中拍摄接机人群，真实、直接。有网友感慨道："这种接近原始的直播画面，让人有一种'沉浸式接机'的体验，零距离，很亲切。"②

（四）无限衍生内容：用户交互成为直播内容

移动新闻直播互动的快反馈、直接交流，打破了时空的滞后性，带来话题内容的无限衍生，用户之间的屏内交互与直播画面一起，成为同一场域内的直播内容。比如，在@央视新闻微博客户端发布的《元旦假期出行，看这里不添堵》直播中，本来讨论的是假期交通问题，但用户话题衍生出高速公路收费、雾霾、假期旅游、假期加班等内容，延展了假期交通这一话题的讨

---

① 全媒派．美联社直播大旗：要做和电视相反的事情［EB/OL］．（2016-01-30）［2020-06-20］．https://post.blogchina.com/p/2907841．

② 陈莹．从一场沉浸式"云接机"看媒体融合传播趋势［EB/OL］．（2021-09-30）［2021-10-01］．https://mp.weixin.qq.com/s/AHifwGSPpfXETBesdyD4Yg．

论空间。多元话题吸引多元注意力，最终实现的是用户活跃度的提升和信息传播的散点化，用户得以各抒己见，各取所需。就此而言，移动新闻直播的组织者在舆论信息场的话题走向、主题与落脚点等方面需要深入研究。

四、融合背景下的移动新闻直播创新趋势

（一）优质内容是核心，间断性直播是主流

融到深处回归内容。随着移动直播潮热渐退，优质传播内容回归主位。除了突发新闻移动直播报道之外，新闻价值高、话题性强、精心策划的移动新闻直播具有明显竞争力。虽然时间长、重过程感的直播呈现"逆碎片化"，但优质内容直播带来的第一现场和对未知的探索、优秀主播形成的影响力等，足以吸引用户。

形式仍待探索。移动新闻直播注重过程、时间相对较长，其弊端是节奏较慢，容易产生信息泡沫。用户随进随出直播间，直播者难以在短时间内增强用户黏性。因此，间断性直播的信息传播效果更佳，提前策划有新闻价值的直播节点，在确认无关键信息呈现时关闭直播间。此外，移动新闻直播需要精耕细作：长直播应根据内容分段拟定标题，策划类直播应制作跨平台、可视化直播预告文本，直播结束后的可视化总结和话题延续同样重要，如可以让重要直播周期化。比如，在建军90周年阅兵直播过程中，新华社曾三次修改标题，六次更换直播封面，将移动直播的"正在进行"体现在细节中。直播结束后，关于阅兵以及周边话题仍持续发酵，海报图片、短视频、长图解等可视化呈现方式的多次传播，既丰富了内容，也实现了话题延续和报道的阶段感、层次感。

（二）打造移动化、轻量型直播，设计多媒体推送方式

由于移动直播时间长，且无法静音观看，人们往往选择在有 Wi-Fi、不会打扰他人的地方观看，客观条件的限制将部分用户拒之门外。因此，根据时间线，运用图文结合的方式，配合短视频的移动化、轻量型直播，符合当

下用户需求。比如，新浪新闻客户端设置了移动新闻直播间"二楼"，放置移动化、轻量型直播内容，实现跨界面的信息流设计。

多媒体推送是吸引用户的最佳入口。美国大选期间，英国《卫报》移动创新实验室（Mobile Lab）运用直播实时动态界面推送形式，将直播画面实时展示在移动设备屏幕上，用可视化呈现吸引用户。目前，市场化资讯平台如腾讯新闻、今日头条等都已实现推送界面的图文呈现，能够实时推送摄像头直播动态画面，包含用户可操作按钮的推送形式尚待探索。

（三）搭建交互社交场景，增强信息服务性

场景，是移动新闻直播不可忽视的名词。在新的媒体环境中，直播这种报道形式主要由两大部分构成，一方面是直播内容，即直播传递的信息；另一方面是由直播间、直播主体以及用户一起构成的模拟场景。场景的搭建有时甚至超越直播内容本身，成为用户的核心需求和注意力聚焦点。

互动社交功能作为移动新闻直播的一大亮点，不仅存在于直播间内，而且存在于直播进行时，社交平台的转发分享机制使直播的传播力和影响力在社交平台中、直播场景外得以延伸、提升。因此，在题材合适的轻直播中营造交互社交场景，不仅可以增强用户黏性，还能激起用户的社交转发欲，在直播间内形成社交圈层。形式上，可以在直播中设置交互游戏场景、答题弹窗界面，甚至结合AR特效，以增加交互感和趣味性；内容上，可以通过位置服务和社交圈引流，提供个性化、场景化信息服务，增强地理位置和心理感受的接近感。

（四）突发信息的快速反应

在前文谈论移动新闻直播的独特性时，往往注重它的变化，但是，媒体作为社会信息监测的利器，对社会突发状况的快速反应仍然是移动新闻直播最基本的诉求。因此，如何快速整合资源从而第一时间应对，是移动新闻直播确立优势的基石，从这个意义上来说，移动新闻直播继承了传统电视新闻直播的特点，并从移动、交互社交、临场体验等方面拓展了这一特点。

小　结

在互联网迅速发展的时代，以社交和娱乐为主的秀直播占据天下，移动新闻直播很难分庭抗礼。这一方面是互联网生产力巨大爆发的多元发展，另一方面也体现出移动新闻直播自身发展的困境和束缚。移动新闻直播是在移动互联网语境下，内容和传播创新的产物，在突发新闻报道、呈现完整现场、解释核心信息、交互场景搭建上具有鲜明特点。"直播+"为移动新闻直播的垂直化提供了更多可能，互联网垂直化的产品更利于用户圈层的巩固和用户黏性的提高。但是，移动新闻直播质量仍然参差不齐，存在简单搬运电视内容、忽略交互内容呈现、未建立跨平台宣传模式、故事化创意不足等问题。此外，移动新闻直播具有公共属性，主流媒体如何用公共产品突破圈层，并打造更关注公共利益和价值的用户黏性，是新媒体语境下主流媒体在移动新闻直播中所面临的挑战。

国外媒体在移动新闻直播上的尝试，体现了故事和用户参与的重要性。如何利用移动直播的社交性实现信息的最有效传播，是我们目前需要解决的问题。在直播形成的交流场外仍有衍生的话题社群，如何在社交语境下最大化发挥移动直播的正向传播效果，也是新语境下信息传播面临的挑战。

新闻游戏：概念、意义、功能与交互叙事规律研究*

在媒介科技变革的当下，传统的新闻报道从单向的故事消费与信息传播发展为用户参与和控制的互动建构，新闻与游戏的结合成为新闻报道产品创新的重要方向。同这个时代许多诸如软信息（infotainment）、专业余者（pro-ams）、产消者（prosumer）等融合化的新产品、新角色一样，新闻与游戏也正发生着碰撞和交集。

一、何谓"新闻游戏"

我们必须厘清新闻游戏的外延与内涵。它不是一个简单的跨界组合，而是内容与叙事的全新架构与深度融合。那么，在这样两个行业的交互中能碰撞出何种创新与变革？

（一）新闻游戏并非简单的消遣与玩乐

一提到游戏，有些人会自然想到消遣、娱乐。因此，当新闻和游戏相结合时，许多人会有这样的成见，新闻的理性、客观似乎被游戏的消遣和娱乐

---

* 文章原载于《现代传播》2018年第1期，与中国传媒大学电视学院硕士研究生方雪悦合作，系教育部人文社会科学基地重大项目"媒体融合背景下广播电视新闻理念与形态发展创新研究"（项目编号：15JJD860005）的研究成果，收入本书时，略有改动。

所解构。苏格拉底曾说过，对于一切事物均借以构成的原始要素是没有说明的。[1] 因此，对于新闻游戏而言，其定义不能把新闻与游戏的定义简单相加，但我们可以借助新闻与游戏本身的含义来理解新闻游戏。从新闻本身而言，新闻是新近或正在发生的事实的报道，但在新闻游戏的概念里，相较于对"新闻"含义的讨论，人们更多聚焦对"游戏"概念的辨析。因此，我们有必要回到游戏的本义去理解它给新闻带来的变化。在此，诸多游戏设计师、游戏历史学家甚至是哲学家都讨论游戏的定义。著名的游戏理论家布瑞恩·萨顿－史密斯（Brian Sutton-Smith）认为，游戏是一种自愿参与的控制系统的实现。[2] 克拉克·C.阿伯特（Clark C. Abt）在他著名的《严肃游戏》一书中谈到：游戏是一种带有规则的语境，他甚至直接指明了每一次选举、国际关系和私人之间的争执都可以称为游戏。[3] 因此，我们不能把游戏理解成一种纯娱乐性的消遣方式。

事实上，学界早已将游戏本身同玩具、玩乐设计区分开来，区分元素分为两个对立部分：玩乐与游戏，整体与局部，[4] 如图1所示。游戏与玩乐在生产的目的与过程中是有所区别的，而扩大它们区别的关键就是游戏化设计。有时候我们会难以分辨一个新闻产品是否是好的新闻游戏，甚至会质疑其新闻游戏的属性，其最根本的原因就是人们对于新闻产品游戏化的程度和游戏化的价值难以判定。在游戏设计的理论中，所有的好游戏都是游戏化的学习工具，无论它们是否被贴上教育类的标签。[5] 笔者认为，这对于新闻游戏产品来说同样适用，好的新闻游戏一定具有学习、教育以及传播的价值。

---

[1] 桂宇晖，郑达，赵奎，谭敏. 游戏设计原理[M]. 北京：清华大学出版社，2011：89.
[2] AVEDON E, SUTTON B. The study of games[M]. NewYork：John Wiley & Sons，1971：405.
[3] ABT CC. Serious games[M], New York：Viking Press, 1970：6.
[4] 陈京炜. 游戏心理学[M]. 北京：中国传媒大学出版社，2015：82.
[5] 同[4].

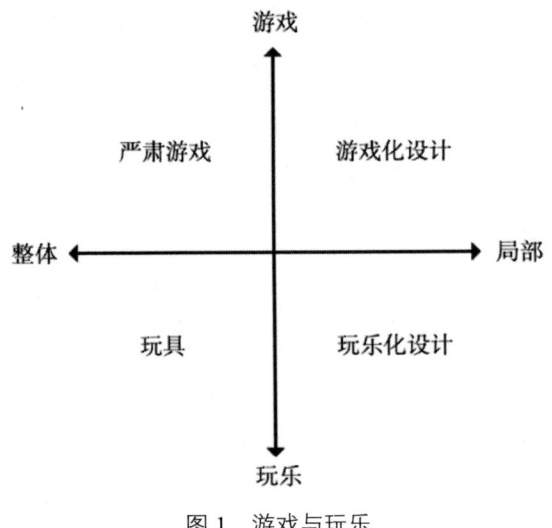

图 1　游戏与玩乐

（二）新闻游戏是新闻游戏化的产物

追源溯本，许多人认为"新闻游戏"这一概念最早是由乌拉圭游戏设计师弗拉斯卡（Gonzalo Frasca）于 2003 年创办 Newsgaming.com 新闻游戏网站时提出的。新闻游戏作为交互新闻的一种类型，凭借其游戏化的特性区别于其他类别的新闻产品。

2003 年至今，新闻游戏已经走过了 21 个年头，期间有很多学界与业界的研究者试图为新闻游戏下定义。概括起来主要有两种，一种是较为粗放的概念，即新闻游戏是与新闻报道有密切联系的一种严肃游戏。[①]另一种是从形式和功能上的具体解释，即新闻游戏是指将新闻报道与电子游戏相结合，在新闻学的原则之下保证事件的真实性，运用游戏的手段进行媒体传播，目的是为用户群体提供一个真实新闻事件的虚拟体验。[②]在以上两种说法中，都提到了新闻与游戏的关联，前者较为注重游戏元素，后者则较为注重新闻的特征。

显然，当我们使用新闻游戏这一概念的时候，是站在新闻传播的角度去

---

① 张建中，王天定. 迈向新的媒体融合：当新闻遭遇游戏[J]. 现代传播（中国传媒大学学报），2016（11）：111-116.

② 武晓立. 当新闻遇上游戏——浅谈新闻游戏的现状和发展策略[J]. 新闻研究导刊，2016（21）：55-56.

诠释新闻的一种新形态，而在新闻游戏这一概念中，"新闻"与"游戏"起到了重要的互补作用，它们是互为表里的关系。新闻事实作为新闻游戏产品最为基础的内容支撑，其传播价值是新闻游戏生产的原动力，游戏元素的加入则让新闻事实穿上了一件华丽外衣，变得更具有吸引力，而这"穿衣服"的过程并不是简单叠加的过程，而是进化的过程，这个过程就是游戏化的过程。游戏化是在非游戏背景下使用游戏设计元素，① 新闻游戏实际上就是将新闻游戏化的产物。因此笔者认为，新闻游戏是新闻信息的游戏化，通过用户的互动参与和控制促成信息的传播与理解。

从新闻信息传播的角度来看，新闻游戏本质上是促进信息传播的形式。对于新闻游戏来说，新闻事实是核心，游戏元素是其支撑的结构和形态，它让新闻事实变得更具象，更具有体验的友好性与交互性，更具有传播力。

（三）新闻游戏是内容的价值挖掘与提升

新闻游戏是建立在信息收集、资料研究、传统报道基础上的内容多层次加工。新闻游戏化的过程是对内容进行价值挖掘和提升的过程，也是媒体融合语境下的跨媒介叙事。传统的文字、声音与图像媒介的报道形态，可以转化为融合化的交互游戏，从而形成多层次、多样态的新闻产品。

二、新闻游戏的意义

（一）提高新闻关注度和可读性

游戏先天具备的互动参与性让它成为极具生命力的信息载体，成为新闻生命力续航的重要保证，似乎凡是与游戏形式沾边的新闻都具有一定的传播力。例如，半岛电视台的《盗渔》用户有80%都是首次登陆半岛电视台网站，《7种拒绝死亡方式》（7 ways to defy death）② 的游戏视频被观看260400

---

① 陈京炜. 游戏心理学 [M]. 北京：中国传媒大学出版社，2015：82.
② The Washington Post. Gaming Review：7 ways to defy death [EB/OL]. (2015-04-03) [2015-05-05]. https://www.washingtonpost.com/graphics/health/defy-death/

次，为发布者《华盛顿邮报》带来了十分可观的流量。在新闻游戏化趋势的大背景下，新闻游戏让原本传统的新闻形式获得创新，这也是新闻游戏近几年层出不穷的重要原因。

同时，游戏的交互性、娱乐性以及新媒体赋予的多种媒介属性让它变成信息优化的重要手段，过去简单的单向传播变为多向，枯燥的阅读方式变成游戏中的寓教于乐，纯文字信息分化成图文并茂的媒介融合产物。

（二）信息传播透明化

网络新闻与传统新闻相比，其新闻的真实性缺失一直为人们所诟病。因此，如何尽可能发挥网络新闻的快速传播能力的同时，保证其真实性，成为所有媒体人需要思考的问题。

笔者发现，目前有很多媒体在此领域做了尝试。早在2012年，CNN就通过《生态圈计划》①（*CNN Ecosphere Project*）开始试验性地将用户参与生态话题讨论的数据分享到其专设的网络平台上，供更多用户观赏。该项目最引人瞩目的一点在于用户的行为可以通过群体传播的方式影响到更多的人。用户通过平台所重点关注的信息，并不是通过人工智能算法记录用户行为来主动推送的信息，而是由其他的用户行为自主生成的信息矩阵。因此，用户正在关注的信息也许不是他想要的，但一定是他需要的。在此过程中，用户可以看到所有信息交互所产生的传播变化，实际上这是将信息传播过程透明化，将原来传统媒体幕后的编辑过程通过可视化的方式展现出来。同时，这是变相将新闻制作流程透明化，信息的产生、内容的生产、传播的路径都一目了然，不仅满足了用户对于信息追根溯源的诉求，还为用户提供了信息求证的渠道。

---

① CNN. CNN ECOSPHERE: Digital garden visualizes live discussion at Rio+20 [EB/OL].（2012–06–21）[2017–06–08]. http://edition.cnn.com/2012/06/15/tech/cnn-ecosphere-rio/.

（三）预测未来

新闻与游戏行业的合作让信息传播的意义发生了改变。新闻游戏的核心是"程序修辞"，通过构建数据模型对事件编程进行还原和模拟。[①] 因此，在固定的用户群体中构建开放式解构系统，不仅可以传播信息，更能收获新的数据分析问题，并以此作为相关决策的依据。在CNN发布的 *Political Prediction Market* [②]中，游戏数据得出的结论成为对竞选结果的预测。新闻不再是单纯的传递信息的形式，而是产生新的信息、预测未来的方式。

三、新闻游戏的文本解构：一种新的新闻叙事方式

新闻游戏是在技术变革下，新闻与游戏相结合所带来的信息传播与交互体验相融合的产物，是借助交互游戏的体验方式，让用户获取新闻信息的一种新的产品形式。换句话说，新闻是新闻游戏传播的本体，游戏是它的传播手法。对于新闻游戏来说，游戏更侧重于它给新闻带来叙事策略的转变，笔者将这种转变称为"解构"。新闻游戏之所以可以脱离传统新闻和一般交互新闻形成新一派，是因为其具有独特的解构文本的能力。它将传统新闻里的信息要素分解，并以游戏化的思维方式重新组合。笔者根据新闻游戏指向的不同，将新闻游戏分为以下两类。

（一）封闭式的解构

该解构方式的新闻游戏生产者对于新闻文本制定了详细而周密的解构策略，用户在使用过程中接收与使用信息的路径都在生产者指定的框架之中，本质上解构的主导者是内容生产者。

例如，卡塔尔半岛电视台（Al Jazerra）发布于2014年的《盗渔》（见图

[①] 悦连城．新闻游戏：融合新闻的新尝试——概念、特征与功能［J］．现代视听，2016（9）：35-37.

[②] CNN. Political Prediction Market［EB/OL］.（2015-12-01）［2015-12-05］. http://edition.cnn.com/2015/12/01/politics/cnn-politics-debate-sweepstakes-rules/index.html.

2）就是一个建立在传统新闻纪录片形式之上的固定式解构的新闻游戏。整篇报道主要围绕记者在当地执法人员的带领下深入塞拉利昂海域调查，针对韩国船员在该地非法捕鱼的行为进行取证。在该案例中，新闻游戏成为表现新闻内容的形式。产品采用了类似任务型游戏的界面设计，以调查员的视角让用户介入游戏，通过各种画面连接，将各个实践环节串联在一起。除了将纪录片的影像加入以外，还巧妙地设计了环境空间，如办公室环境、邮件收发界面等，场景中的各类物品都设有超链接，为用户提供了丰富的细节信息，大大提升了用户的参与度，探索解密的氛围也会吸引用户不断深入了解新闻内容，从而优化新闻传播的效果。内容生产者将完整的纪录片按照情境类游戏的设计思路分成多个短视频，然后通过类似邮件收发、室内勘察等情境模仿让信息展现的方式变得更加有参与感与互动性。从完整的封闭式纪录片到交互式的新闻游戏的演变，《盗渔》可谓完成了游戏化对于新闻内容的解构，让线性传递的信息成为依附在以记者调查线索之上的信息点，掌握信息的主动权转移到用户身上，新闻的交互性增强。然而整个内容安排还是建立在编辑的预设中，因此，整个新闻游戏的解构主导者依然是内容生产者。

图 2　新闻游戏《盗渔》

（二）开放式的解构

该解构方式中，新闻游戏的文本具有开放式的格局，用户的参与是解构新闻文本的推动力，解构的主导者是在生产者引导下的用户。与《盗渔》相比，2016 年美国大选期间 CNN 曾推出了新闻游戏作品——*Political Prediction*

Market，该作品具有明显的开放性解构特征，它通过仿效股票市场的运营方式，让用户通过投票参与大选，用户的立场若占上风，即类似买入的股票看涨，那么用户的晋升指数就会升高，最后晋升指数较高的用户就有可能获得参加最终大选的机会，这样用户获取新闻的过程本身也成为新的信息和叙事动力。因此，新闻游戏展现出超出内容生产者预设解构逻辑的范围，用户成为解构新闻的重要催化剂。

开放式解构对新闻文本解构的程度更深，解构的结果具有未知性。

四、基于不同文本解构方式的游戏化策略

从新闻游戏发展的过程来看，新闻游戏发展初期可以成为"编辑游戏"，其主要目的是利用新媒体的交互性让枯燥的文字信息更具吸引力。随着社会的不断发展，有关政治问题的新闻游戏表现尤为突出，因此"政治类游戏"成为新闻游戏的一个重要子类。此外，从新闻生产的诉求来看，"纪录游戏"也占有重要的地位，其通常是以展现历史内容作为主体，并对当下的社会产生一些影响。

以上三种游戏类型分别是从游戏形式、游戏主题两个方面来进行分类，分类方法不在同一逻辑上，而且各子类囊括的新闻游戏具有一定的局限性，对于新闻游戏的系统性研究造成了困难。因此，笔者通过评估新闻游戏产品的游戏化程度，分析游戏化策略，将它们分为以下几种类型：文本编辑类、模仿体验游戏类和社会调查类。其中，文本编辑类与模仿体验游戏类同属封闭式解构的大类，而开放式解构类的新闻游戏产品通常都具有社会调查的特征，因此总体还可称之为社会调查类。以上三种类型的游戏化程度有所不同，对于文本信息的解构的程度如表1所示。这几种类型的新闻游戏除了拥有该类型的特征以外，还可以兼容其他类型的特征及职能，但以所属类型的特征及功能为主。

中国特色新闻学专论 曾祥敏自选集

表 1　不同类别新闻游戏游戏化程度与文本解构程度对比表

新闻游戏类型名称	游戏化程度	文本解构程度	文本解构方式
文本编辑类	低	低	固定式解构
社会调查类	中	高	开放式解构
模仿体验游戏类	高	中	固定式解构

（一）文本编辑类新闻游戏的叙事策略：线性与非线性结合，拓展多维融合体验

此类新闻游戏是利用基本交互功能来进行游戏化解构，通过结合传统新闻叙事编排和基本游戏设计来实现初步游戏化，因此它的游戏化程度最低，对于传统文本信息的解构也最为直接。通常这一类型的新闻游戏会以文字为主，并视情况加以图片或视频进行补充说明，可操作性非常强，能够在一定程度上规避一些由于制作周期过长而带来的时效性不强问题。

《文明》系列游戏的传奇设计师席德·梅尔（Sid Meier）认为："游戏是'一系列有意义的选择'。"[1] 相比于传统平面媒体通过处理信息先后顺序以及篇幅大小位置来控制读者注意力的方式，这一说法让游戏更具多变性。新闻生产者在生产文本编辑类新闻游戏的过程中，会根据新闻选题的内容以及传播目的、渠道等情况来进行文本形式的变换，同时利用网络媒体的非线性叙事特点解构文本。新闻事件中的时间、地点、事件等几大要素在用户的不同选择下，产生顺序、倒叙、插叙等多种叙事方式，这就让整个事件的叙事由单一的线性叙事变成了线性与非线性相结合的方式。因此，游戏化的叙事结构会变得更加复杂。

例如，发布于 2011 年的《叙利亚 1000 天》（1000 Days of Syria-turning War Journalism into A Game）[2] 是一款最为简单的文本编辑游戏，用户通过第

---

[1] 韦巴赫，亨特.游戏化思维：改变未来商业的力量[M].周逵，王晓丹，译.杭州：浙江人民出版社，2014：32.

[2] PARKIN S. 1000 Days of Syria-turning War Journalism into A Game[EB/OL].（2014-05-22）[2017-06-08].http://www.1000daysofsyria.com/about/.

三方视角进入游戏情境，采用类似日记的形式叙述新闻事实。文本中还嵌入了很多超链接，以便用户在阅读中想要着重了解某个关键信息时能够随时点击。这样的线性与非线性叙事结合的方式让具有交互性能的超链接将更多的新闻细节连入新闻本身，从而形成了围绕在新闻事件周围的信息网，事件细节由此被更详尽地呈现出来，既回避了传统新闻中过于冗长的新闻背景阐述，又让整个新闻事件信息量倍增。同时，这种如树状般的文本结构为用户构建了一个私人订制版的新闻，点击不同的选项会为用户呈现不一样的新闻内容，更符合网络时代用户对于消息主动选择的趋势。新闻事件本身为树木主干，粗细不一的树枝为有主次、详略有别的细节信息，将文本中的信息分解成时间、地点、事件等信息点，然后通过某一新闻要素作为叙事主干串联整体，这样，信息点便可按照一定的逻辑关系附着于主干之上，链接方式或直接或间接，用户通过选择既可以向上寻找信息细节，也可以向下探索信息来源。

然而，《叙利亚1000天》的内容与比它晚四年出现的《叙利亚之旅》（Syrian Journey）[1]相比，其形式显得过于单调。后者在文字叙事的基础上加入了插画进行补充说明，内容上更简约，解构的思路更加清晰，新闻阐释的主旨也更加突出。值得一提的是，《叙利亚之旅》在叙述过程中采用了第一人称方式，将用户置身新闻事件当中，用沉浸式叙事的方式让新闻文本与用户产生更为密切的互动，完成了简单文本叙事到体验叙事的转变。这一转变是文本编辑类叙事今后发展的重要方向，同时是该类新闻游戏类型向深度文本解构的新闻游戏类型过渡的直接表现。

此外，当某些新闻并不存在明显的时空概念而存在明显的内容要点时，游戏的非线性叙事对于文本的解构就显得更实用。例如，事实核查机构Politifact推出的假新闻测试游戏Factitious[2]，突破了事实阐述的叙事角度，利用问答的方式与用户产生互动，将一个个信息点转换为问题，再利用选项的

---

[1] BBC. Syrian Journey: Choose your own escape route [EB/OL].（2015-04-01）[2017-06-08]. http://www.bbc.com/news/world-middle-east-32057601.

[2] 周羽佳. 如何打击假新闻？美国人说："玩游戏呗！"[EB/OL].（2017-08-10）[2018-02-10]. http://mp.weixin.qq.com/s/w3qA7J45Ss4u34OulDtu1g.

设定以及题目的排序重新组合文本,游戏的意味更加浓厚,用户在游戏中也获得更多的信息量。

在该类型游戏化的过程中,内容生产者将一种逻辑作为叙事主干,同时以不同的视角和事件中心对象将众多信息点分解开来,然后以主干串联起所有信息,形成了用户自主选择接收信息的闭合回路。用户在阅读中的选择行为具有自主性和随意性,但由于解构的范围相对固定,用户很难游离此范围。在这一游戏化水平较低的新闻游戏类型中,游戏元素主要体现在其赋予了用户选择接受信息顺序和重点的权利,用户的选择解构了新闻文本,同时附带产生的非线性叙事逻辑让新闻信息量变得更大,符合互联网环境下人们的消费需求。换一个角度来看,此类新闻游戏的叙事逻辑与传统新闻叙事的编排还有很多相通之处,如每个独立文本信息中还保留时间、地点、人物、事件等要素信息,文本的语态相对冷静、客观等。因此,该类型并未完全摆脱传统新闻叙事的方法,这也是笔者称之为最基本的新闻游戏的原因。

(二)模仿体验游戏类新闻游戏的叙事策略:套用游戏环节,实现用户深度体验

模仿体验游戏类新闻游戏模仿纯游戏设计并套用游戏环节编排。随着技术的不断推进,设计概念的逐渐深入,以及行业之间的不断融合,新闻从业者已经不再满足于简单的图文结合,而是向着更具有设计感和体验感的全媒体新闻产品的方向发展。模仿体验游戏类的新闻游戏是最脱离新闻形式特征的一类,也是与以上两种类型产品相比最具游戏特征的一类,它们通常依托或模仿现有游戏的框架安排新闻信息分布。内容生产者在策划的前期需要根据传播的诉求选择一款或多款模仿的游戏范本,通过罗列范本中可利用的游戏元素为分解新闻文本做好准备。分解的方法有很多种,或直接或间接,如利用游戏环节设定在不同游戏节点插入具有新闻信息的内容,或者将信息点转换为图像、声音、视频等,与游戏更为契合。通常两者之间联系越紧密,即对新闻信息的分解渗透进游戏各个环节,游戏的效果就越好。同时,笔者通过对比不同案例发现,同样属于模仿体验游戏类的新闻游戏,其模仿体验

的设计角度与体验感是不一样的。

例如，同样是美国大选的选题，《华盛顿邮报》做出了与 CNN 不一样的新闻游戏产品，该新闻游戏名为《不确定的候选人》(*Floppy Candidate*)①，其设计采用高口碑的 Flappy Bird 作为原型，大胆地运用各位候选人极具话题性的新闻事件作为关卡的设计元素，声画结合，恰到好处。通过已有游戏元素来类比、对应新闻事件中的各个新闻元素，并将它们一一融合，从而达到游戏化解构的效果。例如，游戏角色设定中，原游戏中的小鸟对应各位总统候选人，背景元素对应着与大选相关的元素，如方尖碑、白宫、邮箱服务器、墨西哥与美国的城墙等。游戏环节设定中，用户在游戏过程中或做任务失败后，屏幕会弹出相应候选人的热点新闻选择题，如果玩家答错还可点击链接进入新闻页面详细了解，在用户游戏失败后还有一段有关选择的候选人最具话题性的话语播放出来，如选择希拉里导致游戏失败时，就会播放她那句"我想我还是待在家里烤烤饼干、喝喝茶"，这样的系列设计良好地将游戏设计逻辑与新闻事件叙事逻辑结合在一起，既有趣，又具有一定的信息传播价值。内容设计者之所以会选择这样的游戏原型进行改编，除了考虑到制作的可操作性之外，还会考虑制作原型对于游戏产品的影响力。因此，在生产此类产品时，生产者会选用知名度较高或者已经具有庞大用户资源的游戏作为范本，以便扩大产品的传播力和影响力。《金融时报》推出的《Uber 司机》②主题互动游戏也属于这一类别。

---

① The Washington Post recreates the mobile game sensation Flappy Bird for the 2016 campaign season [EB/OL]. (2015-12-14) [2017-06-08]. https://www.niemanlab.org/2015/12/the-washington-post-recreates-the-mobile-game-sensation-flappy-bird-for-the-2016-campaign-season/.

② 腾讯传媒."传媒业 x 游戏"案例打包：报道/交互/IP 开发，用脑洞指挥注意力 [EB/OL]. (2017-10-19) [2018-02-10]. http://mp.weixin.qq.com/s/pzXBeux0p1LU4Fs3ZJUVzw.

图 3　新闻游戏 Floppy Candidate

（三）社会调查类新闻游戏的叙事策略：强互动和强数据

该类型的新闻游戏主要以开放式解构引导用户，以类似社会调查的形式，通过游戏化的互动方式获取用户信息，从而获得新闻附加值。因此，通常它具有极强的互动性，可谓是将新媒体交互功能最大化的一类。一般该类型的新闻作品具有完整的平台设计，其主要的内容编排方式是问卷、角色扮演、对话等情境的设定。过去，我们通过阅读量、收视率、转发量等数据来衡量传统新闻制作传播效果的优劣，但对于新媒体环境下的新闻游戏来说，后台数据采集比简单的下载量更具有评估的意义。因为庞大的后台数据不仅可以体现游戏的质量优劣，更可以成为其制定运营策略的依据。这样一来，新闻游戏后台接收到的大量数据，也可以帮助新闻工作者从其中寻找到有价值的内容，甚至制造出更具有意义的信息，预测未来，影响未来。

笔者将该类型新闻作品解构新闻文本的过程分为三个阶段：第一阶段，半解构新闻，即内容生产者将新闻事实分点罗列。罗列的形式多变，但目的是将信息点分散传播给用户，每个要点之间不设定直接或必然的联系。在此过程中，内容生产者的思维方式由文本编辑类的预先设定转为了开放引导。第二阶段，用户与新闻深入交互的阶段，为后续产生更新的新闻点奠定基础，用户的选择和反馈赋予新闻新的内容。第三阶段，重组新闻信息点，即内容生产者将被解构的信息重新组合，产生新的新闻文本。在这一阶段中，新的新闻信息与原来的新闻信息融合形成了更为丰富的信息圈，内容生产者可以通过抓取其中具有新闻价值的信息点重新组合，形成新的新闻文本。抓取新闻的逻辑通常来自第一阶段开放引导的目的。

通常，具有顶层设计思维能力的内容生产者在第一阶段工作中就对于第三阶段的内容生产有了预判以及详细的规划，这样第三阶段的新闻文本可以与第一阶段的半解构新闻文本前后呼应，构成完整的新闻叙事体系。这也符合新闻传播中的议程设置理论，即可以通过提供信息和安排相关的议题来有效地左右人们关注哪些事实和意见及他们谈论的先后顺序。[①] 因此，在多媒体交互类的新闻游戏中，新闻文本的解构也成为实现议程设置的工具，解构的实质就是剖析用户对于新闻事件的反馈，让舆论可视化。因此，该类型的新闻游戏通常被应用在具有极强舆论影响力的大型新闻事件中。

上文提到的 *Political Prediction Market* 游戏运营中，游戏的解构第一阶段使用了问卷调查的形式，问题的设定分散了大选期间各种新闻热点，用户的投票反映了众多新闻点背后潜藏的社会舆论导向。在引导的推动下，内容生产者将信息罗列、分析并得出的结论成为第三阶段解构新闻文本的最终内容。该新闻游戏在公布之后通过答题环节收到了大量用户使用数据，包括用户的个人信息、对于大选热点问题的看法甚至是政治倾向。这对于正在参选的候选人团队来说，一方面是为了吸引更多的人参与选举，另一方面，数以万计的用户通过该新闻游戏平台透露了自己的政治倾向，这对于各位候选人制定竞选策略具有一定的借鉴作用。该新闻游戏的数据显示，希拉里在民主党大选中胜出概率在 5 月 8 日显示为 82%，[②] 而该结果也在两个月后得到了印证。

由此观之，多媒体交互平台所具有的交互性让新闻游戏对文本的解构并不只限于平台外在的使用层面，更深入平台内部的信息挖掘层面。**Google** 也曾经利用开放式的新媒体交互平台获取数据，制作了大量极具视觉冲击力的

[①] 魏玲芳. 网络时代的"议程设置"[J]. 新闻世界，2009（2）：61-62.
[②] 悦连城. 新闻游戏：融合新闻的新尝试——概念、特征与功能[J]. 现代视听，2016（9）：35-37.

数据可视化作品，如 *The WebGL Globe*① 是 Google 实验室致力于将全球范围内的公共数据在浏览器里实现与地理信息相关的数据可视化。它可以用 3D 的方式表现出我们这个星球上的数据，内容包括了世界人口、地震分布等关键词的搜索量。如图 4 所示。

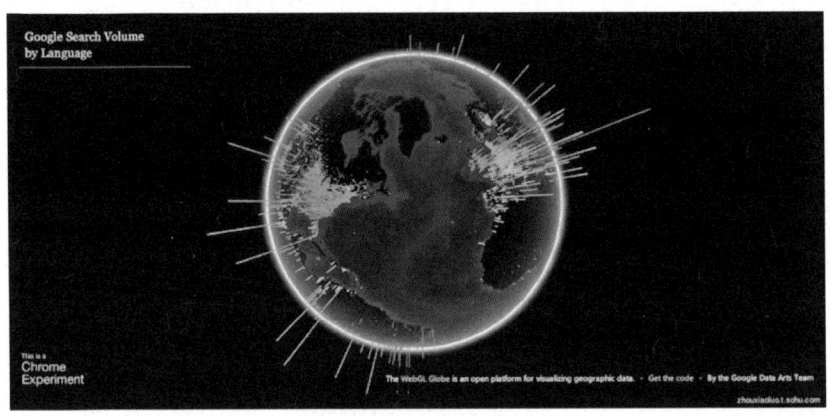

图 4　新闻游戏 The WebGL Globe

由此观之，开放式解构类的新闻游戏在过去的大数据分析的基础之上寻找到新的附加价值——新闻价值，这也是游戏交互对于新闻信息的再解读。在此过程中，游戏的交互变成了开放式的叙事逻辑，促进用户参与，再一次形成信息，OGC、UGC 与 PGC 的融合形成新的叙事逻辑和内容，这样的附加价值也成为该类型新闻游戏最重要的存在意义。

五、游戏化的实质：选择权的转移

综上所述，不同类型的新闻游戏在坚持新闻原则的基础上，游戏化策略不尽相同，实质上是它们对于新闻文本的结构与解构的角度和方式不同。从文本编辑类的线性与非线性叙事的交融，到模仿游戏体验类对新闻内容与游

---

① GOOGLE. The WebGL Globe [EB/OL].（2011-05-01）[2015-01-11]. https://www.chromeexperiments.com/globe.

戏本身的拆解融合，再到新媒体交互类对于新闻内容的再创造，都是其解构文本的新方式。同时，由解构引起的新闻功能会发生变化，继而产生良好的传播效果。

从使用角度来看，以上三种类型的游戏都给用户提供了选择的机会，信息选择的权利转移成为新闻游戏解构新闻文本的最关键之处，这也是新闻游戏为何能够从广阔的交互新闻海洋里分流出来形成自己的领域，印证了上文提到的"游戏是'一系列有意义的选择'"的论断。因此，笔者认为所有能够为用户在特定范围内提供内容选择权的交互新闻或是含有新闻信息的交互产品，都可以在新闻游戏的理论范畴内进行讨论。

此外，选择权的转移在不同的解构方式中有不同表现。在固定式解构中，选择权的转移是有限定范围的，它只能决定用户接受信息的前后顺序以及接受的范围，而开放式解构则赋予了选择权影响的范围，用户的选择可以成为新闻生产的又一推动力。

六、可用于新闻游戏设计的新闻要素

通常使用新闻游戏的新闻选题都在一定时期或场域内具有较大的影响力，所以，新闻要素会很丰富，其中包括六大要素，即人物、时间、地点、事件、原因、发生过程。哪些元素最适合新闻游戏的设计成为新闻游戏生产的主要难题。换言之，当生产者看到新闻中具有什么样的元素时，会第一时间想到可以将其转化成游戏化的要素和关键点。笔者将从以下几个方面来分析新闻文本中值得利用的新闻游戏设计要素。

（一）人物：游戏角色

每一个好的新闻故事都需要一张会说话的"脸"，在游戏的世界里也不例外。这张"脸"是推动整个新闻游戏使用进程的动力，是将用户带入新闻游戏情境的引领者。在新闻游戏中，人物的设定分为两种，一个是深入游戏内部的新闻事件角色设定，即新闻事件的主人公以及相关的人物设定，它让新闻游戏的内容变得更加丰满,是游戏情节构成的基础。另一个是新闻游戏赋予用户的角色,即将用户引入游戏内部的角色设定。各种类型的新闻游戏都定位了用户的角色,有的是将用户设置为新闻故事的主人公,有的是用户扮演事件的观察者,如《盗渔》中用户化身用户体验调查者,以及《Uber司机》中Uber司机的角色设定等。因此,无论是游戏内部的人物设定还是游戏外部的用户角色设定,其目的都是将用户与新闻事件紧密联系在一起。

(二)地点:游戏场景

游戏是一个拥有设定规则的系统,用户在其中一定是处于某些特定的环境之中的。对于新闻游戏来说,场景来自新闻事件本身所描述的一个或多个地点信息。地点对于新闻可视化来说具有很多优势,无论是其本身自带的图像信息,还是空间感,都为处于二维空间的网络媒体提供了更为广阔的信息承载空间。此外,随着增强现实、VR技术等科技的不断发展,新闻游戏的场景已经超越了我们所理解的空间,慢慢延伸至类似真实的三维空间。在更为广阔的空间中,人们的视角转变、行为改变都可能接触到更丰富的信息维度,因此,利用新闻地点来做场景规划能够为新闻游戏创造更多容纳信息的空间,多个场景的串联便可形成新闻游戏的雏形,如网易在切尔诺贝利事故30周年之际推出的VR报道《不要惊慌,没有辐射》[1],就利用技术为用户呈现了30年前真实的新闻现场。大部分新闻游戏正是通过提取新闻事件中具有代表性的新闻场景来还原现场,为用户营造游戏氛围,这也是新闻游戏擅长的沉浸式叙事手法最常利用的设计元素。

---

[1] 罗嘉或,黄霓.网易课堂|如何用游戏化思维做新闻[EB/OL].(2016-12-22)[2018-02-10]. http://mp.weixin.qq.com/s/p1nL56Q7nJPURwiqcoTsNg

图 5　新闻游戏《不要惊慌，没有辐射》

（三）过程：游戏环节

新闻的发生过程在游戏中可以理解成情节的概念，即用户在游戏中将会遇到的故事化情境，很多优秀的新闻游戏正是依靠其环节设定所提供的体验式叙事方式战胜了传统新闻。通常可以用来制作新闻游戏的新闻事件都是具有多面性或是冲突性的事件。冲突是故事最具吸引力的地方，也是最精华之处，在新闻游戏中这个原则依然适用。选择权的转移让新闻结果的表现从新闻文本本身的描述转换为用户的体验效果，内容生产者将新闻结果的褒贬转化成用户情绪上的高涨与低落，让新闻的感染力变得更强，传播效果更好。例如，财新传媒制作的《像市长一样思考》就是将污染对于城市环境的影响转换为不同选择的结果，将新闻的内容糅进游戏环节中，通过游戏环节调动用户情绪；《叙利亚之旅》中用户会在选择舒适却昂贵的撤退路线还是经济却危险的撤退路线中举棋不定；《急诊人生》里的用户会迷失在各种病情缓急的病例之中。

图 6　新闻游戏《像市长一样思考》

七、新闻游戏的真实之辩

在讨论新闻游戏存在的意义时，我们总绕不过新闻真实性原则与游戏与生俱来的主观性、虚拟性产生的冲突。就"新闻事实"的意义构成看，"现实性"是基础，"可能性"是真实所在，"解释性"是阐释层面上理解的"真实"；人们所能达到的新闻真实，其实就在于新闻报道对基于事实的"新闻事件"的描述和对事实意义的"可能性"的理解程度。[①]而"理解程度"的高低，取决于人的主观思维方式。无论是生产者还是用户的主观思维，都在新闻生产和传播过程中对新闻真实性构成了潜移默化的影响，即新闻的生产传播过程就是人的主观思考在符合新闻伦理与规则的前提下在客观事实之上建立起来的过程，新闻游戏亦是如此。在笔者看来，新闻的客观性、真实性与游戏的主观性、虚拟性之间并不是单纯的冲突关系，而是一种有机的融合。

（一）现实与虚拟的融合

游戏总是从一种模拟或者模仿的角度切入新闻事件本身，通过这样的手法让用户在交互体验中获取新闻信息。无论是文本编辑类、模仿体验游戏类，还是社会调查类新闻游戏，它们都是将虚拟与现实有机融合，以现实的内容为基础，构建虚拟的环境、情节等，用虚拟的或假设的主观设定为用户创造更好的接受信息的平台，让用户或间接或直接地介入新闻实践当中，从而大大优化新闻阅读体验，提高新闻传播的效率。因此，新闻游戏并不是存在于事实对立面上的又一个新"建筑"，而是搭建在事实地基之上的新"旗帜"，它的虚拟与现实的结合让整个新闻体系变得更稳固，新闻产品更具有识别度。

（二）新闻与艺术的融合

新闻游戏为我们提供了一个用艺术的眼光去看待事情的角度。自古对于

---

① 姚君喜.新闻真实性的意义阐释[J].社会科学，2007（6）：93-101.

艺术的定义就有很多种，从功能性方面来考虑，艺术可以用来表达情感、塑造审美经验等。[①] 此外，从古希腊以来的模仿说、表现说、形式主义理论、接受美学等，它们有的以外部世界为中心，有的以作者为中心，有的以作品为中心，有的以读者为中心，都认为艺术有可以辨认的内在统一性。[②] 笔者认为，新闻游戏中的游戏化元素实际上是一种基于客观事实的情感表达，我们不妨把它看作一种艺术的表现工具，内容生产者对于新闻的再现实际上就是通过艺术的手法将新闻事实叙述出来。上文中已论证了新闻游戏是新闻的一种新的叙事方式，那么这种叙事方式也可以被视作一种艺术的叙事策略，无论是新闻游戏的视觉优化、多媒体运用，还是文本解构方式，都是游戏对于新闻的艺术表达。由此观之，新闻游戏成为新闻与艺术的融合产物。

综上所述，新闻游戏是一种获取信息的规范机制，它是严肃而认真的，符合新闻的价值观。同时，新闻游戏为我们提供了更为广阔而优化的叙事空间，让用户在虚拟中获取真实信息，以主观视角了解客观事实，它是主观性极强的艺术与客观性极强的新闻之间激烈碰撞、有效融合的产物。艺术与新闻在碰撞中融合，在融合中重生出一种对真实的全新理解。

结 论

在新闻游戏中，游戏为新闻文本的形态与功能添加了新内容，通过游戏解构后的新闻文本让新闻行业在新的领域找到了转型突破口，无论是关注度的增加、可读性和可视性的提高，还是预测结果的附加价值，都是新闻游戏最具价值之处。目前的新闻游戏大多作为传统新闻的衍生品，其制作通常依托传统新闻内容，然而，通过上文中笔者对于新闻游戏解构文本的研究分析，新闻游戏对于新闻文本的内容关注点与传统新闻是存在不同之处的，无论是任务的选择、语态的设计、视角的安排、线索的整理，都具有游戏的独特之

[①] 周建. 如何定义艺术——丹托艺术哲学再认识 [D]. 上海：华东师范大学，2013：54.
[②] 同① 7.

处。因此，笔者认为新闻游戏的制作应该出现在新闻事件报道策划的顶层设计当中，与其他多元产品一起，成为传播合力。

我们已然进入了 Web3.0 的时代，它给予我们的是更有效、更合理的网络信息交流模式，能更有效、更及时地推广知识，使更多受众感受到知识的快乐。① 因此，新闻游戏通过趣味化、开放式的叙事模式为用户创造的信息获取环境正符合 Web3.0 的特征。从根本上说，新闻游戏实际上是解构新闻文本的一种方式，"游戏"是它的躯壳，而真正给我们带来意义的是隐藏在躯壳之下的信息接受体验。VR 技术的流行、IP 概念的深入、不同行业的融合已让我看到了今后还会出现更多更为有效的信息解构和重组形式，新闻游戏的未来具有太多的可能性。也许，未来的新闻将不再止于"游戏"，但游戏化对于新闻文本的解构已经在路上了，对其叙事规律的研究也将继续下去。

---

① 马振萍，杨姗媛. 基于 Web3.0 的网络信息交流模式［J］. 情报资料工作，2011（1）：61-64.

专业媒体新闻内容生产创新实践[*]

——用户生产与专业生产深度融合的路径研究

技术和资本驱动下的传统工业化大众媒体，如今正面临着全新的变革。技术基础为信息传播的两端搭建起桥梁，连接和互动实际成为内容生产的本质。在新闻内容生产的环节，相较于传统的内容生产方式，用户参与和用户生产内容为专业媒体新闻内容的生产注入了新的活力，也由此带来内容收集、整合与管理等方面的新问题。互联网给予了用户进行新闻内容生产与传播前所未有的空间。作为"业余记者"的用户能够在时间和空间的维度上赋予新闻内容生产全新的思路与模式，从而在当前新闻内容生产中占有重要地位。一方面，在"互联网+"的推动下，传统专业媒体需要不断进化和优化，并逐渐向用户内容的搜索、整合与意义的结构发展；另一方面，以内容聚合与分享为主的新兴互联网媒体，在获得影响力之后也纷纷成立专业采编团队。总体而言，内容生产形成专业内容生产与用户内容生产深度融合的格局，未来的内容生产逐渐从专业生产变革为社会化生产。

一、用户生产的社会协同

用户的参与协同为专业生产注入新的方式与活力。《微博力》的作者

---

[*] 文章原载于《现代传播》2015年第11期，与中国传媒大学电视学院硕士研究生曹楚合作，系教育部新世纪优秀人才支持计划项目"新媒体语境下中国电视传媒体制改革发展与创新研究"（项目编号：NCET-120946）的研究成果，收入本书时，略有改动。

谢尔·以色列把新旧媒体在短期内实现的融合称为"辫子新闻"(braided journalism)。辫子新闻由三条绳组成，分别是传统媒体，公民新闻以及社会性媒体。① 这种分类将传统媒体与公民新闻割裂开来，事实上，公民新闻，即所谓的新闻用户生产内容，其与传统专业新闻生产内容是相互融合而非此消彼长的对立关系。

（一）用户生产内容

用户生产内容（User Generated Content，UGC），泛指以各种形式在网络上发表的由用户创作的文字、图片、音频、视频等内容，是Web2.0环境下一种新兴的网络信息资源创作与组织模式。② 对于微博、推特、脸书等社交媒体以及 BuzzFeed 等新闻聚合平台而言，用户生产内容是主要内容来源；而在传统新闻领域，相对于传统媒体的内容生产的专业性，用户生产的内容是业余的。

在新闻领域，学界、业界对于用户生产内容的定义多样，对其范畴并没有统一的定论。本文认为，对于新闻媒体而言，对新闻内容生产有直接贡献的用户生产内容，应指用户原创的、通过互联网发布的、具有新闻价值的图片、音视频与文字，是业余而非专业生产的新闻内容；其生产者为用户，即与新闻机构无雇佣关系的大众，或者非专业、非职业记者。例如，社交媒体中的普通用户，在遇到突发事件时，运用自己的便携移动设备录制、拍摄的音视频片段以及撰写的文字描述，这些内容可能通过互联网直接发布，也可能由用户通过互联网交由新闻媒体处理。

需要指出的是，除了用户完全原创的图片、音视频以及文字新闻内容以外，自媒体中网民对新闻报道的评论、提问甚至转发、点赞等行为同样被视为用户介入新闻内容生产的重要形式。这些行为能够推动新闻媒体对报道进行内容延伸并不断改进。实际上，这部分内容重新定义了新闻报道的发布，

---

① 以色列. 微博力[M]. 北京：中国人民大学出版社，2010：108.
② 赵宇翔，范哲，朱庆华. 用户生成内容（UGC）概念解析及研究进展[J]. 中国图书馆学报，2012（5）：68-81.

内容的生产和建构在用户参与下不断延展。

（二）跨界的用户——双重属性的内容生产者

互联网技术的发展使受众成为一个具有双重属性的群体用户：同为参与者与接受者、生产者与消费者（producer/consumer）以及专业者与业余者（pro-am）。这个脱胎于Web2.0的群体，对于需要融合新媒体发展的广播电视媒体而言，是转型过程中一股不可忽视的力量。

就社会视域而言，在美国，20世纪90年代便兴起公共新闻运动，提倡新闻媒介应该勇于肩负起自己的责任，致力于提高社会公众在获得新闻信息的基础上的行动能力，组织和推动公共讨论以及复兴公共生活。"公民记者"的壮大和发展一直伴随其中，受众也更迅速地转变为用户身份。

在文化视域下，受众从单纯的接受者成为参与者，因互联网提供的低门槛、新媒体赋予的言论自由以及移动技术带来的便利性，受众逐渐成为社会文化生产尤其是新闻内容生产的积极参与者，并形成了"参与文化"。

在经济视域下，受众从单纯的消费者成为生产者，"参与文化"在经济领域中找到了意义相仿的概念——产销合一（produsage）[1]，而受众也转身成为产消者（prosumer）。对于受市场力量驱动影响更大的美国媒体而言，这种概念更受重视。

而就信息生产主体而言，在用户生产内容逐渐成熟的情况下，作为业余者的用户占领了时效性的高地，而用户生产内容的广泛性优势同样冲击着专业的新闻内容生产，媒介素养的提升使得发布新闻信息等媒介操作都将变成基本技能，受众正在成为"专业余者"（pro-am）[2]。美国学者CharlesLeadbeater与PaulMiller引入了"专业余者"（pro-am）的概念：他们由最初互联网中出现的志愿者、兴趣爱好者以及理想主义者组成，是一群富有创造力、忠实、网络化但工作成果符合专业标准的业余者。他们在业余时间

---

[1] BRUNS A. Towards produsage: Futures for user-led content production [C]. In Proceeding of the 5th international conference on cultural attitudes towards technology and communication, 2006: 275-284.

[2] VAN D. Users like You?Theorizing Agency in User-generated Content [J]. Media, Culture and Society, 2009: 31.

"工作"，在生产的同时"消费"，非职业但很专业，[1]而这个新兴的群体将对社会产生巨大的影响。在新媒体发展逐渐成熟，大众媒介使用能力即媒介素养日益提高的阶段，"专业余者"将成为有品质保障的新闻内容生产的重要力量。

2014年皮尤报告指出，2012年YouTube中39%的头条新闻视频为用户上传。最新数据显示，50%的美国社交网络用户会在社交网站上分享或原创新闻文字报道、新闻图片以及新闻视频；37%的互联网用户对新闻生产作出间接贡献——评论、转发等；36%的美国成年人通过手机录制视频，其中新闻视频是很重要的分类；11%的用户会在新闻网站或博客分享原创新闻内容。[2]相比于2010年，这些比例都有所上升。用户的新闻参与度在不断提高，正逐渐成为新闻媒体不可忽略的力量。

二、用户生产内容的价值研判与提升

互联网技术的发展，尤其是社交媒体的崛起，不断冲击着传统专业媒体的发展，媒体格局加剧变动；新闻生产与发布的机制也不断进行变革。像微博这样的社会化媒体彻底改变了新闻传播的性状，新闻发布和传播已经不再是媒体组织的专利，而是由民间的自发行为与媒体组织的专业工作共同构成的社会活动。[3]

社交媒体上的类似于HTML5等开源软件的发布，以及类似于Meerkat、Periscope等新闻生产、制作、分享工具的开发为用户快速生产与发布提供了各种多媒体内容呈现的可能。在人人皆可为发布者的互联网时代，大量的用户生产内容以其时效性及题材内容的稀缺性抢占着用户的注意力。倘若新闻

---

[1] LEADBEATER C, MILLER P. The Pro-Am revolution: How Enthusiasts are Changing Our Society and Economy [M]. London: Demos, 2004: 74.
[2] Pew Research Center. State of the News Media 2014: News Video on the Web: A Groving, if Uncertain, Part of News [EB/OL]. (2014-03-26) [2015-02-10]. http:/lwww. journalism. org/packages/state-of-the-news-media-2014/.
[3] 蔡雯. 需要重新定义的"专业化"——对新闻媒体内容生产的思考和建议 [J]. 新闻记者, 2012（5）: 17-21.

媒体坚持传统的内容生产模式，无视用户生产内容，必然无法继续适应当前新的媒介环境。

（一）"效能"价值而非"免费"价值——用户生产内容的"新闻价值"

传统工业化媒体是内容收费，连接免费的营销模式，而互联网用户面临的是内容免费营销、连接服务收费的方式。① 这种开源的方式正是用户生产内容的价值所在。在 2005 年 7 月伦敦地铁爆炸案的报道中，BBC 第一次使用非 BBC 记者录制新闻视频，这也是用户生产内容第一次出现在广播电视新闻中，而多数英美媒体认为 2011 年是用户生产内容在新闻编辑室真正风靡并走向主流道路的开端之年，自此用户生产内容成为新闻采集的重要元素。② 一向坚持打造高品质内容、坚信报社编辑判断和品味的《纽约时报》，在 2013 年推出的新闻客户端 NYT Now 中，加入了用户生产内容元素，足以证明用户生产内容的价值所在。然而对于新闻媒体而言，用户生产内容的价值并不在于其"免费"属性，相反，收集、挑选和验证用户生产内容需要耗费大量人力和财力。用户生产内容受到主流媒体青睐的真正原因在于其时效性、填补素材空缺、拓展内容深度与广度、亲近性以及多元声音的表达。

1. 提升报道时效

无论是在自媒体，还是在媒体报道的评论区中，用户生产内容都能够为新闻媒体提供线索，减少"新闻盲点"，而用户生产内容被广为称赞的第一个特质在于突发事件中主流媒体无法媲美的新闻线索与素材发布速度。在媒体记者赶到新闻现场之前，现场民众就已经利用自己手中的智能手机等移动通信设备将录制的现场素材发布到互联网上。在越来越多的突发性事件中，用户生产内容成为主流媒体第一时间引用的素材，如 2015 年北京时间 2 月 4 日上午 10 点 52 分，台湾复兴航空失事。失事飞机掠过高架桥时，附

---

① 陈序. 主编死了——没有主编才是新媒体 [M]. 北京：中信出版社，2014：16–17.
② WARDLE C, DUBBERLEY S, BROWM P. Amateur footage：a global study of user-generated content in TV and online-news output [EB/OL]. (2014-12-03) [2015-02-10]. https://academiccommons.columbia.edu/doi/10.7916/D88S526V.

近车辆的行车记录仪将部分事发过程拍摄下来。在事发10分钟内，用户@Missxoxo168 就将视频截图发布到推特上，其视频为手机上的行车记录仪软件 DashCam 录制。随后该视频被 BBC、CNN 等各大媒体频繁使用。

2. 聚集稀缺素材

一方面，由于用户生产内容的存在，新闻媒体得以报道那些曾因缺失新闻素材而无法报道的新闻，新闻报道的题材也因此越来越广泛。公众集体的力量能够完成仅靠职业记者无法完成的报道。任何一个地方都可能是新闻现场，专业媒体记者却无法无处不在。正如台湾复兴航空失事事件中，该类视频难以被新闻记者所捕捉。除了用户@Missxoxo168 第一时间发布的素材，其他用户也在互联网中上传了自己行车记录仪中所记录的各个角度的飞机坠毁瞬间。

另一方面，在战争、灾难等新闻报道中，用户生产内容为新闻媒体提供了大量无法替代的新闻内容。由于战地或冲突区域的新闻管制，外国记者入境受到限制，新闻媒体难以甚至无法将自己的专业团队送入新闻前线，灾难则导致交通、通信受阻，记者们无法在这些区域自由行动。在这种条件下，当地民众所拍摄的图片以及音视频则为媒体填补了大量的内容空缺。

3. 拓展新闻报道深度与广度

新闻事件，尤其是异地、异国新闻事件发生之后，记者常常需要思考如何以更吸引人的角度进行报道，而用户生产内容则能以更广泛、更本地以及更个人的视角来帮助解决这个问题。例如，2009年10月，美国发生多起玛格罗兰牌婴儿车削下儿童手指的意外事故。这在美国是重大新闻，但在英国却反响平平。对此，BBC 在报道此事后通过网站发布表格让用户填写，大量用户将自己的经历写下寄给 BBC，最后报道得以拓展，并在英国成为轰动一时的新闻。用户生产内容还能够让报道获得深度。用户更加接近现场，可以获得更多一手资料，并且能关注到很多记者观察不到的角度和细节，包含这些要素的用户生产内容能够拓展报道深度。例如，2014年5月伊拉克政府军打击"基地"组织武装时，使用直升机投掷了自制"铁桶炸弹"，其造价低廉、威力巨大，但精度不佳，造成大量平民伤亡。BBC 自2012年开始对铁桶炸弹进行报道，但由于时间过长，记者一度陷入困境，而用户所提供的平民伤亡影像与图片则帮助其拓展了报道深度。

4. 与用户关联的"亲近性"和"真实感"

连接与分享是互联网思维的重要特征。普通用户缺乏专业新闻采编技巧，拍摄角度、构图以及镜头的稳定性都无法得到保证，但BBC记者表示，通常镜头的摇晃、现场混杂的音效以及更加个人化的拍摄让观众认为该新闻素材更具"真实感"。由于拍摄角度的多样性和拍摄时机的偶然巧合，很多用户生产内容更加具有戏剧性，从而获得更高的点击量和关注度。因此即使在有可用的专业新闻视频时，CNN也会选择使用用户生产内容来为报道增添平民化的因素，而采用用户生产内容则让用户直接参与到新闻制作中来，并且允许他们讲述自己的故事，使得用户与新闻媒体建立更亲密的关系，并提供了深入发展的空间。

5. 多元表达体现公正、客观

对于新闻媒体而言，客观、公正通常是十分重要的标准。但不同的人会通过不同的视角来分析和看待问题。在进行新闻报道时，使用用户生产内容则能够让观点更加多元化，而直接采用用户提供的素材，可能远比街头随机采访更加能够体现客观、公正。

（二）用户生产内容的效能提升

在助力新闻价值提升的同时，用户生产内容给新闻生产带来新的命题与挑战。用户生产内容的低质量以及信息的不确定性是其存在的缺陷。新闻讲求真实，而互联网时代媒体报道更讲求深度，用户生产内容经过专业的新闻媒体的价值判断、挑选和核实之后，能够以更准确的面貌出现在公众面前。纷繁芜杂的用户生产内容需要去粗取精、去伪存真，无序以及碎片化的用户生产内容需要重新整合以赋予其意义。它被专业媒体整合并与专业内容深度融合以后，能够释放更大的能量。

1. 真实性的甄别

用户生产内容通常信源不明确，时间地点以及语境不明，内容也可能被篡改，这使用户生产内容的验证成为一个必不可少的过程。突发性事件中，媒体验证用户生产内容的压力更是被放大数倍。因此看似免费获取的用户生产内容并不能为新闻媒体减少制作成本，反而会造成搜集、挑选、验证以及明晰版权过程中人力、财力的消耗。对于普通用户，难以付出验证内容所需要的巨大投入；而作为集体，"人肉搜索"虽然力量强大，但时效性有所不足，且处于道德争议之中。相比之下，媒体机构更加具备对内容进行核实与溯源的有利资源以及专业能力。

2. 引导、规制与解释

UGC 不仅存在真实性问题和较为普遍的制作质量问题，还存在信息有效率、原创性（是否涉及侵权）、政治敏感性、法律道德伦理以及第三方广告等问题。[①]专业记者与编辑需要对已有用户生产内容进行甄别和价值判断，在海量信息中为用户挑选更有价值的内容。除此之外，大量相关度低的内容浪费了用户的注意力资源以及媒体资源，而新闻媒体不仅能够对碎片化内容进行整合分析，还能够提前在用户生产内容的过程中，根据用户的职业特征、家庭背景以及社会资源等要素引导用户生产更有价值的内容，如 CNN "iReport" 平台在该类实践中颇有经验，下文将详细阐述。

三、用户生产内容的融合路径

因具有突出的新闻价值，新闻媒体会在诸多境况下使用用户生产内容：突发新闻报道的第一时间争夺；战争、灾难报道中的素材挖取；独特新闻线索的搜寻；需要多元声音平衡报道以及新媒体内容运作等。从现状来看，国内外新闻媒体融合用户生产内容的程度深浅不一；从实际运作的难易程度来看，可以将其分为三个层次：最基础的直接使用、进阶级的协同应用以及目标任务的策划与分发。

---

① 赵宇翔，朱庆华. Web 2.0 环境下用户生成视频内容质量测评框架研究[J]. 图书馆杂志，2010（4）：51–57.

（一）随机搜索与整合

新闻媒体对用户生产内容最基础的使用，一是从社交媒体中搜寻获取，二是直接获取用户主动提供的素材。这主要涉及内容搜集、价值判断以及内容验证三个关键的基础步骤。

1. 内容搜集

高新闻价值的用户生产内容会因网民的点击与多次传播而出现在新闻媒体的视野中，与此同时，价值平平的病毒性视频可能会充斥其中。并且在突发性新闻报道中，并不允许记者坐等高质量素材的出现，而是需要通过高效率的手段对用户生产内容进行搜集与获取。

针对已经进入公众视野的新闻事件，尤其是突发性新闻，BBC 和 CNN 搜集用户生产内容的方法有如下几种：

第一，监控特定区域发送的推特信息。这种方式的应用得益于智能手机以及定位系统的进步。在突发性事件发生时，新闻媒体能够通过这种方式更快速地获得现场目击者拍下的视频或图片。

第二，搜索标签。标签是社交媒体帮助用户进行内容和话题分类的方式，便于记者对内容进行搜索。

第三，联系地方记者。地方记者通常与当地警方、民众联系紧密，能够更加快速地与当地用户取得联系，找到需要的内容。

除了直接接收到的素材以外，要获取网络上的用户生产的视频、图片和文本，只需要进行直接下载、复制、屏幕录制、截图即可。主流媒体同样能够依靠自身的权威性吸引用户主动为其提供新闻素材。在此前提下，通常有如下几类实践：

第一，公布邮箱和联系方式。这是最常见也最早使用的方式。

第二，建立平台征集内容，如 CNN "iReport"，BBC 的 "Have you say" 以及《卫报》的 "Guardian Witness"。2013 年 NBC 购买的新闻视频直击网站 Stringwire 同样能够提供及时获取实时用户生产内容的服务。专门开发与创立平台的媒体通常更重视用户生产内容的使用。

第三，利用评论区进行及时反馈。编辑记者在新闻报道后提出问题，吸引目标用户在评论区回答甚至提供素材。为此 BBC 开放评论，用户无须注册

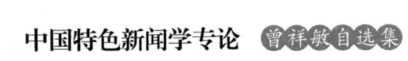

BBC账号即可提供信息，这更加便于那些冲突区域尚未拥有BBC账号的当地民众及时提供内容。CNN"iReport"也不会对用户评论进行事先筛选。

2. 内容甄选

互联网中的用户生产内容数量庞大，在搜集内容的过程中，媒体记者根据自己的需求进行挑选。应当判断的内容质量主要包括两个方面：

一方面是创作、制作质量，即视频、图片质量以及文字表达的基本水平。虽然西方媒体更倾向于在用户生产内容中选择制作专业水准较低的视频素材——正如前文所述，摇晃的镜头、现场混杂的音效以及更加个人化的拍摄都让观众认为该新闻素材更加具有"真实感"——但媒体仍然需要对创作质量进行把关，以避免内容质量过低而影响播出效果。

另一方面是新闻价值。擅长专业分析以及理性价值判断的新闻媒体，通过分析信息有效率和新闻价值高低来进行挑选：哪些用户生产内容能得到更多观众关注，哪些用户生产内容能讲述更好的故事。因此通常信息相关度更高、内容更详尽完整、新闻价值更高、视角更独特的用户生产内容会得到媒体更多青睐。

3. 内容验证

验证与核实是新闻媒体采用用户生产内容时面临的最大挑战，疏于验证给不少新闻机构的公信力和权威带来冲击。随着用户生产内容受到重视，用户生产内容的核实也将从辅助性次要操作成为新闻实操中的必要步骤，而用户生产内容的验证主要依靠两个要素：人工以及工具。

BBC的用户内容生产中心（UGC Hub）设有专门进行内容验证的工作人员——这是一种被称为"信息鉴定"的新工种；而计算机技术也为验证内容提供了可靠的工具。① 当用户生产内容出现时，验证的第一步是直接找到并联系现场信息提供者，这通常是验证人员开展工作最直接有效的方法；联系领域专业记者、当地媒体，通过对社交媒体中同一事件或话题的内容进行交叉验证，都是重要的步骤。

---

① TUNER D. Inside the BBC's Verification Hub–Technology and Human Intuition Are Key [J]. Nieman Reports, 2012（2）: 10.

由于互联网的匿名性，这一步往往难以直接达成，在这种情况下，记者可以使用一些其他技术和工具来对内容进行溯源与验证。BBC UGC Hub 的记者常用 Photo Forensics（检查图片 exif 数据）等工具、Fake Follower Check（检查用户社交媒体账户的真实性）等网站以及 Pipl（搜索人物信息）等网站库来对内容进行信息检验。①

对于无法核实的内容，BBC 的做法是在视频文本提示、图片说明以及文字报道末尾添加警告，以声明内容的不确定性。② 这在叙利亚危机、乌克兰危机等战争或冲突报道中使用得尤为频繁，来自当地的视频被西方各主流媒体广泛使用，但几乎无法被核实。例如，2014 年 10 月，乌克兰议会选举前，该国流行起激进者将政客扔进垃圾桶的"垃圾桶挑战"活动（Trash Bucket Challenges），无论是电视报道还是文字报道，在使用该事件的用户生产的视频及其截图时，BBC 均添加了内容警告。③

但除 BBC 设立用户生产内容中心之外，目前国内外专门、精心设置的用户生产内容编辑室仍然少见，大多数西方主流媒体只接受来自通讯社的用户生产内容，以省去内容验证以及查找内容出处的步骤；而在规模更小的新闻机构，可能只有一个员工负责验证，更多时候验证工作是交由负责该条新闻的记者完成，如美联社在新员工入职时会对其进行一个小时的信息验证程序的培训；澳大利亚广播公司（ABC Australia）同样会对所有涉及社交网站内容的员工进行培训，并对所有记者开放教学；而德国电视一台（ARD）则做好准备随时更新记者的信息验证技能。内容验证尚处于初期发展阶段，虽然

---

① TRUSHAR B. UGC：Source, check and stay on top of technology [EB/OL].(2013-12-17) [2017-06-08]. https://www.bbc.co.uk/blogs/collegeofjournalism/entries/1fbd9b88-1b29-3008-aae6-1cab15e13179.

② "The BBC has not been able to fully authenticate this footage, but based on additional check made on it, it is believed to be genuine.": Sydney S. BBC to Flag User-Generated Content it can't 'Fully Authenticate' [EB/OL].(2013-08-14)[2017-06-08].https://www.imediaethics.org/bbc-to-flag-user-generated-content-it-cant-fully-authenticate/.

③ STERN D. Ukraine crisis：Brutal 'trash bucket challenges' spread [EB/OL].(2014-10-05) [2014-12-25]. https://www.bbc.com/news/av/world-29476740.

步骤烦琐，但将在更多编辑室中出现专门的验证团队。

机构也将崭露头角。2013年成立于爱尔兰的"Storyful"就是一家帮助新闻从业者进入社交媒体并验证用户生产内容的公司，其自称"全球首个社交网络通讯社"，2014年为新闻集团（News Corp）购买；而在以时效性著称的美联社等通讯社中，内容验证或将获得更迅速的发展。无论怎样，可以预见的是随着用户生产内容在新闻中使用的比例增加，内容验证也将不断常规化、标准化，甚至是智能化。

（二）协同新闻报道

在直接使用的基础上，媒体有意识地汇聚用户生产内容，与用户协同开展新闻报道则是用户生产内容使用的进阶层次。协同报道并不等同于将新媒体报道工具与技术手段结合的融合报道，而是将用户业余力量容纳在新闻内容生产的过程中。2007年6月《赫芬顿邮报》（*The Huffington Post*）启动的名为"Off The Bus"（走下大巴，OTB）的公民记者项目就是协同报道的范例，在这个项目中，《赫芬顿邮报》大量招募志愿者共同参与当年总统大选报道：志愿者们为《赫芬顿邮报》撰写当地的政治新闻报道，而《赫芬顿邮报》则引导他们完成采访，并对内容进行二次编辑。在2012年总统大选中，该报再次启动这个项目。

在该项目中，《赫芬顿邮报》通过将采访需要提出的问题、需采集的信息等类目设计成表格分发给志愿者的形式，引导他们完成采访，最后由该报对内容进行二次编辑。《赫芬顿邮报》的这种实践在用户生产内容的使用上更加主动，不仅充分开发公民资源，也开创了新的"分布式"（Distributed）的开放新闻报道方式，而在传统广播电视媒体中，CNN"iReport"也主动借助用户的力量聚合用户生产内容。2011年3月，CNN"iReport"推出新板块"OpenStory"。在CNN设定的报道主题下，用户可分享自己的原创图片、视频以及文字报道或评论，与CNN协同进行重大事件报道。同一主题下的用户报道与评论将通过地图标识、时间排序以及文字综述等方式被整合在同一框架内，并将用户撰写的稿件与CNN记者稿件放在一起，以多角度地进行主题报道。2011年日本地震海啸以及占领华尔街运动、2012年伦敦奥运会、2013年波士顿马拉松爆炸事件、2014年乌克兰危机以及弗格森事件都吸引了众多用户参与。这种协同新闻报道形式与其说是公民新闻渗透传统媒体，不如说是传统媒体引导用户生产。二者的优势在协同新闻报道的过程中得到结合，而协同新闻报道是增进媒体与用户关系的一个重要渠道，这也有助于媒体去挖掘更广泛的新闻故事。《赫芬顿邮报》的OTB项目为其建立了庞大的"公民记者"队伍。在2012年总统大选报道开始之前，《赫芬顿邮报》仅有150名雇员，却拥有12000位志愿"公民记者"。

（三）目标任务的策划与分发

1. 内容生产组织化

将用户分门别类，并通过策划为其提供明确的报道目标，设定报道任务，是融合用户生产内容的第三种形式。CNN"ireport"的"Open Story"不仅体现在CNN协同用户进行报道，也表现出其有目的地对用户生产内容的组织与整合进行策划。通过目的性的策划，新闻媒体能够使用户生产内容的生产组织化、系统化，提高其生产效率。

在CNN"iReport"的任务派发处（Assignment Desk），用户可以选择自己感兴趣的任务进行报道。如在指定任务下完成的报道有更大概率被CNN采用。用户还可以根据自己的兴趣与特长加入政治、军事、科技以及健康等20个不同的主题任务小组，与小组成员共同完成指定领域的报道任务。

2007年Fox News紧随CNN"iReport"推出"uReport"，其同样采用了任务派发的方式组织用户生产内容。但不同于收效颇丰而被广为称赞的CNN"iReport"，FoxNews的"uReport"则日益冷清，最终陷入僵局，主要原因在于二者在长远运作上的设计差异。FoxNews"uReport"不仅存在与用户互动不足、处理速度欠佳等实际操作上的问题，更重要的是其忽视了对这些业余的"公民记者"做出更长远的制度性规划。

2. 发布平台社区化

专门设计的用户内容发布平台能够让用户更加便捷地、有组织地、有目的性地为媒体生产和提供内容。通常这类平台会提供直接的内容供给通道，并将媒体编辑策划话题作为任务。无论是成功的CNN"iReport"，还是败走麦城的FoxNews"uReport"，都做出了这些基本的设计。

仅有发布渠道还难以将用户聚集在媒体身边，平台的社区化则符合目前互联网发展趋势，它能够稳定用户数量，使用户生产内容常态化、持久化、系统化。此外，用户生产内容虽跨入信息生产行列，但也正是在社区开放环境下，才增加了大众关注与散布机会。用户在社区中既生产/消费，也搜集/展示。①例如，CNN"iReport"突破单纯的内容供给平台，建立了用户生产内容共享社区。用户注册成为iReporter之后，能够建立自己的iReport博客，收藏视频，关注其他用户，加入自己的兴趣话题小组。与此同时，CNN不仅建立了严格的审查制度，也建立了奖励机制，起到鼓励用户的作用。

3. 规范用户专业培训

策划报道任务使内容生产更有组织性，社区化的发布平台则让用户生产内容常态化、持久化。但用户生产内容质量的提高仍然是需要解决的问题。从更深层次思考，用户生产内容的专业性以及内容品质差异来源于公众的制作能力与水准差异。对内容生产者进行技能培训与专业引导，不仅能够提高用户生产内容的质量，也能够增强与用户的联系，提高新闻媒体的传播能力。《赫芬顿邮报》以及CNN"iReport"的实践都证明，对用户的培养能够让新闻媒体受益匪浅。

CNN"iReport"始终坚持对普通用户进行专业的新闻业务实操培训。其不仅在投稿指南中通过新闻要素、标题、描述和标签引导用户，详细介绍发布素材的方式，还提供更加详尽的指导说明（iReport Toolkit），里面包括叙事、摄影摄像以及录音等新闻实务的简单讲解，同时附有案例供用户学习，如其宣传语所说，iReport Toolkit帮助用户"像专业人士一样讲故事"（"tell your story like a pro"）。

---

① 黄昭谋. 分享的创造性破坏：从使用者自制内容到策展[J]. 现代传播（中国传媒大学学报），2014（5）：116–121.

为了对用户进行更专业的培训，CNN 建立了名为"CNN iReport 新兵训练营"（*CNN iReport Boot Camp*）的虚拟课堂。用户可以选择参与 7 个星期的课程，学习题材选择、采访技巧、摄影摄像、后期制作、结构构建以及标题等内容。自 2006 年 8 月推出至今，CNN "iReport" 已经成为 CNN 的一个重要新闻平台，吸引了超过百万的新闻素材提供者，每月获得大概 1.5 万封稿件，至今已刊出 18 万件影像和照片资料。① 可以说 CNN "iReport"是广播电视媒体对用户这支新闻生产力量整合的成功范例。

四、专业媒体融合用户生产的特点和趋势

通过以上分析可以发现，专业媒体在新闻内容生产创新实践中，呈现以下三个特点与发展趋势。

（一）内容生产流程再造

在互联网环境与媒体融合背景下，专业媒体对用户生产力量的使用与组织，进一步推动着新闻内容生产流程由单一到融合、单向到互动、封闭到开放发展。首先，主体单一的专业组织化生产向主体多元的专业、业余融合社会化生产发展，用户与专业媒体共同建立完整的内容生产框架；其次，单向的媒体内容制作传播向用户参与互动推进内容生产发展；最后，由于生产主体与生产过程的融合互动，新闻生产逐渐由封闭、完结式的生产向不断更新的开放式生产发展。新闻生产的内涵与外延都发生了变化，内容生产流程逐步转型与升级。

（二）专业媒体角色转变

传统的专业新闻媒体承担着更多的新闻采集与传播的功能，而在新媒体

---

① 曾苑. 新媒体环境下传统国际传播媒体对公民新闻的介入与修正——以 CNN iReport 栏目为例 [J]. 东南传播，2011（8）：19–22.

环境中，专业新闻媒体在新闻内容生产过程中所担当的角色在逐渐转变，其功能重心也发生了变化。

一方面，专业媒体不仅是内容生产者，也是平台运营者。其为用户提供信息服务，也提供社区化支持与服务。

另一方面，专业媒体的功能重心逐渐从一线自采原创向后台编辑与策划转移。专业媒体通过建立平台构建渠道，进行议题设置，引导用户参与新闻生产，整合、编辑用户生产内容，并利用资源进行新闻内容的规模性策划。

（三）产品化运作

用户地位日益提高，新闻内容的产品化趋势也日益明显。用户评论与反馈得到重视，开放式的新闻生产使报道得以不断更新与拓展，内容编辑与产品经理间的角色差异也在不断缩小。

而媒体不断对内容发布与整合平台进行创新，如CNN"iReport"自创建以来，不断推出新的社交服务性功能以及新的协同报道模式，并且采用产品化的运作，发布客户端，设计口号，树立独立品牌，并且重视用户体验与反馈；而通过内容生产方式、流程、平台的不断创新，专业媒体最终建立起新的新闻内容生产模式，并更新新闻内容的行业标准。

结　语

自1996年中央电视台创建央视网开始，中国广播电视媒体进入互联网已近二十年。但相比西方媒体对用户力量的重视，国内广播电视媒体使用用户生产内容的实践尚浅，基础性经验不足；除了《南京零距离》等部分地方媒体的都市新闻采用参与式新闻报道实践以外，互联网以及移动设备对于大多数传统媒体而言只是发布渠道和平台，将广播、电视等媒体早已有之的用户互动转移到互联网中，而少有将互联网思维融入新闻内容制作到发布的每个环节。对用户的培养更是缺乏实践。比如，2013年6月新华社推出类似于CNN"iReport"的"我报道"新闻平台，但该平台仅停留在用户生产内容基础使用层面,甚至只是鼓励用户报料而非生产新闻报道,无法看到其他用户提供的素材与内容,难以形成用户间以及用户与媒体的有效互动,成效有限。

值得一提的是,用户生产内容的勃兴之时,并非只是专业生产融合用户生产这一单向发展。互联网中一些以用户内容为主的新闻聚合媒体,也发展出用户生产内容平台加入专业内容生产机制的方式。例如,靠着娱乐、搞怪、猎奇等病毒式内容分享起步并建立影响力的 BuzzFeed,并未止步于浅薄的娱乐内容搜索、整合与传播,而是于 2011 年,聘请美国顶尖政治作家本·史密斯担任网站的新主编。此后 BuzzFeed 推出政治和科技频道,同时招纳更多新闻记者,撰写深度原创新闻,由此建立了稳定的内容编辑和新闻报道团队,不仅对网上的内容进行编辑和改装,同时注重原创深度内容的传播。视频网站 Vice 同样在发展中建立了自己的新闻编辑室,形成了稳定的专业生产和用户生产融合的平台。

当然,在这方面,从我国传媒发展来看,虽然国内存在着制度、监管等诸多限制,但在生产理念和具体操作上,国内传统媒体应当更加重视用户生产内容的基础使用,积极建立专业的用户生产内容编辑使用团队,尤其在加强内容验证等方面积累经验。在用户思维主导的媒体变革中,传统的新闻媒体应当建立更加便利并具有吸引力的渠道和社区化平台,树立权威;在建立平台的基础上,应当有的放矢,加强与用户之间的互动,有目的地与用户建立更深入的关系,从而深入了解目标用户,获取关系资源。

就目前而言,虽然大多数媒体都意识到用户的重要性,但在实际操作中,对用户的重视程度还有待提升。专业化垄断生产的模式已经被打破,社会协同逐渐形成,新闻内容生产会成为用户积极参与的社会活动。正是在这样的格局下,专业媒体应当不断将用户因素加入新闻制作的过程中,形成合理、有效的用户参与和制作机制,这也是互联网思维下的源头活水。

 中国特色新闻学专论 曾祥敏自选集

后　记

　　在实现中华民族伟大复兴的新征程上，建构中国自主的知识体系是凝练中国实践经验，引领未来发展的基础性和前瞻性力量。加强学科体系、学术体系、话语体系建设也是当下哲学社会科学研究者义不容辞的责任。本书聚焦于中国特色新闻学这样一个具有鲜明中国路径与中国风格的方向——新闻舆论进行了深入研究。对于新闻传播领域研究而言，关于新闻舆论的研究贯穿国家、社会和学科发展的始终，从毛泽东同志提出"新闻、旧闻、不闻"的舆论策略到邓小平同志强调的"拿事实来说话"，再到习近平总书记提出的"党的新闻舆论工作'48字方针'"，新闻舆论在中国新闻传播学术话语体系中始终占据核心地位，在中国式现代化建设、媒体融合纵深发展、网络生态治理等诸多重大战略背景下，新闻舆论学作为中国特色新闻学建构的重要组成部分，需要在实践中总结规律、创新理念、构建理论。

　　舆论是社会的皮肤，是社会的风向标和晴雨表。在移动社交网络语境下，各种社会舆论交织，主流价值引导和舆论引领发挥着至关重要的作用。无论是新闻反转、微博热搜，还是B站视频，皆是媒介技术发展下的社会舆论的产物，它们折射出社会公众的心理和诉求。在媒体融合沿着移动、社交、垂直、智能、沉浸、场景等路径演进下，在全媒体传播体系建设过程中，在人工智能全面介入多模态信息传播的态势下，提升新闻舆论传播力、引导力、影响力和公信力正面临着前所未有的挑战，也面临着前所未有的创新动力。基于此，本书从三个部分对新闻舆论学进行阐述，分别是国家政策导向和战略引领、媒介社会发展、技术与内容共创，这是我国新闻舆论发展的三股重

后 记

要力量，也是中国特色新闻学发展的基础动力和重要构成。

本书由作者曾经发表在学术期刊上的十九篇专题论文组成，力求主题聚焦、研究系统、分析深入、方法多元。论文在收录本书时略有改动。本书在中国传媒大学 70 周年校庆之际出版，在此，特别感谢中国传媒大学对本书出版的大力支持，感谢"中传学者文库"出版工作小组对于本书编辑出版工作的策划组织，感谢我的博士研究生杨丽萍、董华茜，硕士研究生陈沫含、黄睿思、高瑶、李佳佳，他们以认真严谨的态度对本书进行整理。本书从理论和实践的双重路径展开论述，希望读者可以在近年涌现的新问题域、新案例库和新方法论中，体悟新闻舆论在政治、技术、社会的互动关系中的本质旨归与发展趋势。

祝福母校中国传媒大学，也愿为母校早日建成中国特色、世界一流的传媒大学略尽绵薄之力。

曾祥敏

2024 年 2 月于中国传媒大学